Sebastian Stranz

AF281833

Hochbegabt?

Oder einfach anders?

Besondere Kinder und
Jugendliche besser verstehen

Bibliografische Information der Deutschen Nationalbibliothek: Die Deutsche Nationalbibliothek verzeichnet diese Publikation in der Deutschen Nationalbibliografie; detaillierte bibliografische Daten sind im Internet über dnb.dnb.de abrufbar.

Impressum

Text:
© 2025 Sebastian Stranz
www.werde-heil.de
Verlag:
BoD · Books on Demand GmbH,
In de Tarpen 42, 22848 Norderstedt, bod@bod.de
Druck:
Libri Plureos GmbH, Friedensallee 273,
22763 Hamburg
ISBN: 978-3-7693-2571-3

Da in diesem Buch nicht gegendert wird, meinen Begriffe wie „der Hochbegabte", oder „der, der anders ist" genauso wie „der Jugendliche", oder „der Heranwachsende" immer beide Geschlechter.

Die Berichte vom Drogenkonsum in „Dealer to Healer" sollen in keiner Weise den Drogenkonsum verharmlosen oder gar verherrlichen. Es geht um die authentische Wiedergabe der Erlebnisse in diesem Einzelfall. Für den spirituellen Weg sind keine Drogen vonnöten. Vor den Gefahren des Drogenkonsums wird ausdrücklich gewarnt.

In den autobiographischen Berichten des Autors wird die spirituelle Gemeinschaft *Heimholungswerk Jesu Christi* bzw. *Universelles Leben* erwähnt, sowie die *Tierschutzpartei*. Dies geschieht nur wegen der Authentizität der Berichte. Dieses Buch ist nicht vom *Universellen Leben* beauftragt oder anerkannt, so wenig wie von der *Tierschutzpartei*. Natürlich soll ein jeder Wahrheitssucher zu seinen eigenen Antworten auf die Grundfragen des Lebens und zu seinem eigenen politischen Standpunkt finden.

*„Der Planet braucht keine
erfolgreichen Menschen mehr.
Der Planet braucht dringend
Friedensstifter, Heiler, Erneuerer,
Geschichtenerzähler
und Liebende aller Art."*

Dalai Lama

Inhalt

Urinieren im Schnee

Der Lehrer stellte die Behauptung auf, wenn ein Mensch in der Polarregion bei Minustemperaturen uriniere, dann verliere er an Wärmeenergie. Es geht um ein Schlüsselerlebnis, das ungefähr in der fünften Klasse in Physik (bzw. „Sachkunde") gewesen sein muss, in jedem Fall noch in der Grundschule (in West-Berlin ging die Grundschule bis zur sechsten Klasse).

Ich verstand es nicht und diskutierte dagegen. An sich verliere der Mensch durch diesen Vorgang nicht an Wärme, aber dadurch, dass er die Hose runterlasse oder dadurch, dass nach dem Urinieren das Verhältnis von der Oberfläche zur Masse ungünstiger ist, so dass nach dem Urinieren der Mensch schneller auskühlt. Auch erklärte ich dem Lehrer, der Wärmeverlust sei eigentlich in dem Moment gegeben, wo der Mensch eine Flüssigkeit, die unter der Körpertemperatur liegt, aufnehme. Denn dann müsse die Temperatur der Flüssigkeit mithilfe der Körperwärme angehoben werden...

Der Lehrer war etwas irritiert, ging auf solche Einlassungen überhaupt nicht ein und blieb einfach bei seiner Behauptung: Wenn ein Mensch in der Polarregion bei Minustemperaturen uriniere, dann verliere er an Wärme.

Die ganze Situation konnte ich erst nach vielen Jahren etwas tiefer erfassen. Die Gefühle, die in mir hochkamen waren etwa wie folgt:

Da ist eine Unwahrheit, und die muss richtiggestellt werden. Man kann doch nicht einfach dasitzen und nichts tun, während eine Behauptung aufgestellt wird, die unwahr ist. Wenn ich jetzt nicht mit meiner Wahrheit durchkomme, so wird doch Gott die Wahrheit ans Licht bringen, wenn die Zeit dafür reif ist.

Das Gefühl war, mit meinen heutigen Worten ausgedrückt, die Lehrer geben leichtfertig Mythen weiter. Sie sind nicht bereit, diese Mythen zu hinterfragen. Sie haben kein Interesse daran, die Wahrheit herauszufinden. Lehrer sind also nicht Lehrer geworden, weil sie auch das „Wahrheitsgen" hätten…

Auch physikalisch finde ich heute die Worte, die mir damals gefehlt haben – obwohl ich den Sachverhalt gleich erkannte: Wenn man einen beliebigen Körper aus Stein oder Holz oder Kunststoff mit einer Temperatur von 37°C in einer eiskalten Polarregion in zwei Hälften zerteilt, dann hat danach nicht etwa jede Hälfte eine Temperatur von 18,5°C. Sondern wenn man unmittelbar nach der Zerteilung misst, dann hat jede Hälfte natürlich immer noch die gleiche Temperatur: 37°C. Das heißt also, durch die Zerteilung hat kein Wärmeverlust stattgefunden. Natürlich werden die Hälften dann schneller auskühlen als der ganze Körper, weil durch die Teilung das Masse-Oberflächenverhältnis ungünstiger geworden ist. Aber durch die Teilung an sich hat kein Wärmeverlust stattgefunden. Ebenso findet kein Wärmeverlust statt, wenn ein Körper Flüssigkeit absondert.

Diesen Sachverhalt habe ich damals erfasst, ohne ihn in der Weise in Worte fassen zu können, wie ich es heute kann. Dafür hätte ich den Lehrer gebraucht. Aber der hat sich geweigert mitzudenken und hat einfach nur seine Behauptung wiederholt: Wenn ein Mensch in der Polarregion bei Minustemperaturen uriniere, dann verliere er an Wärme.

In der Auseinandersetzung mit dem Lehrer war ich so auf dieses Problem konzentriert, dass ich etwas vollkommen ausblendete: Wie die Klasse darauf reagierte.

Heute weiß ich, wie die Klasse reagierte. Ich habe mehr Menschenkenntnis – aber es ist auch tatsächlich möglich, im Nachhinein Wahrnehmungen bewusst zu machen, die im Moment der Wahrnehmung noch unbewusst waren.

Die Klasse hat sich an der Sache nicht nur überhaupt nicht beteiligt. Das „Problem" war der Klasse höchst egal. Es gab keinen einzigen weiteren, der über dieses „Wahrheitsgen" verfügt hätte, den es irgendwie wurmte – oder überhaupt auffiel – dass da eine unwahre Behauptung aufgestellt wurde. Ich kann heute Dinge benennen, die damals noch lange, lange unbewusst waren: Mein „Wahrheitsgen" trug nichts dazu bei, um beim anderen Geschlecht Eindruck zu machen (natürlich spielte das auch schon mit etwa zwölf Jahren, vor der Pubertät, eine Rolle). Mein „Wahrheitsgen" trug auch nichts dazu bei, meine Rolle in der Klasse zu stärken und mir einen Platz in der sozialen Hierarchie zu sichern. Mein „Wahrheitsgen" verhinderte ganz viel Wahrnehmung: wie sich meine Klassenkameraden fühlen, worüber sie sich austauschen, worüber sie lachen, welche Begeisterungen sie teilen, etwa Filme im Fernsehen oder im Kino oder Fußball. Es ging gründlich an mir vorbei.

Ich war nicht etwa ein Schüler, der gemobbt wurde, der als „Nerd" galt, der sich nicht behaupten konnte. Ich hatte nicht etwa einen unteren Platz in der sozialen Hierarchie. Ich hatte einfach die meiste Zeit überhaupt keinen Platz. Ich war außen vor. Es war für die Klassenkameraden klar:

„Den muss man in Ruhe lassen. Der ist mit seinem ‚Wahrheitsgen' beschäftigt."

Ich wurde in Ruhe gelassen. Ich war ziemlich allein. Die Einsamkeit in meiner Rolle erkenne ich erst im Nachhinein so richtig. Wer das „Wahrheitsgen" hat, ist einsam. Das sehe ich nur zu einem Teil als Ausdruck einer uneinsichtigen Welt, der ein tieferes Verständnis fehlt. Ein mindestens ebenso großer Teil liegt bei dem, „der anders ist", selber. Seine Vereinzelung ist zum Teil auch ein Ausdruck seines eigenen Unvermögens. Die Stärken bei Menschen mit dem „Wahrheitsgen" sind einfach anders verteilt. Das Soziale kann eher schwach entwickelt sein. Da hatte ich nachzuholen, aufzuarbeiten.

Mein Lebensthema ist in dieser frühen Situation schon sehr gut angelegt und ausgedrückt: ein Mensch mit dem „Wahrheitsgen" zu sein, das auszuhalten, das mir nicht nehmen und unterbuttern zu lassen, aber es dabei auch zu lernen, als

Mensch unter Menschen zu leben, meine Mitmenschen zu akzeptieren und immer mehr zu verstehen.

Meine Wahrheitssuche war mehr von Druck und Ernsthaftigkeit geprägt als von Leichtigkeit und Reinspüren. Deshalb bin ich mir der Defizite, die in meiner Person lagen und immer noch liegen, durchaus bewusst. Es geht um eine Einseitigkeit. Auf der einen Seite bin ich überaus stark, auf der anderen Seite fallen Persönlichkeitsanteile hinten runter, die ich nicht so stark entwickelt habe.

Deshalb ist es in keiner Weise ein Eigenlob, wenn ich hier schreibe, dass ich glaube, dass ich sozusagen ein „Wahrheitsgen" habe. Ich versuche die Prozesse herauszufiltern und zu beschreiben.

Das Salz der Erde

Als Jugendlicher – wenn sich das Ich herausbildet, wenn man anfängt nachzudenken und alles in der Welt zu hinterfragen – erkennt man, dass man „anders" ist. Zuerst denkt man noch, alle müssten so denken wie man selber, alle müssten doch die Dinge hinterfragen, um ihnen auf den Grund zu gehen. Dann spricht man noch ungefiltert seine Gedanken aus. Man stößt auf Desinteresse oder auf Verachtung, bis hin zum Lächerlichmachen.

Mobbing ist heute an den Schulen ein großes Thema. Mobbing ist allerdings nicht nur das Leid der Schwachen, sondern auch und gerade das Leid der Starken. Die, die besonders stark sind, die besondere Gaben haben, die in besonderer Weise den Dingen auf den Grund gehen – die haben es oft sehr schwer, irgendwie an der Gemeinschaft einen Anschluss zu finden. Die gehen leider viel zu oft einen Weg der Vereinzelung. Das müsste überhaupt nicht sein, denn die höhere Begabung zwingt den Menschen nicht dazu, ein einsamer Wolf zu sein. Aber es gehört sehr viel Reife dazu, sowohl die eigenen Gaben als auch die eigenen Grenzen zu erkennen, die Beschränkungen der Mitmenschen zu erkennen und sie dennoch zu lieben, in Demut auf die Mitmenschen zuzugehen und zu einer eigenen Form der Integration zu finden.

Das ist ein Weg der Reife, der viele Jahre beansprucht. In der ersten Phase, mit zehn, elf, zwölf Jahren, wenn das Ich erwacht, führt das für die, die anders sind, meistens erst einmal für die nächsten Jahre immer und immer wieder in die Vereinzelung. Das ist ein Leid, das gar nicht aus Hochmut oder aus bösem Willen kommt. Ich nenne es das „Wahrheitsgen", das einen quält, das einen zwingt, den Dingen auf den Grund zu gehen. Wer das Wahrheitsgen hat, der ist auch gezwungen, zunächst einmal sich selber auf den Grund zu gehen. Die Aufgabe ist:

- sich selber nicht zu verraten, seinem Wahrheitsgen treu zu bleiben,

- dabei aber den Anforderungen der Welt zu genügen,

- sowie den eigenen Träumen und Sehnsüchten, für die die Anforderungen der Welt nur der Spiegel sind.

Junge Menschen mit einem sehr stark ausgeprägtem Wahrheitsgen leugnen es sehr oft, dass die Anforderungen der Welt nur der Spiegel sind für die eigenen Träume und Sehnsüchte – Beruf ergreifen, Geld verdienen, Familie gründen… Sie wischen oft beides hinweg, die Anforderungen der Welt und damit ihre eigenen Träume, mit der Kühnheit der Jugend, die feststellt, dass das „Leben der Altvorderen" so ganz und gar nicht dem eigenen Empfinden entspricht. Wenn es darum geht, den Weg zu gehen, den die Welt ihnen vorgibt, oder dem Wahrheitsgen bis in die tiefsten Tiefen des Kaninchenbaus zu folgen, dann wählen sie das Letztere. Sie gehen einfach davon aus, dass eine wahrhaftige Berufslaufbahn sowie eine wahrhaftige Partnerschaft neu erfunden werden müssen. Und sie wissen, dass der Schlüssel ganz tief in ihnen selber liegt.

Das ist ein sehr gefährlicher Weg. Die Gefahren sind, den Anschluss zu verlieren, in Lethargie oder in Drogensucht abzusinken, seine Weltverachtung zu kultivieren und sich radikalen Ideologien zuzuwenden, die mit Gewalt „das System" bekämpfen wollen. Die andere Gefahr ist, zugunsten einer Einordnung in die Gesellschaft, das eigene Wahrheitsgen zu verleugnen, das innere Feuer zu ersticken, sich anzupassen und damit das Wertvollste im Leben zu verlieren: das Potential der eigenen Einzigartigkeit. Der Weg derer, die anders sind, ist umso gefährlicher in einer Welt wie unserer westlichen Gesellschaft, wo es nicht vorgesehen ist, dass sich ein junger Mensch auf eine spirituelle Suche begibt. In östlichen Kulturen gibt es Zeiten im Kloster – nicht um ein Mönch zu werden, sondern um die eigene spirituelle Grundlage für das Leben zu finden. In der indischen Gesellschaft ist es selbstverständlich, dass es junge Menschen gibt, die als Bettelmönche durch das Land ziehen auf der Suche nach einem spirituellen Lehrer. Sie werden unterstützt, es wird ihnen Nahrung und Obdach gegeben. Dabei werden sie nicht als Bettler oder Arbeitsverweigerer gesehen, sondern sie werden als spirituelle Sucher respektiert. Wenn sie ihren spirituellen Lehrer gefunden haben und geschult wurden, dann kehren sie zurück in die „normale Welt" und finden ihre Integration in Beruf und Partnerschaft, werden Familienvater und finden ihre eigene Form, für die Gesellschaft einen Beitrag zu leisten.

In keiner Weise bin ich für ein Kopieren der östlichen Kultur oder für die Verachtung der eigenen christlichen Wurzeln, um in exotischen Kulten sein Heil zu finden. Doch finde ich es wichtig, dass es auch gesagt werden darf, wenn uns andere Kulturen in bestimmten Bereichen voraus sind. Sie haben eine Antwort auf das Phänomen der „jungen Menschen mit Wahrheitsgen". Diese Antwort mag ideal sein oder nicht. Unsere Kultur hat einfach gar keine Antwort. Der einzelne junge „Weltzweifler" kann entweder drogensüchtig werden, oder sich in ein Fachgebiet flüchten, oder 500 Nachkommastellen von Pi auswendig lernen (was keine Lösung ist) – oder er ist so stark, dass er auf eigene Faust seinen Weg findet und seine eigentliche Bestimmung entdeckt.

Das ist ein unbarmherziger Ausleseprozess, in den denjenigen, der anders ist, die Gesellschaft schickt. Das ist einer Kultur, die sich vorgeblich so sehr um „Pädagogik" und „Bildung" bekümmert, einfach nicht würdig.

Das ist einer christlichen Kultur nicht würdig. Im Christentum heißt es:

„Ihr seid das Salz der Erde. Wo nun das Salz dumm wird, womit soll man's salzen? Es ist hinfort zu nichts nütze, denn dass man es hinausschütte und lasse es die Leute zertreten."

Matthäus 5.13

Die Wahrheitssucher sind *„das Salz der Erde".* Unsere Kultur aber drängt gerade jene, die

18

tiefer veranlagt sind, die den Dingen auf den Grund gehen wollen, die sich an die Oberflächlichkeit der Masse nicht anpassen wollen, an den Rand.

Die moderne Hirnforschung erkennt, dass jedes Gehirn anders ist. Daher sollte man sich bei Abweichungen – wie ADHS, Legasthenie oder Synästhesie (mehrere Sinneswahrnehmungen werden verschmolzen, wenn zum Beispiel Zahlen mit Farben verbunden werden) – weniger auf das Krankhafte konzentrieren als auf die besonderen Stärken, die mit diesen Abweichungen einhergehen. Diesen verhältnismäßig jungen Ansatz versteht man unter „Neurodiversität". Der Hamburger Psychologe und Professor für Erziehungswissenschaft André Frank Zimpel kommt zu dem Schluss:

„Eine Kultur, die auf ‚neurotypisch' ausgerichtet ist, verschenkt Potenzial."[1]

Das „Anderssein", um das es hier gehen soll, ist eine Unterkategorie der „Neurodiversität", genauso wie „Hochbegabung" im herkömmlichen

---

[1] Artikel *„Neurodivers – Weil Anderssein menschlich ist"*, in dm-Magazin *alverde*, Juni 2024, Sn. 70-75

Sinn. Es trifft auch auf dieses „Anderssein" zu: Unsere Kultur verschenkt Potenzial!

Warum sollen verschiedene Kulturräume nicht voneinander lernen? Es ist das eine, die Gefahren der östlichen Wege zu erkennen. Man kann sich aber dennoch interessiert und einfühlsam mit den Wegen der Menschen in anderen Kulturen beschäftigen. Man muss sich nicht gleich ganz dagegen sperren, von ihnen zu lernen. Die „christliche Blockadehaltung" gegenüber anderen Kulturen hat eine jahrhundertealte Tradition. Sie erinnert an die kulturelle Blockadehaltung der westlichen Kapitalisten nach der Wende in den Neuen Bundesländern: Die flächendeckende Kita-Versorgung und die Polikliniken (heute „MVZ's" – „Medizinische Versorgungs-Zentren") wurden abgeschafft, weil sie ja mit dem bösen, bösen Sozialismus in Verbindung gestanden haben. Nur wenige Jahre später erkannte man den Wert dieser Einrichtungen und bemüht sich bis heute um den Wiederaufbau. Es ist uns vielfach noch zu eigen, sich aus ideologischen Gründen dagegen zu sperren, vom anderen Lager zu lernen. Das ist nicht nur dumm, weil man es versäumt, die Errungenschaften von anderen zu übernehmen. Es ist auch aus ideologischen Gründen dumm. Denn man versäumt es dadurch, die Brücken zu bauen, die zu einer besseren Akzeptanz und Verbreitung der eigenen Ideologie – so auch des Christentums – führen könnten. Religion hat sehr viel mit „Anderssein" zu tun, im Kapitel *„Anderssein' ist spirituelles Erwachen!"* wird näher darauf eingegangen.

Wir leben in einer Kultur, die es „jungen Menschen mit Wahrheitsgen" wahrlich schwer macht, weil wir nicht fähig und in der Lage sind, von anderen Kulturen zu lernen. Dabei muss man von unseren Schulen sagen: Es rappelt im Karton! Es fällt den Lehrern zunehmend schwer, die Prozesse in ihren Schulklassen zu händeln oder überhaupt zu verstehen. Es gibt Schüler, wo der Lehrer durchaus erkennt, dass es nicht an Intelligenz fehlt, wenn sie ab einem bestimmten Punkt keine Leistung mehr bringen. Diese Schüler verkaufen sich weit unter Wert. Die Lehrer wissen das, aber sie können sich oft nicht erklären, warum das so ist, oder wie sie darauf einwirken können. Es geht um Kinder im Elternhaus, die sich zurückziehen, nicht nur vom gleichaltrigen Umfeld, sondern auch von den Eltern – nicht nur von den Eltern, sondern auch vom gleichaltrigen Umfeld. Die Eltern sehen das, aber sie können sich oft nicht erklären, warum das so ist, oder wie sie darauf einwirken können.

Da gibt es Angebote für eine Deutung, die für die unmittelbaren Erziehungsbeauftragten oft nicht wirklich hilfreich sind. Die Eltern deuten das sehr oft als „Hochbegabung". Pädagogen sprechen von „Systemsprengern". Esoterische Bücher verkünden die zunehmenden Inkarnationen von „Indigo-Kindern" und von „Kristallkindern". „Alte Seelen" trifft es vermutlich, aber wer weiß es wirklich, wie viele Reinkarnationen er schon hinter sich hat? Der am wenigsten hilfreiche Begriff ist „Auserwählte", weil er sich nun überhaupt nicht fassen lässt und in keiner Weise aufzeigt, wohin die Reise gehen soll. Wer soll einen für was auserwählt haben? – Solange das nicht geklärt ist, ist der Begriff „auserwählt" eine Worthülse. Relativ neue Begriffe sind „Hypersensibilität" und „Empathen". Das Thema dieses Buches aber ist „Anderssein". „Anderssein" ist ein Oberbegriff, der alle diese Phänomene umfasst. „Anderssein" kann mit den obengenannten Formen einhergehen, muss es aber überhaupt nicht.

Im folgenden Kapitel gehe ich darauf ein, worum es bei „Anderssein" eigentlich geht, wie es sich definiert, was die inneren Prozesse sind und auf was sie eigentlich abzielen. Es geht darum, ein Verständnis aufzubauen für die schwierigen Prozesse von bestimmten Jugendlichen. Dabei richtet sich dieses Buch sowohl an Eltern, Erzieher und Lehrer als auch an die Jugendlichen selber, die sich „anders" fühlen.

„Es ist ein Trost für die Unglücklichen,
Gefährten im Unglück zu haben."

Baruch de Spinoza (1632-1677)

Wie Spinoza sagt, kann allein schon ein Trost darin liegen zu erkennen, nicht der einzige zu sein, *„Gefährten im Unglück"* zu haben. Das ist auch der Grund, weshalb ich vier weitere Lebensläufe anführe (*„Bücher contra Diktatur"*, *„Vom Profiling zur helfenden Psychologie"*, *„Revolte, Überanpassung, Schamanismus, Selbstfindung"* und *„Dealer to Healer"*) und meinen persönlichen Weg versuche zu verarbeiten (*„Der Wahrheitssucher"*). Dabei ist es Absicht, dass ganze Lebensläufe abgebildet werden, obwohl es in diesem Buch vor allem um die Krisen von Kindern und Jugendlichen geht. Es wird dadurch aufgezeigt, wie sehr Traumata in der Kindheit in das ganze Leben nachwirken, außerdem, wie die besonderen Talente sich im weiteren Leben entfalten, die in der Jugend erst zart anklopfen. Die segensreiche Seite der Talente wird oft erst im Erwachsenenalter richtig sichtbar. Unter *„Episoden aus meinem Leben"* hoffe ich, eigene Erlebnisse beisteuern zu

können, die das „Anderssein" bildhaft veran-
schaulichen.

Es geht darum zu zeigen, dass sowohl die
Ausformungen des „Andersseins" als auch die
Wege zur Selbstfindung und zu einer Integration
in die Gesellschaft völlig verschieden sein können.
Im Anhang gibt es eine Sammlung von Zitaten
zum Thema: Gedanken von berühmten Leuten –
Leuten also, die in ihrem Leben dieses „Anderssein" erfahren haben müssen (das man so
schlecht anderen erklären kann, die es selber
nicht kennen) und die es dennoch in einem gewissen Maße geschafft haben müssen, ihre besonderen Anlagen und die Anforderungen der Gesellschaft in Einklang zu bringen.

Für mich persönlich war ein ganz besonderer „Gefährte im Unglück" in meinen jugendlichen
Krisenjahren Hermann Hesse. Er bezeichnet sich
selber als einen „Anwalt des Einzelnen". Seine Bücher sprechen von einer Wahrheitssuche, die sich
mit vorgegebenen Antworten nicht zufriedengibt
und die völlig unvoreingenommen den Dingen
mit eigenem Denken und Fühlen auf den Grund
geht.

Deshalb möchte ich das Thema dieses Buches mit einem Hermann Hesse-Zitat zusammenfassen:

„Auf dem Weg von der Jünglingszeit zum Mannesalter sind die beiden Hauptstufen:

Das Innewerden und Bewusstmachen des eigenen Ichs, und dann die Einordnung dieses Ich in die Gemeinschaft.

Je einfacher und problemloser ein Jüngling ist, desto weniger Beschwerden werden beide Aufgaben ihm bereiten. Die stärker differenzierten und begabten Naturen haben es schwerer, am schwersten die, denen nicht ein Spezialtalent von selbst den Weg zeigt. Jedes Leben aber ist ein Wagnis, und das Gleichgewicht zwischen den persönlichen Gaben und Trieben und den sozialen Forderungen muss immer neu gefunden werden:

es geht nie ohne Opfer, nie ohne Fehler."[2]

---

[2] Hesse, Hermann (um 1960): Handschriftlicher Briefentwurf, zit. in: Michels, Volker (Hrsg.) (1987): Hesse. Sein Leben in Bildern und Texten, Frankfurt/Main, 348.

Worum es eigentlich geht

Auf diese Episode in der Physikstunde erhielt ich von meiner Mutter die Rückmeldung, alle Menschen hätten doch dieses Wahrheitsgen. Ich will es nicht in Abrede stellen, doch bei den meisten Menschen ist es tief, tief verschüttet.

„Gewohnheit, Sitte und Brauch
sind stärker als die Wahrheit."

Voltaire,
französischer Philosoph, 1694-1778

„Der moderne Mensch wird in einem Tätigkeits-
taumel gehalten, damit er nicht zum Nachdenken
über den Sinn seines Lebens und der Welt kommt."

Albert Schweitzer, 1875-1965

„Der Glaube an die Obrigkeit
ist der schlimmste Feind der Wahrheit."

Albert Einstein, 1879-1955

Die meisten Menschen leben in althergebrachten Konventionen und hüten sich, diese infrage zu stellen. Es soll noch deutlicher gemacht werden, warum, die „mit Wahrheitsgen" „anders" sind.

Auch die Forschung erkennt mittlerweile, dass es bei „Hochbegabung" nicht zwingend um besondere sichtbare Leistungen geht:

„Hochbegabte Kinder verfügen über das Potential zu außergewöhnlichen Leistungen. Ob sie diese Leistungen auch tatsächlich erbringen, hängt von der jeweiligen Förderung und den Bedingungen des Umfeldes ab, in dem die Kinder aufwachsen."[3]

Von *„überdurchschnittlich intelligenten Kindern"* spricht man bei einem IQ zwischen 115 und 130, von „Hochbegabten" ab einem IQ von über 130 Punkten.[3]

---

[3]   https://www.hochbegabten-homepage.de/hochbegabung_bei_kindern.html

„Als höchstbegabt gilt, wer einen IQ von mindestens 145 vorweisen kann. Von 1.000 Personen erreicht eine einzige einen so hohen IQ. Daher verwundert es auch nicht, dass zum Thema Höchstbegabung die Forschungslandschaft bislang eher dünn ist."[4]

Bei der gleichen Quelle[4] heißt es:

„Für Höchstbegabte werden besondere Belastungen diskutiert, wobei auch hier die Belastungen nicht alleine aus der Intelligenz erwachsen, sondern ein Zusammenhang zu mangelnder Unterstützung und Förderung durch die Umwelt besteht. Höchstbegabte in nicht unterstützenden Umfeldern neigen eher als moderat Hochbegabte dazu, die Begabung zu verstecken, fühlen sich einsamer, berichten häufiger über Schwierigkeiten, Freunde zu finden (Grossberg & Cornell,1988; in Preckel & Vock, 2021) und haben es schwerer, sich in soziale Gefüge einzupassen (Lackner, 2014).

Auch die Forscherin Leta Hollingworth (1942; in Brackmann, 2020) zeigt auf, dass Höchstbegabte im Gegensatz zu moderat Hochbegabten

---

[4] https://lisamariediel.de/2024/01/24/hoechstbegabung/

ein höheres Risiko aufweisen, sich entfremdet zu fühlen. Für Höchstbegabte ist es daher besonders wichtig, dass sie Kontakte zu Gleichbegabten knüpfen können. Höchstbegabte, die diese Gelegenheit nicht bekommen, waren verstärkt auf sich selbst zurückgeworfen und zogen einsame intellektuelle Beschäftigungen vor (Hollingworth, 1975; in Brackmann, 2020).

Höchstbegabung und schulische Unterforderung

Weiterhin sind Höchstbegabte einem noch höheren Risiko der schulischen Unterforderung ausgesetzt, was zu weitreichenden Folgen für die Lernfähigkeiten, den Aufbau der Motivation und emotionalen Problemen führen kann (Lehwald, 2017)."

Wenn es heißt, Hochbegabung und Höchstbegabung drücken sich nicht immer in *„außergewöhnlichen Leistungen"* aus, so glaube ich nicht, dass hierfür allein eine mangelnde Förderung durch das Umfeld verantwortlich ist. Die außergewöhnlichen Leistungen stehen einfach nicht im Zentrum des Prozesses, sie sind ein mögliches Nebenprodukt, aber nicht die eigentliche Natur von „Anderssein". Ebenso sind die Klassifizierungen durch IQ-Punkte nur ein sehr oberflächlicher

Versuch, sich dem Thema anzunähern. Hier soll ein Versuch gewagt werden zu umreißen, worum es beim Thema „Anderssein" eigentlich geht.

Der Hochbegabte stellt fest, dass weder Lehrer noch Eltern *„gleichbegabt"* sind. Die fehlende pädagogische Unterstützung, aber auch einfach das Gefühl, unter Gleichaltrigen keine hilfreichen Ansprechpartner zu finden, führen zu massiven Problemen in der Integration in die Gruppe, letztlich in der Integration in Partnerschaft, Berufsleben und Gesellschaft. Wie es im letzten Kapitel anklang: Es geht nicht darum, eine bestimmte Eitelkeit zu befriedigen. Wer sein Anderssein erkennt, wer sich zu seinem Anderssein bekennt, bei dem geht es – sofern es echt ist – um eine große innere Not. Die Eltern, die heutzutage allzu leichtfertig ihre Kinder als „Hochbegabte" bezeichnen, weil sie Schwierigkeiten in der Schule bzw. im Klassenverband haben – die wären mit ihrer Diagnose sehr viel vorsichtiger, wenn sie es in ihrem eigenen Leben erlebt hätten: Hochbegabung ist keine Auszeichnung, es ist eine schwere Bürde, die die Integration in die Gesellschaft nicht erleichtert, sondern eher erschwert!

Mein Bekenntnis zum „Anderssein" erfolgt gewiss nicht aus Eitelkeit. In meinem Fall bekenne ich ebenso freimütig, dass ich in meinen Teenager-Jahren in vielen Bereichen ziemlich viel falsch gemacht habe. Denn ich bin meinem Weg ziemlich einseitig gefolgt. Ich war bis zur völligen Selbstverleugnung konsequent darin, zur tiefsten Wahrheit durchzudringen. Auf diesem Weg war ich ebenso konsequent darin, meinen Mitmenschen vor den Kopf zu stoßen bzw. mich auf eine Weise abzusondern und zurückzuziehen, die für mich selber schädlich war. Die Verwandtschaft mit einem krankhaften Autismus mit Asperger-Syndrom (Genialität in einem sehr eingeschränkten Fachbereich, einhergehend mit verminderten sozialen Kompetenzen) kann ich erst heute im Nachhinein als solche benennen. Mein „Spezialgebiet" war dabei immer die spirituelle Suche und der spirituelle Weg. Einerseits bin ich froh über meine Kompromisslosigkeit. Andererseits erkenne ich heute als den idealen Weg einen durchaus anderen: einen Weg der Mitte, der Wahrheitssuche und die äußere Entwicklung in der Gemeinschaft und Gesellschaft verbindet. Darin muss überhaupt kein Verrat an der Wahrheitssuche liegen. Der konsequente Wahrheitssucher gelangt irgendwann zu der Erkenntnis: Der Weg zu Gott führt über den Mitmenschen!

Weshalb ich glaube, dennoch letztendlich „die Kurve gekriegt" zu haben und zu einer gesunden Entwicklung gefunden zu haben, und was mir dabei geholfen hat, lege ich dar im Kapitel *„Der Wahrheitssucher"*.

Mittlerweile gibt es Menschen, die sich als „Hypersensible" outen. Sie sprechen darüber. Nicht um sich vor anderen zu profilieren, sondern weil es eine Not ist, eine Besonderheit, etwas was eben erkannt und benannt werden muss, um adäquat damit umzugehen. Es gibt erste Gruppen für Hypersensible. Die bilden sich nicht, weil die Betroffenen mit einer Marotte ein ansonsten leeres Leben zu füllen hätten. Sie bilden sich als Selbsthilfe-Gruppen. Es stärkt, als Betroffener nicht mehr allein zu sein und Strategien dafür auszutauschen, wie man ohne Verachtung und Überheblichkeit und ständigem Ärger in einer Welt zurechtkommt, die eben weniger sensibel ist und nicht immer das Verständnis aufbringt für Menschen mit einer verfeinerten Wahrnehmung.

Es muss möglich und erlaubt sein, sich als „anders" zu bekennen. Es darf nicht lächerlich gemacht werden und auf eitle Einbildung der Betroffenen reduziert werden.

Aus meiner eigenen Erfahrung heraus bin ich der Auffassung, dass das hier beschriebene „Anderssein" sich nicht auf Hypersensible beschränkt. Ich selber bin eher unsensibel – obwohl ich als Sozialarbeiter doch sensibel sein sollte. Ich war immer der letzte im Raum, der merkte, wenn es jemandem schlecht ging, wenn ein akutes Problem meinen Mitmenschen innerlich bedrängte. Sensibilität war mir nicht in die Wiege gelegt – wie ja auch schon das Erlebnis in der Physikstunde belegt. Mein Streben nach Wahrheit führte bis in die jüngste Zeit allzuoft dazu, dass ich Dinge ungefiltert aussprach und die Situation nicht richtig einschätzen konnte. Vielleicht konnte ich in meinem bisherigen Berufsleben ein kleines Stück von der Sensibilität nachholen, die so wichtig ist für eine soziale Tätigkeit.

Hoch- oder Hypersensibilität ist in der häufigsten Beschreibung das Problem, mit der heute üblichen Reizüberflutung umzugehen, wozu auch die Überforderung mit zu vielen, zu langen, zu intensiven menschlichen Begegnungen zählt. Der Hypersensible benötigt mehr Zeit für die Verarbeitung. Hypersensibilität umfasst aber auch im Besonderen das Einfühlungsvermögen für andere Menschen.

Eng verwandt ist „Empath". Der Empath kann sich leicht in andere einfühlen, verliert sich im anderen, hilft bis zur Selbstverleugnung und kann nicht die Notbremse ziehen, bevor die eigenen Kräfte schwinden. Der Empath verfügt über besondere soziale Fähigkeiten, es fehlt ihm dabei aber die Fähigkeit zur Abgrenzung.

„Hypersensibilität" ist EINE Ausformung von „Anderssein". „Empath" ist EINE Ausformung von „Anderssein".

Andere Ausformungen sind:

-   Hochbegabung, bis hin zur Genialität,

-   Systemsprenger, die in einer passiven Protesthaltung verharren und sich über Jahre und Jahrzehnte in drogengeschwängerten Diskussionsrunden über die dumme Gesellschaft völlig unfruchtbar mokieren,

-   Systemsprenger, die aktiv ihren eigenen Weg außerhalb der „bürgerlichen" Gesellschaft kreieren,

- bis hin zu den außergewöhnlichen Menschen, die bereits in jungen Jahren über eine übersinnliche Wahrnehmung verfügen, die ihre Umgebung nicht nachvollziehen kann, die die Naturwesen in Wald und Feld sehen können, die mit Verstorbenen reden, die mit ihrem Schutzengel Kontakt haben...

All das ist „Anderssein". Es muss allerdings festgestellt werden, dass das keine zwingenden Kriterien für „Anderssein" sind. Es geht nicht darum, dass man mit acht Jahren Geige spielen kann wie ein kleiner Paganini, dass man verschiedene Sprachen perfekt beherrscht, darunter auch exotische oder uralte, oder 500 Nachkomma-Stellen von Pi richtig referieren kann. Es geht nicht darum, dass man zum Experten wird für Militärgeschichte, Schmetterlinge oder Raumfahrttechnik. All das können Ausformungen des Andersseins bedeuten.

Der Zusammenhang wird sehr bald klar werden.

Als zwingende und verbindende Kriterien für „Anderssein" möchte ich drei benennen:

1.) eine andere Art der Wahrnehmung

2.) den Dingen auf den Grund gehen

3.) für andere da sein

zu 1.)

Hypersensibilität oder übersinnliche Fähigkeiten bedeuten ohne Zweifel eine „andere Art der Wahrnehmung". Aber es geht nicht zwingend darum. Vergleichen wir einfach mal unsere Wahrnehmung mit einem Foto in der Zeitung. Die Aussage eines jeden Pressefotos ergibt sich erst aus der Zeile unter diesem Foto. Unter dem gleichen Foto kann stehen, „Mann stolpert, Passant versucht ihn aufzufangen", oder, „Mann wird von Passanten zu Boden geworfen".

Unsere Wahrnehmung ist wie ein Pressefoto: Die Bedeutung ergibt sich erst aus der Zuschreibung, die wir ihr geben. Die meisten Menschen sind sich die meiste Zeit dessen gar nicht bewusst, aber sie verbinden ihre Wahrnehmungen ständig mit Zuschreibungen, dazu sehr oft noch mit Zuschreibungen, die nicht von ihnen selber kommen, sondern die sie aus dem „kollektiven Feld" übernehmen. Der, „der anders ist", zweifelt nicht nur diese „kollektiven Zuschreibungen" an und ersetzt sie durch eigene. Sehr oft lässt er den Platz unter dem Pressefoto einfach erst einmal frei. Er muss es erst einmal selber herausfinden, was dieses Pressefoto überhaupt bedeutet. Durch das Verweigern der kollektiven Zuschreibungen, reagiert der, der anders ist, in vielen Situationen oft völlig anders, als von ihm erwartet wird. Die Umwelt ist dann besonders überrascht, wenn die unkonventionellen Handlungsweisen sich auch noch als erfolgreich erweisen (was diese „andere Wahrnehmung" ist, wird vielleicht in den *„Episoden aus meinem Leben"* am Ende des Buches noch besser sichtbar).

Hier ein Beispiel, das ganz allgemein die Denkweisen „derer, die anders" sind, aufzeigen soll:

Einer, der anders ist, eignet sich ganz schlecht als Fußballfan. Er teilt einfach die kollektiven Zuschreibungen für die Ereignisse nicht. Wenn ein Ball ins eigene Tor rollt, wäre Trauer und Bestürzung angesagt. Wenn ein Ball am eigenen Tor vorbeirollt, wäre Erleichterung angesagt. Wenn ein Ball am gegnerischen Tor vorbeirollt, wäre Enttäuschung angesagt. Wenn ein Ball ins gegnerische Tor hineinrollt, wäre Jubel angesagt.

Einer, der anders ist, kann diese „Gefühle auf Knopfdruck" in sich überhaupt nicht abrufen. Er sieht einfach nur Bälle, die über Linien rollen.

Das heißt nicht, dass einer, der anders ist, nicht auch einem Fußballspiel beiwohnen könnte. Während die Fans um ihn herum, Enttäuschung, Empörung oder Jubel produzieren, blickt er vielleicht nur in eine ganz andere Richtung. Er sieht einen Spieler, der von der Ersatzbank aufsteht und zu einem jungen behinderten Fan im Rollstuhl geht, um ihm das Trikot zu signieren. Diese kleine Szene bewegt ihn viel mehr als das Fußballspiel. Von außen wirkt dieser Zuschauer mit verklärtem Blick in diesem Moment vielleicht autistisch oder völlig abgedreht. Dabei nimmt er auch teil an seiner Umwelt – nur eben in ganz anderer Weise als sein direktes Umfeld.

Einer, der anders ist, lässt sich nicht so leicht in „das Drama des Lebens" hineinziehen. Er ist ebenso wenig fähig dazu, nach einem verlorenen Fußballspiel zu trauern, wie sich nach einem gewonnenen Fußballspiel glücklicher zu fühlen als zuvor. Das sind für ihn bloß die Ablenkungen der *„Kindermenschen"*, wie es Hermann Hesse in seinem *„Siddhartha"* benennt.

Diese Haltung führt sich auch im Leben fort: Ob ein äußerer Erfolg zum Glück beiträgt, oder ob eine schwere Erkrankung einen unglücklich machen muss, das ist für den, der anders ist, nicht festgeschrieben. Er sieht solche Ereignisse nur als Bausteine von Prozessen und analysiert, wohin diese Prozesse führen. Das kann nach außen unterkühlt wirken. Dabei ist die Gefühlswelt dessen, „der anders ist", nicht schwächer ausgeprägt. Sie ist einfach nur „anders".

2.)

Damit sind wir schon beim zweiten Punkt: den Dingen auf den Grund gehen. Man könnte sagen, der erste Punkt ergibt sich aus diesem zweiten Punkt. Die „kollektiven Zuschreibungen" der Pressefotos werden ebenso hinterfragt wie überhaupt die vorgegebenen Narrative. Wer die Aussage hinterfragt,

- Der Mensch verliert in dem Moment Energie, wo er in den Schnee pinkelt (unabhängig davon, ob sie richtig sein mag oder nicht), der hinterfragt auch irgendwann Narrative wie:

- Man müsste Fleisch essen, um gesund zu bleiben.

- Mit CO2-Sparen rettete man das Klima.

- Der Mensch hätte sich auf der materiellen Erde durch zufällige Mutationen aus einer Amöbe heraus entwickelt.

- Die christliche Lehre würde bedeuten, Gott hätte den Menschen aus einem Klumpen Lehm geknetet, Jesus wäre von einer Jungfrau geboren worden und hätte sein Blut für unsere Sünden gegeben, um uns vor der ewigen Verdammnis zu bewahren.

- Mit Kontaktbeschränkungen und Maskentragen und Impfungen würde man seine Gesundheit beschützen.

- Bei Krebs stünden im Dreh- und Angelpunkt die Tumoren. Man müsste sie so schnell wie möglich wegmachen und das wäre dann Heilung.

- ...und, und, und...

Einstein sagte einmal:

"Curiosity is more important than intelligence".

Mit dem CQ = Curiosity Quotient bezeichnet man eine Bewertung der Begabung des Menschen nicht nur nach der Lösefähigkeit für vorgegebene Aufgaben, sondern nach dem eigenen Bestreben, tiefer zu schürfen, den Dingen auf den Grund zu gehen. „Curiosity" (englisch) = „Neugier". Der in dieser Weise begabte Mensch löst nicht nur vorgegebene Aufgaben, sondern er erschafft eigene Fragestellungen und geht ihnen nach.

Wenn ein Mensch mit einem hohen CQ erfährt, dass Mumbai in Indien 20 Millionen Einwohner hat, dann will er wissen, wann die Stadt entstanden ist, wodurch sie entstanden ist, wann die Stadt entscheidend gewachsen ist, wodurch sie in dieser Phase so gewachsen ist, welche Wirtschaftszweige für das Bevölkerungswachstum maßgeblich sind, wie hoch der Anteil an Slums ist, wie die Menschen in den unterschiedlichen Slums leben – Bildung, Kultur, Traditionen, die besondere Mumbai-Tradition der Mittagessen-Zusteller für die Büroarbeiter… Kein Detail ist zu klein, all das ist Mumbai für den „Curiosity-Begabten".

Das Schulwissen, „Mumbai hat 20 Millionen Einwohner", bedeutet für einen solchen Menschen nichts, er möchte ein Bild haben. So gelangt er zu einer anderen Art des Lernens, ein assoziatives Lernen, das dazu führen kann, dass die Information, „Mumbai hat 20 Millionen Einwohner", den Empfänger zu einem Experten für Trinkwasserversorgung in Großstädten macht.

Der „Curiosity-Begabte" fühlt sich durch ein solches Abfragen von Daten – Mumbai hat 20 Millionen Einwohner, London hat 8,9 Millionen Einwohner, Rom und Berlin haben etwa 3,8 Millionen Einwohner – als würde er zu einem dressierten Hündchen gemacht. Das was die Mitschüler gerne abliefern, um ihre Pflicht zu erfüllen, erlebt er ernsthaft als eine Degradierung seiner Person, als eine Missachtung seiner Intelligenz. Und zwar nicht, weil das Lernen von Einwohnerzahlen für ihn zu einfach ist, sondern weil es für ihn kein Lernen ist. Es ist für ihn Hundedressur für den Zirkus. Er hat eine andere Vorstellung von „Lernen".

Dieses typische Merkmal der Hochbegabten, das Denken in Zusammenhängen, ist die Grundlage jeden Umweltbewusstseins.

Der Hochbegabte fragt:

- Wo kommt das her, was ich esse?

- Wo kommt die Kleidung her, die ich trage?

- Welche Auswirkungen hat die Firma, für die ich arbeite, auf die Umwelt?

Hochbegabung heißt eben genau das, sich zu lösen vom kleinen Radius der Befriedigung der eigenen Bedürfnisse: Das Essen muss mir schmecken, die Kleidung muss gut aussehen und sich gut anfühlen, beides muss bezahlbar sein. Gibt mir die Firma für meinen Arbeitseinsatz gute Bedingungen und einen guten Ertrag? Das Denken der Meisten hört genau da auf. Das Weiterdenken im Sinne der Umwelt und der sozialen Verträglichkeit heißt, den größeren Zusammenhang herzustellen. Auch darum brauchen wir so dringend Menschen, „die anders sind".

Das Umweltbewusstsein wächst. In vielen Situationen wird es als Generationsproblem erlebt: Die Älteren hat ihr Leben lang nur die Befriedigung der eigenen Bedürfnisse gekümmert, bei den Jüngeren erleben wir immer öfters dieses umweltbewusste Denken in Zusammenhängen. Auch daran wird es deutlich: Die Inkarnationen von Menschen, „die anders sind", nehmen zu.

3.)

für andere da sein

„Anderssein" geht oft einher mit einer Neigung für soziale Tätigkeiten bzw. mit einem besonderen Interesse am Heilbereich. Natürlich gibt es auch besonders begabte Künstler, die sich hauptsächlich ihrer Kunst widmen. Doch die wirklich Hochbegabten unter ihnen gelangen auch auf diesem Weg zu einer Wirksamkeit für andere. Zum Beispiel hat der Dichter Paulo Coelho eine eigene Stiftung gegründet, mit denen er Menschen in den Favelas Brasiliens hilft und spendet große Summen an Kinderkrankenhäuser und andere Einrichtungen. Die Geigerin Anne Sophie Mutter hat eine Stiftung gegründet, mit der sie die Förderung von Hochbegabten in der Musik unterstützt und engagiert sich außerdem als Präsidentin der Deutschen Krebshilfe.

Wie angesprochen, führt das Denken in Zusammenhängen zu einem Denken über die eigenen Wünsche und Bedürfnisse hinaus. Das führt früher oder später zu einem Dasein für andere. Dieses Hinterfragen des eigenen Wohlstands-Vorsprungs gegenüber anderen Menschen kommt zum analytischen Hinterfragen noch hinzu…

Für das unmittelbare Umfeld kann das ständige Hinterfragen sehr nervig sein. Irgendwann will keiner mehr die Theorien des „Träumers", „Vegetariers", „Querdenkers", „Naturheil-Fanatikers", „Ketzers" oder „Sektierers" mehr hören, je nachdem, um welches Thema es geht. Oftmals werden diese Begriffe eingesetzt, um den, der anders ist, auszugrenzen. Die Absonderung geht also durchaus nicht nur vom Betroffenen selber aus.

Dabei geht es für „die Normalen", wenn sie die Andersartigen ausgrenzen, darum, die „kollektiven Zuschreibungen" zu schützen, um nicht selber denken zu müssen. Durch die „kollektiven Zuschreibungen" wird ein kollektives Feld der Wahrnehmung erschaffen, in dem man sich bewegt. Das verschafft eine gewisse Sicherheit. Besser kann man „Bürgerlichkeit" eigentlich nicht definieren.

Der, der anders ist und das kollektive Feld der Wahrnehmung hinterfragt, löst eine Verunsicherung aus. Dieser Vorgang der Verunsicherung muss auch selber wieder hinterfragt werden dürfen. Denn die Sicherheit, die das kollektive Feld der Wahrnehmung dem Bürger verschafft, hat dieser Bürger vielleicht dringend nötig, um lebensfähig zu sein. Vielleicht ist er noch lange nicht reif dafür, der „ungeschminkten Wahrheit" – dem Pressefoto OHNE Zuschreibung – ins Gesicht zu blicken.

Mit anderen Worten: Der, der anders ist, hat nicht das uneingeschränkte Recht dazu, seine Version der Wahrheit zu verbreiten, oder alles infrage zu stellen. Er ist aufgefordert, die Sensibilität dafür zu entwickeln, bei welchem Gegenüber er ein Hinterfragen des „kollektiven Feldes der Wahrnehmung" wagen kann. Diese Sensibilität fehlt dem jugendlichen Sucher meistens noch.

„Den Dingen auf den Grund gehen" bedeutet, auch die gängigen Zuschreibungen für das Leben zu hinterfragen und auseinander zu nehmen:

-   Nach dem Tod gäbe es nichts mehr, zumindest lohne es sich nicht, sich damit zu beschäftigen, weil noch keiner zurückgekommen wäre.

- Weil jeder nur einmal lebte, wäre es das Vernünftigste, sein Heil in Wohlstand und Konsum zu suchen. Ziel wäre es, mit „mein Haus, mein Auto, mein Segelboot", sowie „mein Partner und meine Kinder" nach außen hin ein Idealbild zu vervollständigen. Dieses Idealbild wäre gleichbedeutend mit Glücklichsein.

Als Neo in „*Matrix*" (1. Folge der Trilogie) zum erstenmal Trinity begegnet, sagt sie zu ihm:

„Ich weiß, wieso du hier bist, Neo, ich weiß, was du machst, ich weiß, wieso du kaum schläfst, wieso du alleine wohnst und wieso du Nacht für Nacht vor deinem Computer sitzt: Du suchst nach ihm. Ich weiß es, ich war früher selbst auf der Suche. Als er mich gefunden hatte, sagte er, dass ich im Grunde nicht auf der Suche nach ihm, sondern auf der Suche nach einer Antwort war. Es ist die Frage, die uns keine Ruhe lässt. Es ist die Frage, die dich hergeführt hat. Du kennst die Frage... genau wie ich..."

„Was ist die Matrix?" sagt Neo ohne zu zögern.

Die meisten Hochbegabten kennen die Frage noch lange nicht. Sie wissen es nicht, was sie so unruhig macht, weshalb sie die oben angeführten gängigen Zuschreibungen für das Leben, aus denen sich unsere Gesellschafts-Matrix zusammensetzt, gleichzeitig reizvoll finden und sich doch von ihnen angewidert fühlen. Der hochbegabte Jugendliche gibt sich mit solchen Vorgaben nicht zufrieden.

So gelangt er, wenn er sich treu bleibt und seiner Unzufriedenheit mit dem vorgegebenen Lebensentwurf der Eltern und der „Wohlstands-Gesellschaft" auf den Grund geht, irgendwann automatisch zu den Grundfragen des Lebens. Ein Mensch, der wirklich über diesen hohen „CQ" – „Curiosity Quotienten" – verfügt, geht auch diesen Fragen auf den Grund, die das Leben an alle Menschen stellt:

- Wo komme ich her?

- Wo gehe ich hin?

- Was ist der Sinn des Lebens?

- Gibt es eine Berufung für mich, der ich zu folgen habe?

Oder auch:

- Wer ist dieser „Morpheus" für mich persönlich, in meinem wirklichen Leben?

Es liegt in der Natur der Sache: Weil das Denken in der besonderen Struktur derer, die anders sind, vor diesen Fragen nicht halt macht, gelangen sie in der Konsequenz in das Gebiet des Spirituellen und Religiösen. Ein wirklich hoher „CQ" drückt sich irgendwann aus in Spiritualität!

Die Vertragsbedingungen für das Leben

In meinem späteren Berufsleben arbeitete ich als Sozialpädagoge in Arbeitslosen-Maßnahmen. Eines Tages bekam ich eine Maßnahme übertragen, wo ich von einer Kollegin eingearbeitet werden sollte, die schon längere Zeit diese Maßnahme betreute. In dieser wurde für jeden Klienten ein eigener Stundenplan erstellt, zusammengestellt aus Einzel-Coaching-Stunden und aus Stunden in der Gruppe. Dieser individuelle Kalender wurde für den einzelnen Klienten zu Beginn seiner Maßnahme beim Jobcenter eingereicht. Es war also nicht eine Maßnahme, wo eine Gruppe zu einem bestimmten Zeitpunkt eine Eröffnungsveranstaltung besucht und gemeinsam beginnt. Sondern es war eine Maßnahme, wo laufend individuell zugewiesen wurde.

Meine Kollegin, die mich einarbeiten sollte, war sehr gewissenhaft und hatte große Gewissensbisse wegen der Abrechnung. Denn die Teilnehmer erschienen natürlich im Laufe der Maßnahme nicht immer so zuverlässig, wie es der Stundenplan am Anfang der Maßnahme vorsah (auf Deutsch gesagt: eher selten!). Es war eine Maßnahme für schwierige Klienten, teils mit schweren psychischen Erkrankungen, in jedem Fall arbeitsmarktfern. So zeigte es sich, dass viele von ihnen für die Gruppenveranstaltungen gar nicht geeignet waren und dann auch noch zu den Einzelcoachings sehr unzuverlässig erschienen. Um wenigstens ansatzweise eine Finanzierung der Maßnahme zu gewährleisten, war die Kollegin gezwungen, oft Stunden abzurechnen, die nicht stattgefunden hatte. Sie hatte Ängste, vom Auftraggeber im Nachhinein zu diesen Stunden – die quasi erfunden waren – angesprochen und befragt zu werden. Sie sagte, sie hatte in ihrem Berufsleben niemals lügen müssen und fühlte sich in dieser Arbeit extrem unglücklich.

Es war ja nicht die einzige Maßnahme, wo „geschoben" und geschummelt wurde, wo die Dokumentation und die Abrechnung Phantasie-Einträge enthielt, weil unter den Vorgaben der Maßnahme-Ausschreibung die Maßnahme sonst nicht durchführbar gewesen wäre. Es war also nichts Besonderes in unserer Branche – doch hier lag schon zweifelsfrei ein Extrem-Fall vor. Meine Kollegin litt so sehr unter der Situation, dass sie Schlaf- und Verdauungsstörungen hatte und schon echte gesundheitliche Probleme in sich heranzüchtete!

Ich suchte überall im Maßnahme-Ordner nach den Vertragsbedingungen. Es musste doch irgendwo im Papier-Ordner oder im Digital-Ordner etwas darüber zu finden sein! Da ich nicht fündig wurde, befragte ich die Vorgängerin der Projektmanagerin und auch noch deren Vorgängerin. Sie wussten auch nichts darüber. Ich bekam sogar den Hinweis, ich solle mit so etwas nicht meine Zeit verschwenden und sollte mich doch lieber dem operativen Geschäft widmen – ich solle mich damit befassen, was in dieser Maßnahme in der Arbeit mit den Klienten zu tun sei, was für Klienten kommen und wie ich ihnen Hilfestellung geben könnte. Das klang einleuchtend. Jedoch nicht für mich. Für mich war es klar, dass ich überhaupt gar nicht erst damit anfangen muss, mich damit zu beschäftigen, wenn doch die Vertragsbedingungen – also die Grundlage für die ganze Arbeit – gar nicht vorliegen!

Also suchte ich auch ältere Datei-Ordner durch, ging dann ins Archiv und suchte auch ältere Papier-Ordner für die Maßnahme durch. Für jede Maßnahme gab es Vertragsbedingungen – warum denn für diese nicht? Erst nach dieser ganzen umfangreichen Suche ging ich zum Chef, um ihn zu fragen. Ich sagte ihm, es gebe doch in jeder Maßnahme Vertragsbedingungen, ich könne jedoch für diese Maßnahme nirgends solche finden. Sollte ich mich denn an das Jobcenter wenden, um die Vertragsbedingungen nachzufordern? Er stutzte nur einen ganz kurzen Moment und hatte dann ganz schnell die Antwort parat. Es handelte sich um eine sogenannte „Zuweisungs-Maßnahme". Da gibt es keine allgemeinen Vertragsbedingungen. Sondern der Vertrag wird – auf Grundlage des eingereichten Kalendariums und des vorher vom Jobcenter mitgeteilten Stundensatzes – individuell für den einzelnen Klienten abgeschlossen. Die Abrechnung erfolgt dann wie bei einer Weiterbildungs-Maßnahme: Wenn ein Kurs geplant wird, dann wird auch vorher für die gesamte Kursdauer ein Stundenplan erstellt. Die Abrechnung erfolgt dann auf Grundlage des eingereichten Stundenplans – völlig unabhängig von der tatsächlichen Anwesenheit, also völlig unabhängig davon, wie viele der Kursstunden die Teilnehmer dann auch tatsächlich besuchen. Natürlich musste man in einem Weiterbildungs-Kurs nach dem Stundenplan abrechnen, denn Räume und Dozenten waren ja gebucht. Genauso wurde das bei einer „Zuweisungs-Maßnahme" gesehen. Das war also die Grundlage. Die ganzen Gewissensbisse meiner Kollegin waren also völlig umsonst gewesen!

Das Erschreckende daran war für mich, dass die Maßnahme sozusagen „seit Generationen" ohne diese Grundlagen weitergegeben wurde. Keiner der Vorgänger konnte mich über die Grundlagen aufklären! Keiner war darüber selber von seinem Vorgänger aufgeklärt worden! Man sprang rein ins operative Geschäft, wurschtelte sich durch und hoffte, es würde schon irgendetwas dabei herauskommen, und die Abrechnung wäre wenigstens soweit wasserdicht, dass einem nicht der Kopf abgerissen würde!

Das, was sich bei mir in dieser Situation im späteren Berufsleben zeigte, war ein „den Dingen auf den Grund Gehen", das ich schon mein ganzes Leben in mir getragen und gepflegt hatte. Ich bezeichne „die, die anders sind" als die spirituell Erwachenden. Dennoch beobachte ich, dass die allermeisten von ihnen zu ihrer Sinnsuche und zu ihrem spirituellen Erwachen erst im späteren Leben finden, ausgelöst durch eine Krise mit 30, 40, 50 oder 60 Jahren. Bis dahin widmen sie sich „ihrem Spezialthema" bzw. ihrem Beruf.

Für mich war es jedoch so, dass es mir unmöglich war, in dieses Leben – ins Berufsleben und ins soziale Leben der Erwachsenenwelt – einzusteigen, ohne zuerst die „Vertrags-

bedingungen" zu kennen. Eltern und Schule klären den Heranwachsenden auf über „das operative Geschäft" des Lebens und schubsen einen einfach rein. Doch sie geben keine Antwort auf die
Grundfragen: Woher? – Wohin? – Wozu?

Ich musste ERST die Grundlagen finden, ehe
ich bereit war, mich ins Leben zu integrieren!

Ein Superhirn werden

Die Verwirrung darüber, was Hochbegabung und Höchstbegabung eigentlich ist, wird besonders deutlich am sog.

„Zehn-Prozent-Mythos".

Albert Einstein wird das Zitat zugeschrieben:

> *„Wir nutzen nur 10%*
> *unseres geistigen Potentials".*

Unter *„Zehn-Prozent-Mythos"* vermerkt Wikipedia hierzu:

„Sinngemäß ähnliche Behauptungen wie ‚Der Mensch nutzt nur etwa 10 Prozent seiner Gehirnkapazität' werden seit mehr als 100 Jahren vielfach kolportiert und fälschlicherweise auch berühmten und intellektuell leistungsfähigen Personen (z.B. Albert Einstein oder Margaret Mead) zugeschrieben.

Der kanadische Neuropsychologe Barry Beyerstein forschte 1998 nach der Entstehung dieser Aussage und prägte dabei den Begriff Zehn-Prozent-Mythos.

Nach heutiger Auffassung entstand diese in der parawissenschaftlichen und Selbsthilfe-Literatur verbreitete, falsche Behauptung durch Missverständnisse oder Fehlinterpretationen physiologischer und neurowissenschaftlicher Untersuchungen und Experimente. Mehrfach haben sich Autoren in diesem Zusammenhang unbelegt auf den früher in Harvard tätigen Psychologen und Philosophen William James (1842–1910) berufen, der aber diesbezüglich nie eine quantitative Aussage machte.

Umfragen zufolge sind etwa zwei Drittel selbst naturwissenschaftlich Interessierter von der Richtigkeit des Mythos überzeugt, obwohl er mit unterschiedlichen wissenschaftlichen Argumenten zweifelsfrei widerlegt werden kann. Dessen ungeachtet wird der Zehn-Prozent-Mythos weiterhin durch die Popkultur und durch gelegentliche Verwendung in der Werbung perpetuiert."

Die neuere Forschung hat entdeckt, dass es kaum Hirnareale gibt, die völlig zur Ruhe kommen. Die verschiedenen Hirnareale sind mehr oder weniger aktiv, aber niemals inaktiv. Selbst im Schlaf sind es noch mehr als 10% des Gehirns, die als „mehr aktiv" gelten können.

Stolz schließt unser „wissenschaftlicher Ansatz" daraus, es wäre die Aussage falsch, *„Wir nutzen nur 10% unseres geistigen Potentials".*

Hinzu kommt, dass der Begriff „Gehirnkapazität" unscharf definiert ist. Während sich die Forschung bis in die 1960er Jahre einzig auf das Hirnvolumen konzentrierte, bezog man später Gedächtnisleistung und andere geistige Fähigkeiten des Gehirns mit ein. Wie kann man also von 10% sprechen, wenn keiner definieren kann, was 100% unserer Gehirnkapazität eigentlich sind?

Im Film *„Lucy"* (Regisseur Luc Besson, 2014) ist dargestellt, wie eine Frau, gespielt von Scarlett Johansson, unter Einfluss eines blauen Pulvers nach und nach ihre Gehirnkapazität aktiviert. Ein Vortrag eines Professors für Neurologie, dargestellt von Morgan Freemann, wird in die Handlung immer wieder eingeblendet. Er erklärt, dass wir mit den vermeintlichen 10% unserer Gehirnleistung bereits die beeindruckenden Errungenschaften in Kultur, Wissenschaft und Technik erreicht haben. Bei 20% könnten wir uns selbst beherrschen, bei 40% könnten wir die Mitmenschen beherrschen. Wenn es darüber hinaus geht, könnten wir auch die Materie beherrschen.

Diese Entwicklung wird durch die Protagonistin Lucy anschaulich dargestellt. Der Film mag vollkommen auf Fiktion beruhen und keiner wissenschaftlichen Überprüfung standhalten. Aber er vermittelt ein Gefühl davon, was es heißt, das volle geistige Potential auszuschöpfen.

So ziemlich alles an dieser Aussage ist falsch, trotzdem kann man noch immer ein großer Fan dieser Aussage sein:

„Wir nutzen nur 10% unseres Gehirns".

Es wird Zeit, die Widersprüche aufzuklären.

Der Gehirn- und Bewusstseinsforscher Professor Sam Parnia von der New York University hat 567 Probanden untersucht, die „bewusstlos" und am Rande des Todes waren, die einen Herzstillstand erlitten hatten und wiederbelebt wurden. Die Klarheit der Nahtod-Erfahrungen, die sie eindeutig von Halluzinationen und Träumen unterscheiden, sowie die Gehirnwellenveränderungen, führten ihn zu dem Schluss:

„Dies sind reale Erfahrungen, die auftreten, wenn wir sterben". (…)

„Menschen am Rande des Todes durchlaufen eine tiefe, zielgerichtete, sinnvolle Neubewertung ihres gesamten Lebens, die sich auf ihre Gedanken, ihre Absichten und ihre Handlungen gegenüber anderen Menschen konzentriert. Faszinierend ist, dass sie alles, was sie getan haben, noch einmal durchleben, aber eigentlich nicht wie in einem Film und nicht in chronologischer Reihenfolge."[5]

Wenn „OBE's", out-of-body-experiences, real sind, heißt das eindeutig, dass unser Bewusstsein nicht an das Gehirn gekoppelt ist. Auch wenn Professor Sam Parnia bei den Nahtoderfahrungen außergewöhnliche Gehirnaktivitäten feststellt: Das bedeutet nur, dass das Gehirn das Abbild ist der geistigen Aktivitäten, nicht ihre Ursache.

Häufig werden „Gehirn" und „geistiges Potential" gleichgesetzt, doch das Gehirn ist nur die Schaltstation für den Körper in der Materie. In der Ganzheit von Körper-Seele-Geist spielt das Gehirn, als rein körperlicher Funktionsträger, nur

---

[5] Magazin *„Focus – Ratgeber Gesundheit", „Studie zu Nahtoderfahrungen – Was wir in dem Moment erleben, in dem wir sterben"*, Samstag, 19.11.2022

eine untergeordnete Rolle. Wenn wir in unserem Leben das geistige Potential voll entwickeln wollen, dann stört es überhaupt nicht, dass unser Gehirn dessen ungeachtet einmal mit ins Grab wandert und von den Würmern gefressen wird. Das geistige Potential überdauert das Gehirn. Es kann bereits zu Lebzeiten, wie zum Beispiel in Nahtoderfahrungen, unabhängig vom Gehirn erfahren werden.

Es geht also nicht um unser Gehirn, sondern um unser geistiges Potential. Als „Geistwesen" wurden wir als Ebenbilder Gottes erschaffen. Die Größe von Gottes geistigem Potential hat ein Mystiker einmal so ausgedrückt: Wenn Gottes geistiges Potential sich in einem materiellen Gehirn manifestieren würde, so müsste dieses Gehirn so groß sein wie die Sonne. Hier zeigt sich der enorme Unterschied zwischen dem geistigen Potential Gottes und dem der Menschen.

Das Gesetz des Universums ist Ausdehnung. Das heißt, der Schöpfergott wächst und wächst bis in die Unendlichkeit. Wir als seine Kinder wachsen und wachsen auch bis in die Unendlichkeit, doch wir werden den Schöpfer niemals einholen. Unser geistiges Potential ist unbegrenzt. Was sind 10% von „unbegrenzt"???

„Wir nutzen nur 10% unseres Gehirns."

Die Aussage ergibt immer noch einen Sinn und kann uns inspirieren, dann wenn wir endlich „Gehirn" und „10%" als Metaphern verstehen! „Gehirn" steht für „geistiges Potential" und „10%" steht für „einen Bruchteil". Wenn die Wissenschaft diese Aussage aufwändig widerlegt und stolz den *„Zehn-Prozent-Mythos"* postuliert, dann zeigt sie damit nur, dass sie nicht fähig ist, zu einer tieferen Bedeutungsebene vorzudringen. Es ist, als wenn man das „Was du säst, wirst du ernten" aus der Bibel als eine Bauernregel auffasst und nicht den Übertrag auf die Ebene Ursache und Wirkung im Sinne des Karmagesetzes vollzieht. „Wissenschaftler" bleiben offenbar genauso an der Oberfläche wie die üblichen „Bibelchristen"!

„Wir nutzen nur 10% unseres Gehirns."

Bleiben wir dabei, und setzen wir uns das Ziel, zu 100% vorzudringen! Dabei meint „100%" eben nicht, dass dieses Organ so groß wie die Sonne werden müsste. „100%" meint einfach das, was auszuschöpfen in diesem Erdenleben möglich ist.

Bleiben wir dabei, dass es unser Bestreben ist, in unserem Gehirn neue Synapsen zu bilden!

Auch wenn wir genau wissen, dass all die Synapsen einst zum Fraß der Würmer werden und dass es darum eigentlich gar nicht geht. „Die Synapsen im Gehirn" sind auch wieder nur eine Metapher: für die Fähigkeit, sich mit neuen Inhalten zu verbinden und diese Inhalte miteinander zu verbinden.

Der Hochbegabte ist der, der spürt, dass da noch mehr ist, der spürt, dass da Potentiale in ihm sind, die brachliegen und aktiviert werden wollen. Der Hochbegabte hat durch irgendein Erlebnis mehr gesehen als seine Mitmenschen, ist zu diesem geheimnisvollen Abgrund der „90%" in ihm selber vorgedrungen. Vielleicht ist er davor zurückgeschreckt, diese „90%" näher zu erforschen, vielleicht machen sie ihm genauso Angst, wie er seiner Umwelt Angst macht... Zumal ja ihm die Umwelt nicht hilft!

Das Ziel ist, „ein Superhirn" zu werden – eine Metapher für ein Leben, wo man zu 100% lebt, wo man Zugang hat zu allem Wissen, wo man zu einem tieferen Verständnis gelangt vom Menschen, vom Universum und von der Beziehung vom Menschen zum Universum.

„Ein Superhirn" kann sich ganz schnell in seine Mitmenschen hineinversetzen, weil es in sich über einen großen Erfahrungsschatz verfügt und weil es in die Zusammenhänge der Seelenwege blicken kann, die dem Mitmenschen noch verborgen sind. Jesus ist in seinem Wirken als Heiler und Prediger das beste Beispiel für ein solches „Superhirn".

Wie will unsere Pädagogik die Entwicklung des Kindes und Jugendlichen deuten und steuern, wenn sie nicht die Entwicklung des Menschen an sich deuten und erklären kann? Was ist das Ziel? Und was ist der Weg?

An einem Bild soll das klarer werden: Ein Mensch lässt sich von einem Hubschrauber in eine große Höhe tragen. Von dort kann er die Landschaft auf einem großen Areal in allen Details beschreiben. Was in der Schule geschieht, ist, dass die Details der Landschaft auswendig gelernt werden. Natürlich ist klar, dass es darum überhaupt nicht geht und dass das niemandem nützt. Natürlich geht es darum, den Schüler selber zu dieser höheren Warte zu bringen. Manche Menschen, die diese höhere Warte erreicht haben, beschreiben gar nicht die Landschaft in allen Details. Sie beschreiben die Weite, die Pracht und die Schönheit, die sie da oben wahrnehmen. Diese

Menschen nennt man „Künstler". Ist diese höhere Warte nicht das Spirituelle?

Der Hochbegabte ist der, der in der Schule an genau diesen Punkt kommt: Er nimmt wahr, dass das Auswendiglernen der Landschafts-Details gar nicht der Sinn der Sache ist. Die Landschafts-Details können nur Ausdruck sein von dieser höheren Warte. Der Sinn kann es nur sein, selber zu dieser höheren Warte zu finden. Aber wo findet man den passenden Hubschrauber? Wo gibt es in dieser Gesellschaft ein Angebot für den passenden Hubschrauber? – „Der Hubschrauber" kann nur der spirituelle Weg sein!

Unsere Auffassung von Bildung und Kultur ist, die Details der Landschaften zu studieren und auswendig zu lernen und wahre Künstler scheu zu verehren – aber nicht selber sich auf den Weg zu machen, zu dieser höheren Warte zu gelangen. Dabei ist genau das der Sinn von Bildung und Kultur! Es geht überhaupt nicht darum, das Lernen abzulehnen, auch nicht das Auswendig-Lernen. Es geht darum, die Schule wieder in den größeren Zusammenhang zu stellen. Bei wahrer Bildung geht es weder um Faktensammeln noch um Berufsvorbereitung. Dass beides Irrwege sind, die nicht wirklich zu befriedigenden Ergebnissen führen, ist offensichtlich und eigentlich bekannt. Aber worum geht es? Um die höhere Warte. Der Hochbegabte steht mit diesem Anspruch alleine da. Und weiß nicht, wie er sich in dieser Situation verhalten soll. Zumal er ja dieses Gefühl selber noch nicht richtig benennen und deuten kann.

Ein anderes Bild. Das Wissensammeln soll uns zu einem Ozean des Wissens machen. Das kann nicht gelingen. Sogar wenn es einem Menschen gelingt, sich mit seinem intellektuellen Streben ein enzyklopädisches Wissen anzueignen, wird es fast immer zu eklatanten Defiziten im Sozialen kommen, beim „EQ", bei der „Emotionalen Intelligenz". Von der Menschenkenntnis eines wahren Superhirns ist ein solcher weit entfernt. Wir können nicht zu einem Ozean des Wissens werden. Was ein wahres „Superhirn" auszeichnet, ist, dass es den Zugang hat zu DEM Ozean des Wissens! Anders gesagt: dem Spirituellen. DER Ozean des Wissens ist das Feld der unbegrenzten Informationen. Die universale Intelligenz. Das Potential, das bereits in uns liegt. Es geht nicht darum, dieses unbegrenzte inliegende Potential mit einer Flut von Informationen zu ersticken, sondern es zu erwecken. Alles Wissen, das vermittelt wird, ist nicht Selbstzweck, sondern kann nur den Zweck haben, dieses inliegende Potential zu aktivieren.

Lernen ist Erinnerung! Der Weg dahin ist, Verknüpfungen zu ziehen, Gemeinsamkeiten zu erkennen, es zu lernen in Zusammenhängen zu denken, Faszination zu wecken für die Fakten der Schöpfung, in denen sich immer wieder der eine weise Schöpfer ausdrückt. „Ein Superhirn" zu werden wird in unserer Gesellschaft als intellektuelle Akrobatik interpretiert. Dementsprechend wäre der Weg dahin ein rein intellektuelles Lernen. Es muss verstanden werden, dass das Ziel nicht erreicht werden kann, indem man sich in der Horizontalen bewegt, sondern nur, indem die höhere Warte erreicht wird. Es spricht überhaupt nichts dagegen, in der Horizontalen Wissen anzusammeln oder zu reisen und sich auf diese Weise zu bilden. Aber der wahre Weg, sein inliegendes Potential zu entfalten, der „wahre Hubschrauber", der uns auf eine höhere Warte in der Vertikalen bringen kann, ist der spirituelle Weg.

Die drei Quotienten, mit denen man Hochbegabung beschreiben kann, sind:

- IQ = Intelligenzquotient

- EQ = Emotionale Intelligenz

- CQ = Curiosity Quotient

Hinzu kommt noch eine gewisse praktische Überlebensfertigkeit. Wenn man als das Ideal nicht einen verschrobenen Philologie-Professor sieht, der die Verben in sämtlichen Zeiten in Altgriechisch deklinieren kann, aber nicht in der Lage ist, sich ein Ei zu kochen oder in einer Rede sein Publikum gefühlsmäßig mitzureißen, verschiebt sich die Wertigkeit. Wenn man als das Ideal eines Hochbegabten einen ganzheitlich entwickelten Menschen sieht, dann ist der Intellekt nur noch ein Werkzeug. EQ und CQ nehmen an Bedeutung zu, nicht nur in der Forschung, sondern längst schon auch auf dem Arbeitsmarkt.

- Menschenkenntnis und Selbsterkenntnis, ohne Menschenliebe und Selbstliebe zu verlieren,

- Empathie, ohne sich im Mitmenschen und im grenzenlosen Helfen zu verlieren,

- unbändige Neugierde, ohne sich in den Details eines persönlichen Lieblingsthemas zu verlieren und das Große Ganze aus den Augen zu verlieren... –

All das sind die wahren Entwicklungsaufgaben des Hochbegabten, dessen, der „anders" ist, dessen, der ein wahres Superhirn werden und zum wahren Wachstum finden will. Diese Aufgaben sind schwer genug und beanspruchen ein ganzes Leben.

Solche Zirkuskunststückchen wie viele Sprachen fließend sprechen zu können, vierstellige Zahlen miteinander zu multiplizieren, Simultan-Schach mit 20 Gegnern ohne ein Schachbrett, nur mit Koordinaten zu spielen etc.etc. haben mit dem Weg zur Ausschöpfung unseres vollen Potentials eigentlich nichts zu tun. Es sind hochinteressante Spielereien, die aufzeigen, was möglich ist. Aber eben nur Spielereien.

Wir schöpfen unser volles Potential aus, wenn wir zu einer ganzheitlich entwickelten Persönlichkeit werden, die seine Fähigkeiten entwickelt und einsetzt, um zu einem Segen für seine Mitmenschen zu werden. Als Hochbegabter als eine Art Zirkusattraktion in seinem Spezialgebiet Höchstleistungen zu vollbringen, ist keine besonders intelligente Art, sein Leben zu führen. Der größte Reichtum liegt in den Begegnungen mit unseren Mitmenschen. Und die meisten positiven Begegnungen hat der, der sein Leben bewusst für andere lebt...

„Anderssein" ist spirituelles Erwachen!

Die Botschaft von den Indigo-Kindern und den Kristallkindern mag vieles deuten und erklären. Doch für die, die die Aura ihrer Mitmenschen nicht sehen können (die meisten!), bleibt das doch mehr eine theoretische Analyse als praktische Lebenshilfe.

Auch bei den Hypersensiblen und Empathen handelt es sich doch mehr um eine kleine Minderheit, worin sich nicht jeder wiederfinden kann.

Das Ideal von den Hochbegabten begeistert heutzutage besonders die Eltern. Ihre Zöglinge sind aber eventuell nunmal keine Genies auf der Geige, auch wenn die Eltern das gerne so hätten. Es ist bekannt, dass Hochbegabung nicht immer mit besonderen Leistungen einhergehen muss. Dennoch impliziert der Begriff, es müsste nur das besondere Feld gefunden werden, in dem der Betroffene seine Hochbegabung ausleben kann. In vielen Fällen ist es gut, wenn der Hochbegabte jede erdenkliche Förderung für sein Spezialgebiet erhält. Denn er ist eben gut darin und möchte auch nichts anderes machen Aber in manchen Fällen führt das dazu, dass die ehrgeizigen Eltern ihrem hochbegabten Kind ein Leben aufzwingen zwischen Klavierstunden und Ballettkurs, damit ja kein Potential verloren geht. Dem, „der anders ist", ist in seinen Prozessen damit nicht immer geholfen.

Leider holt daher der Begriff „Hochbegabung" die Kinder, „die anders" sind", nicht immer mit ihren Nöten und Problemen ab. Eltern verstehen ihre Kinder nicht, und der Begriff „Hochbegabung" – im Sinne einer außergewöhnlichen Spezialbegabung – ist eine Deutung, die nur in ganz wenigen Fällen wirklich zutrifft (die sog. „Wunderkinder"). Dennoch gibt es ein „Anderssein", das sich in unerklärlichen Verhaltensmustern ausdrückt, das sich zunächst weder für die Kinder noch für ihre Eltern als etwas Erfreuliches darstellt. Die Kinder sind „anders", auch wenn sie nicht die Gabe haben, Mandarin in vier Wochen zu lernen, mit physikalischen Welterklärungs-Formeln ganze Tafeln vollzuschreiben oder in jungen Jahren sämtliche Chopin-Sonaten auf dem Klavier wiedergeben zu können. Das sind die Träume der Eltern, die davon zeugen, dass noch nicht verstanden wird, worum es bei den Themen „Bildung", „Erziehung" oder „Anderssein" überhaupt geht.

Auch wenn diese besonderen Kinder über diese Gaben nicht verfügen, so dient doch ihr „Anderssein" einer höheren Bestimmung, nämlich dem spirituellen Erwachen. Ist das nicht letztlich auch das Ziel von Bildung und Kultur?

Einen festgelegten Wissens- und Kulturkanon kann es nicht geben. Es geht beim Lernen ums „Lernen lernen", um die Erweiterung des Horizonts, um die Neugier, die Welt kennenzulernen, um Sozialverhalten und um die Lust daran, sich weiterzuentwickeln. Aus spiritueller Sicht liegt der Sinn des ganzen Lebens im spirituellen Erwachen, so natürlich auch in besonderer Weise der Sinn von Bildung und Kultur.

Anderssein: Das Leid der Erwachenden!

Die Einstrahlung des Geistes auf den Erdplaneten wird immer stärker. Darum leben wir in einer Zeit, wo es immer mehr Menschen gibt, die spirituell erwachen. Darum gibt es in den Schulen immer mehr Kinder, „die anders sind". Diese Kinder wirken begabt, aber auch unangepasst, abseits aller Konventionen. Oftmals sind es Kinder, deren Fähigkeiten gar nicht sichtbar werden, weil ihre Schulleistungen zu wünschen übriglassen. Es sind nicht immer die Vorzeigekinder, aber in ihnen erfüllt sich letztendlich der Sinn von

Bildung und Kultur. Sie sind „das Salz der Erde". Die bisherige Deutung im Sinne von Hochbegabung ist eigentlich nur eine Fortführung des alten Denkens. Dadurch werden diese besonderen Kinder nach dem alten schulischen Ideal der intellektuellen Leistungsfähigkeit bemessen. Kann man machen, ist aber nur ein Nebenprodukt.

Um zu einem tieferen Verständnis zu finden, ist es wichtig, sich für das Thema spirituelles Erwachen zu öffnen. Dabei geht es nicht zwingend um astrale Wahrnehmungen oder um Hypersensibilität. Das sind Nebenprodukte, ebenso wie Chopinsonaten Spielen oder schöne Bilder Malen. In den meisten Fällen weiß es der betroffene Heranwachsende selber nicht, dass das Ziel seines Andersseins das spirituelle Erwachen ist. Dennoch kann am besten ein Umfeld den, der anders ist, begleiten, das spirituelles Erwachen nicht als eine Marotte von verwöhnten Wohlstands-Überdrüssigen sieht, sondern als Dreh- und Angelpunkt des gesellschaftlichen Lebens. Ein solches Umfeld versteht die Prozesse und kann im richtigen Moment die richtigen Impulse geben. In der üblichen gesellschaftlichen Diskussion ist spirituelles Erwachen kein Thema. Es gilt als „Hobby" von Einzelnen. Diese gelten als „Träumer" und als „Spinner". Man muss sie gewähren lassen, braucht sie aber nicht ernst zu nehmen. Vielleicht sieht man auch spirituelle Praktiken als hilfreich an, aber dann oft nur im Sinne von Wellness, nicht im Sinne von einer notwendigen Komponente einer ganzheitlichen Lebensführung. Sobald sich einzelne Spirituelle zu Gruppen zusammenschließen, spricht man ganz schnell von „Sekten". Damit möchte man ausdrücken, dass man sich von diesen Gruppierungen bedroht fühlt und dass die Anhänger dieser Gruppierungen nichts als bedauernswerte Opfer sein können. Auch durch diesen Reflex, der nicht immer angemessen ist, spaltet man im Grunde das Spirituelle von sich ab. Natürlich soll hier nicht die Gefahr von „Sekten" verharmlost werden. Aber die Gefahren entstehen dadurch, dass sich zu wenig mit Spiritualität beschäftigt wurde und daher kein spirituelles Unterscheidungsvermögen aufgebaut werden konnte. Die Antwort auf die „Sektengefahr" besteht also nicht darin, „wieder normal zu werden", sondern sich im Gegenteil mehr mit Spiritualität zu beschäftigen.

Sogar in den meisten Kirchen und in den meisten Yoga-Gruppen ist spirituelles Erwachen kein Thema und muss draußen bleiben. In den meisten Kirchen geht es üblicherweise um den Glauben, dessen Früchte man erst im Jenseits erleben kann. In den meisten Yoga-Gruppen geht es üblicherweise um Wellness, um Gymnastik und Entspannung, nicht aber gezielt um spirituellen Fortschritt.

Man macht sich gar nicht bewusst, wie systematisch der „normale Bürger" das Spirituelle aus seinem Leben ausgrenzt und wie verkürzt dieses Denken ist. Er meint, so am besten in dieser Welt funktionieren zu können. Dabei ist „der Geist" die größte Hilfe, auch in den alltäglichen Belangen. Zu einem erfüllten Leben mit der Entfaltung all seiner Potentiale gelangt der Mensch auf diesem Wege jedenfalls nicht. Zur Ganzheitlichkeit des Menschen gehören Körper, Seele, Geist. Im Christlichen heißt es,

„Gott ist Geist, und die ihn anbeten, die müssen ihn im Geist und in der Wahrheit anbeten".

Johannes 4:24

Wenn „Gott Geist ist" und „Geist" ist im Menschen, so geht es bei „Geist" im Menschen um das innewohnende Ebenbild Gottes.

„Und Gott schuf den Menschen ihm zum Bilde..."

1. Mose 1:27

„Geist" heißt im Englischen / Lateinischen „spirit" / „spiritus". Beim Spirituellen geht es um nichts weniger als darum, das innewohnende Ebenbild Gottes zum Leben zu erwecken. Beim Spirituellen geht es um den Weg zurück zu Gott, auch und gerade im biblisch-christlichen Sinne. Die meisten Menschen fühlen sich vom Begriff „spirituell" nicht angesprochen. Sie können nichts damit anfangen, weil sie entweder gar keine Vorstellungen davon haben oder falsche. So müssen einige Begriffe aus dem Umfeld „Spiritualität" neu geklärt werden. Wir können nicht ganzheitlich leben, wir können unser Potential nicht ausschöpfen, solange wir das Spirituelle ausklammern. In unserer Gesellschaft trennen wir Spiritualität, Religion, Yoga und alltägliches gesellschaftliches Leben fein säuberlich voneinander ab. Wir tun so, als wären es vier Bereiche, die überhaupt nichts miteinander zu tun hätten. Wenn wir verstehen, dass in dieser Dreiheit Körper-Seele-Geist der „Geist" das Zentrale ist, das Ziel, worauf die ganze Entwicklung als „Mensch" hinsteuert (lat. mens = Geist!), dann erkennen wir die Einheit dieser vier Bereiche. Das eröffnet neue Potentiale, mit den Problemen des alltäglichen gesellschaftlichen Lebens umzugehen, so auch mit dem Phänomen „Hochbegabung".

Das Leben und die Entwicklung des Menschen zu deuten wird erst möglich, wenn wir „Geist" nicht länger von uns abspalten und begreifen, dass wir dieses Potential nur entfalten können, indem wir uns mit den Grundfragen des Lebens auseinandersetzen und unsere eigene Form der Religion finden.

Religion kommt vom Lateinischen re-ligare = Wiederverbinden. Es geht natürlich um die Wiederverbindung mit unserem ureigenen Wesen, mit dem Kind Gottes in uns, mit einem Gott, den wir anbeten können – mit der Kategorie „Geist". Dabei ist auch der Begriff „Religion" in unserer Gesellschaft völlig falsch besetzt! Man geht davon aus, es ginge bei Religion um festgefügte Gruppierungen mit einem festgefügten Dogmenkatalog und mit festgefügten Traditionen. All das ist der Mummenschanz, mit dem sich der „Normalbürger" eine Weile hinhalten lässt. Bis dieser Mummenschanz auch den „Normalbürger" langweilt. Dann ist die Religion nur noch eine Fassade nach außen, oder er wendet sich ganz von ihr ab.

Religion würde das Übel in die Welt bringen, ist eine Auffassung, die immer mehr Menschen teilen, die mittlerweile landläufig geworden ist. Stimmt das aber?

Die Religion hat so viele Menschen böse gemacht,
tut es noch und wird es immer tun.

Denis Diderot, 1713-1784,
Philosoph der Aufklärung

Echte Religion ist der Weg, der zu einer „Wiederverbindung" mit dem eigenen Potential als Kind Gottes führt, mit dem Bereich „Geist", in der Dreiheit Körper-Seele-Geist. Echte Religion führt zur „Rückverbindung" mit dem Göttlichen im eigenen Inneren. Das Böse ist das, was den Menschen davon trennt. Kann dann die Lösung sein, alle Religion zu verteufeln? (wie Diderot es als Aufklärer angeregt hat?) Oder nicht viel eher, zu einem tieferen Verständnis von Religion zu finden, damit das Missverständnis von Religion, die „den Menschen böse macht", überwunden wird? Wenn man über Religion urteilt, muss nicht unterschieden werden zwischen Scheinreligion und echter Religion, zwischen äußerer Religion und innerer Religion?

Religion kann nur echt sein, wenn sie im Einzelnen neu erfunden wird. „Der, der anders ist" ist ein Mensch, der in irgendeiner Weise „erwacht", das heißt, „der Geist" in ihm beginnt sich zu regen. „Der, der anders ist", versucht dieser Fährte zu folgen, er findet Formen der Hingabe, der Anbetung oder der Erkenntnis, die mit keinerlei äußeren Katechismen oder Traditionen zu tun haben. Weder die Umwelt noch er selbst würden in den meisten Fällen dabei überhaupt von Religion sprechen. Und doch geht es um das Spirituelle, zu dem echte Religion zurückführen soll!

Es gibt im *„Demian"* von Hermann Hesse eine Stelle, die diesen Weg wunderbar ausdrückt[6]. Der Suchende, *„Knauer"*, möchte Emil Sinclair, hier der Ich-Erzähler, der gerade erst selber zu seiner „eigenen Spur" gefunden hat, befragen, erhofft sich von ihm Wegweisung und spirituelle Hilfe.

„ 'Willst du etwas von mir?' fragte ich.

,Ich möchte bloß einmal mit dir sprechen', *sagte er schüchtern. ,Sei so gut und komm ein paar* *Schritte mit.'*

Ich folgte ihm und spürte, daß er tief erregt *und voll Erwartung war. Seine Hände zitterten.*

---

[6] Hermann Hesse, *„Demian – Die Geschichte von* *Emil Sinclairs Jugend",* Suhrkamp, *„Sechstes Kapitel: Jakobs Kampf"*

‚Bist du Spiritist?' fragte er ganz plötzlich.

‚Nein, Knauer', sagte ich lachend. ‚Keine Spur davon. Wie kommst du auf so etwas?'

‚Aber Theosoph bist du?'

‚Auch nicht.'

‚Ach, sei nicht so verschlossen! Ich spüre doch ganz gut, daß etwas Besonderes mit dir ist. Du hast es in den Augen. Ich glaube bestimmt, daß du Umgang mit Geistern hast. – Ich frage nicht aus Neugierde, Sinclair, nein! Ich bin selber ein Suchender, weißt du, und ich bin so allein.'

‚Erzähle nur!' munterte ich ihn an. ‚Ich weiß von Geistern zwar gar nichts. Ich lebe in meinen Träumen, und das hast du gespürt. Die anderen Leute leben auch in Träumen, aber nicht in ihren eigenen, das ist der Unterschied.' "

...„in seinen eigenen Träumen leben"... !

Die meisten Menschen lassen sich ihre Wahrnehmung („die Zuschreibungen unter den Pressefotos"), ihre Träume und somit letztlich ihr ganzes Leben vom kollektiven Feld vorschreiben.

Der Erwachende hinterfragt. Das Hinterfragen macht ihn zu einem Suchenden. Seine Suche macht ihn zu einem Außenseiter der Gesellschaft. Dabei müsste er sich mit seiner Wahrheitssuche eigentlich in das Zentrum einer Gesellschaft stellen, die sich immer noch auf „das Christentum" beruft.

In der Bibel heißt es:

„Bittet, so wird euch gegeben; suchet, so werdet ihr finden; klopfet an, so wird euch aufgetan. Denn wer da bittet, der empfängt; und wer da sucht, der findet; und wer da anklopft, dem wird aufgetan."

Matthäus 7:7-8

Die Bibel fordert dazu auf, ein Suchender zu sein! Aber das Suchen und Hinterfragen wird in den meisten christlichen Gruppierungen nicht gern gesehen. Da heißt es zumeist: „Hier hast du eine Bibel, lies darin, dann hast du die ganze Wahrheit, und nichts als die Wahrheit". Damit wird jede Wahrheitssuche und somit jedes spirituelle Erwachen im Keim erstickt.

Dabei muss nicht nur hinterfragt werden dürfen, ob denn wirklich alles in der Bibel auf göttlicher Offenbarung beruht, oder ob nicht große Teile aus dem menschlichen Verstand und dem Erfahrungshorizont der verschiedenen Autoren geschrieben wurde. Darüber hinaus gibt es bei der Bibel verschiedene Übersetzungen und an ganz vielen Stellen verschiedene Deutungsmöglichkeiten.

Durch das Konzept von der „Heiligen Schrift" werden die Prozesse blockiert. Der echte Wahrheitssucher fühlt sich bei den Bibelchristen eingeengt, ihm fehlt dort die Luft zum Atmen. Um nicht zu ersticken, muss er das Weite suchen. Selbst wenn beim Betroffenen und im Umfeld das „Anderssein" mit spirituellem Erwachen in Zusammenhang gebracht wird, wird spirituelles Erwachen längst nicht mehr mit Religion in Zusammenhang gebracht – jedenfalls nicht mit der christlichen Religion. Man muss sich bewusst machen, dass das Heiligsprechen von Büchern nur die andere Seite der Medaille davon ist, Bücher zu verteufeln und zu verbrennen. Der Beweis sind eben gerade die „Bibelchristen": Niemand verteufelt so viele Bücher wie sie – fast die gesamte spirituelle Literatur der Menschheit!

Somit findet „der, der anders ist", bei den „Christen" keine Ansprechpartner. Dabei sind genau „die, die anders sind", *das Salz der Erde"*!

Religion kann nur echt sein, wenn sie kein über-
gestülptes Korsett ist, sondern im Einzelnen ganz
neu entstehen darf!

In den gängigen Kirchen, sowohl den kon-
fessionellen als auch den Frei-Kirchen, gibt es einen Dogmenkatalog von Glaubenssätzen, die
nicht hinterfragt werden dürfen. Dabei gehen
diese Glaubenssätze keineswegs zwingend aus
der Bibel hervor, sondern stellen nur eine Interpretation der Bibel dar:

- Jesus wäre das Produkt aus einer Zeu-
  gung von einem Engel mit einer Jungfrau. Nach der Geburt, die unter diesen
  Umständen besonders schmerzhaft gewesen sein muss, soll Maria noch immer
  Jungfrau gewesen sein.

- Karma und Reinkarnation wären östlich
  und somit vom Teufel. Nach dem Hinüberscheiden schlafe die Seele und
  werde erst zum „Jüngsten Tage" wieder
  auferweckt, der für alle das gleiche Da-
  tum sein müsse.

- Gott-Vater würde einen Teil Seiner Kinder auf ewig in die schlimmsten Qualen verdammen. Wer nicht richtig glaubt oder nicht richtig lebt, der käme in eine ewige Hölle. Es wäre das richtige Christsein, wenn man in einer ständigen Angst vor der Hölle lebt.

- Gott benötigte für die, die errettet werden sollen, damit Er ihnen Seine Vergebung schenken kann, ein stellvertretendes bestialisches Blutopfer durch Seinen Lieblingssohn. Hiermit wird der Schöpfergott nicht nur als ein emotionaler Krüppel dargestellt. Sondern jedes Jugendamt würde einem Vater mit solchen Mustern umgehend das Sorgerecht für seine Kinder entziehen. Und wir sollen die Ebenbilder eines solchen Gottes sein!?!?

Sobald man die Dogmen der bibeltreuen Kirchen mit dem Verstand hinterfragt, zeigt sich, wie absurd sie sind. Dass diese absurden Dogmen dennoch bis heute die Grundlage für einen Großteil der Gemeinschaften bilden, die „das Christentum" repräsentieren, liegt darin, dass Hinterfragen eben gar nicht gewünscht ist. Es kann nur so sein, dass es letztlich egal ist, wie abstrus der Katechismus einer Gemeinschaft ist. Sich zu einem Katalog von Glaubenssätzen zu bekennen, hat etwas Gemeinschafts-Stiftendes.

Bekenntnis aber ist etwas völlig anderes als Erkenntnis. Glaubenssätze zu hinterfragen wird von einer religiösen Gemeinschaft immer als etwas Zersetzendes wahrgenommen. Nur der Einzelne ist in der Lage zu hinterfragen, der also, der sich nicht einer Gemeinschaft anschließt, um irgendwo unterzukriechen, der sich seine Unabhängigkeit bewahrt, um auf seinem unvoreingenommenen Weg der Wahrheitssuche zur Erkenntnis durchzudringen. Natürlich kann auch ein solcher dahin gelangen, sich einer Gemeinschaft anzuschließen – nicht aus Gründen der Tradition, sondern dann, wenn er in den Glaubenssätzen einer Gemeinschaft die Erkenntnisse wiederfindet, die er in jahrelangem Ringen in sich selbst gefunden hat.

Wahrheitssucher, die sich von den Kirchen abgestoßen fühlen, suchen daraufhin in der sogenannten „Esoterik". Auch das wieder ein Beispiel für eine Begriffsverwirrung. Denn „Esoterik" meint im ursprünglichen Sinn die Lehren, die nur einem kleinen Kreis zugänglich sind, im

Gegensatz zur „Exoterik", die Lehren, die der breiten Masse zugänglich sind. Wir hören von Prominenten, die sich von Heilsteinen, Tarotkarten und teuren geistigen Heilern abwenden, weil sie darin keine echte Hilfe erfahren haben. Sie bezeichnen das als ihre Abkehr von der „Esoterik" und der „Spiritualität". Nichts könnte ferner sein von der eigentlichen Bedeutung dieser Begriffe. Bei Heilsteinen und Tarotkarten geht es um eine mehr oberflächliche Ebene der Spiritualität, also um den exoterischen Mummenschanz, der für die breite Masse gedacht ist, nicht aber um echte Esoterik. Ebenso ist es mit den teuren geistigen Heilern, für die man Kontinente überquert, um in den Genuss ihrer Heilkräfte zu kommen. Es mag funktionieren, für den, der daran glaubt. Für wirklich esoterische und spirituelle Menschen aber ist die göttliche Heilkraft allgegenwärtig und frei verfügbar. Sie aktivieren sie in sich durch eine eigenständige Heilmeditation. Wenn sie darüber hinaus noch die Hilfe von geistigen Heilern in Anspruch nehmen wollen, so wenden sie sich an kostenlose Heiler, weil nur diese mit dem geistigen Gesetz in Übereinstimmung arbeiten.

Der ganze „Esoterik-Markt" kann nur funktionieren, solange die Menschen nicht wirklich wissen, was die Begriffe „Religion", „Spiritualität" und „Esoterik" bedeuten. Auch hier wieder ist nicht der Begriff „Esoterik" zu verteufeln, sondern die Lösung ist, sich ein echtes Wissen darüber anzueignen.

Ein weiteres Beispiel: Bäume umarmen. Heute werden zunehmend Seminare im „Waldbaden" angeboten. Spirituell Erwachende gehen seit Jahrtausenden in den Wald, um zur Ruhe zu kommen, um ihre Seele zu reinigen, um sich mit der Natur zu verbinden, um neue Impulse zu erhalten. Mit dem Begriff „Waldbaden" ist eine Modeerscheinung daraus geworden. Das ist an sich nicht schlecht. Doch zeigt das Bäume-Umarmen, das die Waldbaden-Seminarleiter lehren, den Unterschied auf. Für den Normalverbraucher ist Bäume-Umarmen Esoterik, für den spirituell Erwachenden ist es Exoterik, eine Ablenkung für die Massen. Denn aus seiner Sicht ist es kein Weg, um sich wirklich mit den Bäumen zu verbinden.

Wer in den Strukturen des „Andersseins" lebt, der geht den Dingen auf den Grund, er lässt sich auf die Bäume ein. Außerdem übernimmt er nicht einfach die Zuschreibung, Umarmen würde Verbindung bedeuten. Er erfährt einfach, weil er als Wahrheitssucher bedingungslos ehrlich ist, dass er beim Bäume-Umarmen nichts spürt, außer dass Rinde rau ist. Da er den Dingen auf den Grund geht, kann er das auch leicht entschlüsseln: Der Baum steht an seinem Platz – morgens, mittags, abends, nachts – im Frühjahr, im Sommer, im Herbst, im Winter... Das heißt, der Baum lebt in einem ganz anderen Rhythmus, eine Umarmung bedeutet ihm nichts. Wer wirklich mit einem Baum Kommunikation aufnehmen will, der kann zum Beispiel den Weg gehen, sich mit dem Rücken an einen Baum angelehnt mal eine oder zwei Stunden Zeit zu nehmen. Der spirituell Erwachende lässt sich auf den Baum ein, er vergegenwärtigt sich den Rhythmus des Baumes, er verinnerlicht die Ruhe des Baumes, der einfach immer an seinem Platz steht – morgens, mittags, abends, nachts – im Frühjahr, im Sommer, im Herbst, im Winter... Eigentlich wäre es interessant, wenigstens einmal eine Nachtwache lang den Baum auf diese Weise zu begleiten. Aber bereits nach ein oder zwei Stunden im tiefen Gebet an den Schöpfergott, der alles durchdringt, kann es geschehen: Eine Kraft schießt aus dem Boden in den Menschen ein. Er erfährt es, dass er auf einmal seine Kraft aus dem Boden bezieht, so wie der Baum seine Kraft aus dem Boden bezieht. Dabei ist es nicht eine andere Kraft, die ihn erfüllt, er spürt es, dass er ein Teil des Baumes geworden ist. Die gleiche Kraft, die den Baum durchdringt, durchdringt ihn jetzt auch. Er ist angeschlossen. Erst in diesem Zustand kann eine wirkliche Kommunikation mit dem Baum stattfinden. Die Last des eigenen unruhigen Lebens kommt nach oben in Angesicht der ruhigen, geordneten Zyklen des Baum-Lebens. Bäche von Tränen können fließen. Gereinigt darf man dann Anteil haben an der tiefen inneren Ruhe, die den Baum durchdringt...

Wer eine solche wirkliche Begegnung mit einem Baum einmal durchlebt hat, der kann wirklich von sich sagen, wie es im Liedtitel heißt, *„Mein Freund der Baum"*. Er verspürt, dass da im Wald einer ist, der ihn wirklich versteht. Er verspürt eine bleibende Verbindung, denn er hatte Anteil am Leben des Baumes und der Baum hatte Anteil am eigenen Leben.

Dabei haben die Bäume nichts gegen die Menschen, die sie umarmen. Die sind ihnen natürlich lieber als die Menschen, die mit der Säge kommen oder die sie in ungesunde Monokulturen reinzwängen. Nur ist es ihnen egal. Die Menschen, die Bäume umarmen, sind für wahrhafte Esoteriker nicht Menschen, die eine besondere Verbindung mit dem Leben in sich tragen. Im Gegenteil, für sie zeigen diese Menschen nur, dass sie besonders getrennt vom Leben sind. Denn wie viele

Baum-Umarmungen brauchen sie, um zu merken, dass Bäume darauf nicht reagieren? Die Rührseligkeit des Baum-Umarmens ist letztendlich ichbezogen. Der, der so tiefe echte Erlebnisse der Verbindung mit einem Baum in sich trägt, ist dabei nicht ein besonders mystisch Begabter. Er braucht auch keine Waldbaden-Seminare oder schamanischen Rituale dazu. Es ist nur einfach seine Struktur, den Dingen auf den Grund zu gehen – in dem Fall, sich auf einen Baum wirklich einzulassen. Man muss Zeit dafür mitbringen, mit einer Umarmung ist es nicht getan. Das mystische Erlebnis kommt dann ganz natürlich, es steht allen Menschen offen... Aber was die Waldbaden-Seminarleiter besser empfehlen sollten: Wenn man schon gerne umarmen will, dann nicht die Bäume, sondern einfach einander! Das ist sehr viel effektiver!

Eine „Sekten-Gefahr" kann es nur geben, solange die Menschen sich nicht wirklich mit Spiritualität beschäftigen. Denn das Hauptmerkmal einer „Sekte" (im negativen Sinne) ist die kritiklose Unterordnung unter einen äußeren „Guru".

Der Sinn des spirituellen Weges liegt jedoch darin, zur „Selbstermächtigung" zu finden, das heißt zu einer spirituellen Autarkie durch das Aktivieren des INNEREN Meisters.

Diese Begriffsklärungen mussten sein, weil die verbreitete Ablehnung von „Religion", „Spiritualität" und „Esoterik" einzig auf Missverständnissen beruht. Im eigentlichen Wortsinn meint auch der Begriff „Sekte" einfach nur „Abspaltung" – was ja nicht negativ ist. Die negativen Konnotationen haben mit dem eigentlichen Wortsinn nichts zu tun. Die urchristliche Bewegung vor 2000 Jahren war ja auch nichts anderes als eine Abspaltung vom Judentum – also eine „Sekte".

Das eigentliche und letzte Ziel des Andersseins liegt im Spirituellen und Religiösen. Weder wird das von allen, die sich mit diesem Thema beschäftigen, so gesehen, noch kann man das an jedem Lebenslauf von Menschen, die zweifelsfrei gehörig anders sind, ablesen.

Doch „den Dingen auf den Grund gehen", bedeutet in letzter Konsequenz auch den Grundfragen des Lebens auf den Grund gehen:

- Wo komme ich her?

- Wo gehe ich hin?

- Was ist der Sinn des Lebens?

- Gibt es eine Berufung für mich, der ich zu folgen habe?

Das Denken in der besonderen Struktur derer, die anders sind, macht vor diesen Fragen nicht halt. Es ist die Konsequenz, sich diesen Fragen zu stellen. Diese Fragen führen automatisch in das Spirituelle und Religiöse. Allerdings sind diese Fragen für den, der anders ist, der sich nicht an kollektiven Vorgaben festhält, ergebnisoffen. Unsere Kultur gibt dem spirituellen Sucher keinen Spielraum. Denn wer religiös interessiert ist, wird schnell an die etablierten Kirchen verwiesen. Mit ihrem Dogmatismus stoßen sie jedoch den echten Sucher ab.

Bei Spinoza heißt es:

„Sollte sich in der Bibel aber etwas finden, worüber man den unumstößlichen Beweis führen kann, dass es mit den Naturgesetzen in Widerspruch steht und nicht aus ihnen abgeleitet werden kann, so muss man entschieden annehmen, dass es von entweihenden Händen der Heiligen Schrift hinzugefügt worden sei. Denn was gegen die Natur ist, ist auch gegen die Vernunft, und was gegen die Vernunft ist, ist unsinnig und somit zu verwerfen." /

„Das Ziel der Philosophie ist einzig und allein die Wahrheit, das Ziel des Glaubens einzig und allein Gehorsam und Frömmigkeit."

Diese unglaubliche Begrenztheit der Kirchen, dieses völlige Verweigern, einem Wahrheitssucher auch nur einen Quadratzentimeter Spielraum zuzugestehen, treibt logischerweise den echten Sucher hinaus aus dem Schoß einer kirchlichen Zugehörigkeit. Es bleiben ihm dann zwei Alternativen: Entweder er verwirft seine spirituelle Suche vollends und wendet sich „der Welt" zu – geht seinen Weg angepasst an unsere verstandesbetonte Gesellschaft. Oder er wendet sich anderen Religionen und Kulten zu, indianischen Schamanen oder östlichen Gurus.

Nur wenige suchen im eigenen Kulturraum und sind bereit, sich christlichen Neuoffenbarungen zu öffnen, die durchaus ein Gegenmodell für den Dogmatismus der etablierten Kirchen anbieten. Dieses Gegenmodell ist eben nicht *„gegen die Natur"* und *„gegen den Verstand"*, sondern kann der besonders unnachgiebigen Prüfung derer, die anders sind, standhalten...

"Begabung" ist nur ein Ventil!

Nun ist es aber nicht jedem gegeben, bereits in seinen Jugendtagen zu Antworten auf die obengenannten Grundfragen des Lebens zu gelangen, auch nicht denen, die „anders" sind und eine besondere Begabung in sich tragen. Viele von ihnen wenden sich einem Spezialthema zu. Sie bringen das Klavierspiel zu einer bemerkenswerten Virtuosität oder sie vertiefen sich in ein besonderes Thema wie Fliegen, Flugzeuge und die Anforderungen an den Piloten.

Mein Freund T., der sich als Familientherapeut besonders mit den Prozessen in Familien mit hochbegabten Kindern auseinandersetzt, beschreibt die Entwicklung mit etwas drastischen Worten so:

Mit 10/11 Jahren, „wenn der Geist erwacht", stellt der Hochbegabte fest, dass er „von Affen umgeben" ist. Er ist auf dem „Planeten der Affen" gelandet. Er fühlt sich von Mitschülern, Lehrern und sogar von den eigenen Eltern nicht verstanden. Er stellt fest, dass sein Umfeld – Lehrer und Eltern eingeschlossen – nicht nur keine Antworten auf seine Fragen hat, sondern dass es die Fragen erst gar nicht versteht oder für besonders wichtig hält. Lehrer und Eltern verfügen gar nicht über den gleichen Erkenntnisdrang wie man selbst. Der Heranwachsende fällt in ein Loch, wenn er feststellen muss, dass es einfach keine Ansprechpartner mehr für ihn gibt. Hier wäre der Vater gefragt. Aber was, wenn der Geist des Heranwachsenden dem Geist des Vaters einfach haushoch überlegen ist? Hiermit ist nicht die Fülle an Wissen und Erfahrung gemeint, hiermit ist einfach die Unabhängigkeit und Stringenz des Denkens gemeint, welche allein befähigt sein kann, zum „Herz der Wahrheit" vorzudringen. Wissen und Erfahrung des Vaters, soweit vorhanden, versetzen ihn nicht wirklich in die Lage, dem suchenden jungen Herzen Antworten und Hinweise zu geben, sofern der Vater in seiner Jugend nicht eine ebenso intensive Suche durchlaufen hat[7].

In dieser Situation kann der junge Mensch, der erkennt, dass er anders ist, zu einem Familientherapeuten wie meinem Freund T. finden. Die „Rettung" erfolgt, indem dem jungen Menschen genau die Rolle in seinem Umfeld angeboten wird, die fehlt, die nur als ein Vakuum, als ein weißer

---

[7] siehe Kapitel *„Männlichkeit ist Spiritualität"* in Sebastian Stranz, *„Christliche Erleuchtung"*, Books on Demand, Norderstedt, 2024, Sn. 69-93

Fleck in den meisten Familien vorhanden ist. Das Niveau der Schulleistungen wird einfach dadurch wiederhergestellt, dass es einen Ansprechpartner gibt, der dafür sorgt, dass der Erkenntnisdrang in einer ignoranten Welt nicht erlahmt. Dabei soll es weder die Rolle des Familientherapeuten sein, alle Antworten auf alle Fragen zu geben, noch den Vater dauerhaft zu ersetzen. Der Familientherapeut fügt den Fragen des Heranwachsenden eher noch weitere Fragen hinzu und schickt ihn auf seine eigene Reise der Erkenntnis. Durch das eigene Beispiel einer fruchtbaren Kommunikation mit dem Kind und Jugendlichen wird der leibliche Vater angeregt, sein Kind wieder ernst zu nehmen, wird angeregt, sich den Fragen seines Kindes ernsthaft zu stellen, indem er sie auch auf sich selbst bezieht, und kann auf diese Weise wieder in seine Rolle finden.

Es geht um ein Versagen der Väter, die ihre Rolle als Vorbild und Orientierungsperson in der Entwicklung ihrer Söhne oder Töchter nicht mehr einnehmen. Die Mütter haben mehr die Aufgabe, das Leben zu bewahren, zu behüten, zu nähren. Natürlich spielen auch Mütter ihre Rolle in der geistigen Entwicklung ihrer Kinder. Doch ist die Rolle einer „spirituellen Führung" ein originär männlicher Aspekt und liegt mehr in der väterlichen Verantwortung.

Die Väter füllen diese Rolle nicht aus. Zum einen, weil sie als Bezugsperson und Ansprechpartner im Familienleben allgemein in den Hintergrund getreten sind. Es kommt aber noch hinzu, dass das eigentliche Wesen der Männlichkeit – spirituelle Führung – nicht mehr verstanden und schon gar nicht mehr gelebt wird. Viel Geld verdienen, Lederjacken tragen, große Autos fahren oder große Waffen mit sich rumtragen, sich durchsetzen, sein Revier erobern, Geld nachhause bringen, Alkohol, Zigaretten und andere Süchte, beim Fußball grölen, laut und gewalttätig sein: All das sind Muster, die das Vakuum der eigentlichen Männlichkeit kompensieren sollen und die sich oftmals äußerst destruktiv auswirken. Zur eigentlichen Männlichkeit – spirituelle Führung für andere – können die Männer nicht finden, solange sie ihre eigene Spiritualität für sich selber nicht entdecken. Die Krise der Männlichkeit in der Gesellschaft und die Krise der Spiritualität in der Gesellschaft sind eins.

Wenn der junge Sucher nicht einen solchen Vater hat, der seine Rolle auszufüllen in der Lage ist, wenn er nicht eine Mutter hat, die in der Lage ist, alles zu kompensieren, was der leibliche Vater an Vakui in das Familiengefüge „einbringt", wenn er auch nicht einem solchen Familientherapeuten wie T. begegnet – dann wird er entweder zum Drogensüchtigen, oder zum Amokläufer, oder er findet von alleine sein Ventil in einem Spezialgebiet, wird vielleicht zu einem einsamen „Nerd". Nach T. ist es der bezeichnende Grundzug der „Hochbegabung", dass er in seinem Fachgebiet alles „atomisiert", dass er den Fragen und Zusammenhängen seines Fachs bis in die letzten Winkelzüge auf den Grund geht. Eine väterliche Führung könnte dazu beitragen, dass der der anders ist, sich nicht völlig in sein Spezialgebiet zurückzieht, sondern sehr viel eher in seinem Leben zu einem Ausgleich findet mit den sozialen Wünschen und Ansprüchen, dass die Integration in die Gesellschaft bereits in der Jugend besser gelingt.

Mein Freund T. würde bei diesem Thema der hochbegabten Söhne nicht solche Begriffe wie „spirituelle Suche" oder „spirituelle Führung" verwenden. Dennoch ist das eigentliche Ziel des „Andersseins", des „den Dingen auf den Grund Gehens" genau das: die Grundfragen des Lebens beantworten. Es ist genau die Natur des „Andersseins", dieser speziellen Struktur, vor keiner Frage halt zu machen, erst die Grundlagen zu klären, bevor man sich mit einer Sache befasst, zuerst selber zur Erkenntnis zu gelangen, bevor man einem Foto die Zuschreibung verpasst – so auch dem Leben an sich.

Wer „anders" ist und über ein überdurchschnittliches Maß an Neugier verfügt, ist ein Suchender. Er ist ein Wahrheitssuchender – egal, ob er selber seine Suche als eine spirituelle Suche definieren würde oder nicht. Es ist dieser Drang, die tiefere dahinterliegende Wahrheit zu ergründen – egal ob es die Frage betrifft, warum Mumbai 20 Millionen Einwohner hat, oder warum wir überhaupt auf der Welt sind.

Als Wahrheitssuchender sucht der Mensch nicht nur nach der Wahrheit, sondern er sucht auch nach seinesgleichen. Er hat die Sehnsucht, Menschen zu begegnen, die über den gleichen „CQ" verfügen, die also nicht unbedingt genauso denken wie man selber und zu den gleichen Antworten finden wie man selber, aber denen zumindest schon einmal die Fragestellung genauso am Herzen liegt wie einem selber. Es spielt dabei überhaupt keine Rolle, ob die ersehnten Geistesverwandten gleichaltrig sind oder älter oder jünger.

Allerdings sind diese Fragen für den, der „anders" ist, der sich nicht an kollektiven Vorgaben festhält, ergebnisoffen. Unsere Kultur gibt dem spirituellen Sucher keinen Spielraum. Denn wer religiös interessiert ist, wird schnell an die etablierten Kirchen verwiesen. Mit ihrem Dogmatismus stoßen sie jedoch oftmals den echten Sucher ab.

Ist es nicht einfach nur ein „Ventil", anstatt dessen in ein Spezialgebiet einzutauchen? Natürlich ist es ein legitimes Ventil, es ist keine Wertung damit verbunden. Denn (Hermann Hesse):

„Die stärker differenzierten und begabten Naturen haben es schwerer, am schwersten die, denen nicht ein Spezialtalent von selbst den Weg zeigt.

Jedes Leben aber ist ein Wagnis, und das Gleichgewicht zwischen den persönlichen Gaben und Trieben und den sozialen Forderungen muss immer neu gefunden werden: es geht nie ohne Opfer, nie ohne Fehler."

Es mag schön sein, über ein Spezialtalent zu verfügen, aber es ist nicht zwingend mit den *„stärker differenzierten und begabten Naturen"* verknüpft. Jeder Weg ist einfach individuell verschieden. Nehmen wir an, der „Hochbegabte" hat weder einen Vater, der ihm bedeutend weiterhelfen kann, noch einen väterlichen Freund, der auch nur ansatzweise diese Rolle einnehmen könnte. Er interessiert sich brennend für Kampfsport, vertieft sich in dieses Thema und findet dann schließlich in seinem Kampfsport-Lehrer eine „Vaterfigur". Diese wichtige Bezugsperson in diesem entscheidenden Lebensabschnitt beantwortet ihm vielleicht nicht die Grundfragen des Lebens, ist jedoch in der Lage, ihm genau die Impulse zu geben, die der junge Mensch benötigt, um in seiner Persönlichkeit zu reifen. Es ergibt keinen Sinn, das zu beurteilen oder gar zu werten.

Ein Spezialgebiet, in dem der junge Mensch ein Ventil für seine Wahrheitssuche gefunden hat, wie etwa Geschichte oder Automodelle, kann ja sogar zu einem Berufsweg werden. Über sein Spezialgebiet gelangt er endlich wieder in einen konstruktiven Austausch mit anderen Menschen. Vielleicht ist es ja diesem Hochbegabten bestimmt, sich erst später mit den Grundfragen des Lebens auseinanderzusetzen, wenn ihn das Alter oder ein Schicksalsschlag erneut in eine Krise stürzen, mit 40, 50 oder noch mehr Jahren?...

Dennoch ist es das, was hinter der Hochbegabung – oder besser gesagt, dem Anderssein –

steht: die spirituelle Suche, die, ob bewusst oder unbewusst, hinter dem Drang steht, allen Dingen auf den Grund zu gehen und die Wahrheit herauszufinden.

Hermann Hesse in seinem Brief „*An einen Achtzehnjährigen*"[8]:

„*Nun gibt es aber viele Einzelgänger, viele Geniale und durch ihre Anlage zum Übernormalen Befähigte, denen die speziellen Gaben für eine der Künste fehlen, sie haben nur die allgemeine Begabtheit, ein Plus an Geist und Phantasie, an Fähigkeit zum Erleben, zum Einfühlen, zum Mitschwingen.*

Sie haben in früher Jugend ebenso wie jene andern unter ihrer Vereinzelung, ihrem Anderssein gelitten, haben es vielleicht auch mit den geistigen oder künstlerischen Berufen versucht, ohne

---

[8] Hermann Hesse, „*An einen Achtzehnjährigen*", aus „*Ausgewählte Briefe*", Suhrkamp Taschenbuch, 1. Auflage 1974, Sn. 305-306

Besonderes zu leisten, brennen aber noch immer von einer Liebe, von einer Sehnsucht nach Teilhabe am Ganzen, nach Durchbrechung ihrer Einsamkeit, nach wirklicher Sinngebung für ihr schwieriges und gefährdetes Dasein. Sie wollen das Große, sie dürsten nach Hingabe, aber sind keine Redner, keine Dichter, keine Verkünder, keine Denker. Und gerade an ihnen wird offenbar, was eigentlich Begabung, was eigentlich Genie sei, und daß auch die besten Künstler und tiefsten Denker noch Sklaven ihres Talentes, noch Könner und Spezialisten sind. Denn diese für keine Kunst oder Wissenschaft besonders begabten Genies sind es, in denen das Höchste an Menschentum erreicht und durch die alles Leiden und alle Eitelkeit und Verwirrung der Überbegabten und Genialen gerechtfertigt wird.

Ihnen widerfährt es eines Tages, daß sie der nackten Wirklichkeit begegnen, sie werden durch irgend einen Anblick, irgend einen Anruf aus dem Träume aufgeweckt, der Ich heißt, sie erblicken das Antlitz des Lebens, seine schreckliche und schöne Größe, sein bis zum Bersten Gefülltsein mit Leid, mit Not, mit unerlöster Liebe, mit irrgegangener Sehnsucht. Und sie antworten dem Anblick des Abgrunds mit dem einzigen Opfer, das vollwertig und endgiltig ist, mit dem Opfer der eigenen Person.

Sie opfern sich den Hungernden, den Kranken, den Lasterhaften, einerlei wem, sie lassen sich anziehen, einsaugen und verzehren von jedem Mangel, jeder Blöße, jedem Leid. Das sind die wahrhaft Liebenden, die Heiligen. Zu ihnen hin strebt alles Menschentum, das mehr will als die Norm und den Alltag, von ihrem Opfer her gewinnt jedes andre, kleinere Opfer Wert und Sinn, in ihnen erfüllt und rechtfertigt sich das ganze Problem der Einzelgänger, der Überbegabten, der Schwierigen und Verzweifelten. Denn Genie ist Liebeskraft, ist Sehnsucht nach Hingabe, und ganz erfüllt sie sich nur in dieser vollen und letzten Opferung. (...)"

Bücher kontra Diktatur

Kindheit in der DDR

1965 in Rüdersdorf bei Berlin geboren. „Spastische Tetraparese durch Sauerstoffmangel bei der Geburt" – so hieß die medizinische Diagnose. „Tetra" heißt „vier", d.h. alle vier Extremitäten sind durch diese Lähmungserkrankung betroffen. Bei ihr sind besonders eingeschränkt die Beine, das linke noch mehr als das rechte. Zwei Jahre nach der Geburt wurde an den Achillessehnen ein sogenannter „Z-Schnitt" gemacht, um die Achillessehnen zu verlängern und so die Spitzfüße zu beheben. Heute würde man das so nicht mehr machen. Man würde mit Physiotherapie dehnen und darauf vertrauen, dass es sich im Wachstum ausgleicht. Es blieben an den Achillessehnen ein Leben lang auffällige Narben zurück. Das linke Bein ist beim Gehen nach Innen eingedreht.

Das hat K. nie daran gehindert, ein fast normales Leben zu führen. Sie konnte mit anderen Kindern spielen, sie konnte am normalen Schulunterricht teilnehmen (abgesehen von einer

Sportbefreiung), sie konnte später einen Haushalt führen, eigenständig den Weg zur Arbeit bewältigen, einkaufen, ein Kind großziehen. Es wurde erst schlimmer ab 40, richtig schlimm ab 50, wo sie nach und nach immer weniger konnte, nicht mehr den Weg zur Arbeit bewältigen, nicht mehr alleine einkaufen gehen, nicht mehr alleine im Mietshaus die Treppen bewältigen, um den Briefkasten zu leeren. Heute, mit Ende 50, braucht sie einen Transportdienst oder ihren Ehemann, um Termine außer Haus zu bewältigen, und das nur noch mit Rollstuhl.

Aber zunächst trifft das Wort zu, ein Mensch ist nicht behindert, ein Mensch WIRD behindert durch seine Umwelt. Behindert sein in der DDR war kein Glücksgriff, auch wenn die offiziellen Stellen und die Lehrer in der Schule die DDR gerne als besonders behindertenfreundlich dargestellt haben. Als Einzelkind wurde sie von den Eltern besonders gefördert. Die Mutter sattelte sogar aufgrund ihrer Behinderung um von Friseurin auf Physiotherapeutin. Die Eltern als Hausbesitzer in der DDR mussten immer Mieter in ihr Haus mit aufnehmen, die ihnen zugeteilt wurden. So kam es, dass sie zwar Einzelkind war, doch immer Spielkameraden hatte.

Ihr Einstieg in die Welt der Bücher begann schon vor der Schulzeit: Die Eltern lasen ihr fast täglich vor. Sobald sie lesen konnte, begann ihr Leseabenteuer: Mit sieben/acht Jahren die *„Nesthäkchen"*-Reihe von Else Ury. Die Bücher bekam sie geliehen von einer erwachsenen Cousine, die in den Westen fahren durfte und sie von dort mitbrachte. Else Ury, als Jüdin zwar Opfer der Nazis, jedoch Tochter eines Berliner Tabakfabrikanten, galt in der DDR nicht als Kommunistin, war daher nicht hoch angesehen. Zudem bereitete die *„Nesthäkchen"*-Reihe die jungen Mädchen auf ihre Rolle als Frau vor, was nicht dem Rollenbild der DDR entsprach.

K. wurde eingeschärft, in der Schule nichts über diese Bücher zu erzählen, was sie auch nicht tat. So lernte sie schon früh, dass es zwei Welten gab: Das, worüber man zu Hause sprach, und das, was man in der Schule hören wollte…

Immer mehr Ungereimtheiten

Zwei bekannte Kinderbuchautoren der DDR, Siegfried und Hildegard Schumacher, hielten regelmäßig in ihrer Klasse Lesungen. Aus Interesse erbat sich die Oma die Erlaubnis, bei diesen Lesungen dabei sein und hinten still in der Klasse sitzen zu dürfen. Nach der Lesung des Buches *„Unser Ferkel Eduard"* ging die Oma nach vorne und wollte ein Exemplar mit Signatur erwerben. So kannte sie es von den Lesungen in West-Berlin, wo sie zum Beispiel bei der Lesung von Hildegard Knef aus *„Der geschenkte Gaul"* dabei gewesen war. Doch der Autor sagte ihr, sie könne das Buch nicht bei ihm erwerben, weil er nur dieses eine Belegexemplar habe. Sonst habe er kein Buch mehr, um daraus vorzulesen. Schon mit sieben Jahren bekam K. das mit und musste sich in der Schule ständig die Legende von der „Überlegenheit des Sozialismus" anhören.

Mit elf wurden in der Schule Brieffreundschaften zu Kindern aus der Sowjetunion vermittelt. Als K. einen Brief von einem gleichaltrigen Mädchen aus Weißrussland erhielt, konnte sie allerdings das Russisch nicht verstehen. Ihr Vater sagte, kein Problem. Sie fuhren zum „Russen-Magazin", einem Laden von Russen geführt, der direkt an die Kaserne in Rüdersdorf angegliedert war. Dort wollten sie der russischen Kassiererin den Brief vorlegen. Die Erfahrung, die sie dabei machten, passte allerdings gar nicht zur verordneten und ständig ausgerufenen „deutsch-sowjetischen Völkerfreundschaft". Die Kassiererin schaute sich ängstlich um, ob sie auch nicht gesehen wurde und versuchte zu verstehen zu geben, dass es ihr nicht erlaubt war, mit Deutschen zu sprechen. Eine in irgendeiner Form gelebte „deutsch-sowjetische Freundschaft" war streng untersagt und wurde, wo es irgend ging, unterbunden!

Nur wenige Jahre später, mit etwa 13, war sie mit ihrer Mutter beim gleichen Russen-Magazin und sie gingen dabei am Zaun der Kaserne vorbei. Sie bemerkten, wie schön die Russen in der Kaserne sangen. Es kam aber sofort ein Offizier, der einen vom Zaun wegscheuchte. So streng wie ängstlich wurde es sofort unterbunden, irgendeinen Kontakt zu den Russen aufzubauen und sei es nur, indem man am Zaun der Kaserne stehen blieb, um dem Gesang zu lauschen. Die Kluft zwischen Schuldoktrin und Lebenswirklichkeit trat schon früh in K.'s Leben.

Ein Neffe des Opas aus West-Berlin kam öfters zur Familie zu Besuch nach Rüdersdorf. Er war Unternehmer, Inhaber einer Schraubenfabrik, für K. war er stets „der Schraubenonkel". In der Schule in Staatsbürgerkunde war ihr beigebracht worden, dass das Unternehmertum der „Klassenfeind" wäre, der Unternehmer sozusagen der Teufel in Person. Nun war sie etwa in der neunten Klasse, und das Thema war in der Schule besonders aktuell. Also nahm K. den Onkel in die Zange und fragte ihn aus. Sie ging den Dingen auf den Grund. Was sie erfuhr, war einigermaßen erhellend.

„Mädchen", sagte er, „erstmal gelten die Tarife der IG Metall". Sie erfuhr, dass die Arbeitnehmer im Westen nicht nur nach Tarif bezahlt wurden und nach Tarif Urlaub machen durften, sondern dass sie auch Urlaubsgeld und Weihnachtsgeld bekamen. „Was ist denn das?", fragte sie erstaunt. Diese Begriffe hatte sie noch nie gehört. Der Onkel erklärte es ihr. Sie erfuhr, dass der Unternehmer der erste im Betrieb war, der das Licht anmachte und der letzte, der das Licht ausmachte. Rohstoff-Einkauf und Abrechnungen waren Tätigkeiten, die nach Dienstschluss der Arbeitnehmer noch an ihm hängen blieben. Von seiner Frau, Tante Gerdi, erfuhr sie, dass er im Urlaub ständig am Festnetz-Telefon des Ferienhauses hing (Handys gab es damals noch nicht), um die Dinge im Betrieb zu regeln. Er musste dafür sorgen, dass der Betrieb schwarze Zahlen schrieb, während der Arbeitnehmer durch die Errungenschaften der Gewerkschaften – die eben nicht nur Schein-Gewerkschaften waren wie im Osten – eine

Sicherheit auf hohem Niveau genoss. Der „Schraubenonkel" fuhr zwar im Mercedes vor und trug einen hochwertigen Anzug. Aber es war über Jahre immer derselbe Mercedes und derselbe hochwertige Anzug. Der maßlose Konsum, der einem westlichen Unternehmer auf Kosten des Arbeitnehmers unterstellt wurde, war das nicht. Das im Sozialismus geschilderte faule Wohlleben des Unternehmers, der am Schreibtisch Zigarren paffte und die Arbeitnehmer ausbeutete, erwies sich als eine Legende. Später, nach der Wende, war sie einmal bei ihnen zu Besuch im Westen und wunderte sich über die Kondensmilch auf der Kaffeetafel: Sie war von ALDI. „Du gehst bei ALDI einkaufen", fragte sie erstaunt Tante Gerdi. „Ja", sagte sie, „wenn ich nicht öfters bei ALDI einkaufen würden, wären wir sicher längst nicht mehr so gut gestellt, wie wir es sind". Das war die Lebens-Wirklichkeit des bösen, bösen Unternehmertums im bösen, bösen Kapitalismus…

Ebenso in der neunten Klasse wurde in der Schule der 17. Juni 1953 behandelt, natürlich nur kurz. Allerdings bekam die Familie schon lange Besuch von Onkel Bruno Brederick aus dem Westen, dem Schwager des Vaters. Von ihm wusste K., dass er im Zusammenhang mit dem 17. Juni die DDR verlassen hatte, dass er in der Folge bei

Mercedes-Sindelfingen eine feste Stelle finden konnte, die er bis zur Rente innehatte, und dass es ihm dort nicht schlecht ging. Die ganze Geschichte erfuhr sie erst nach der Wende:

Bruno Brederick hatte sich an den 17.-Juni-Protesten beteiligt. In der Folge wurden im Zementwerk Rüdersdorf Plakate aufgehängt mit den Losungen:

„Der Faschist Bruno Brederick möge den Betrieb verlassen!"

und

„Die Belegschaft des Betriebes weigert sich, weiterhin mit dem Faschisten Bruno Brederick zusammenzuarbeiten!"

Drei Tage, nachdem er im Aufnahmelager Mariendorf in West-Berlin angekommen war, kamen drei Abgeordnete des Zementwerks zu ihm und rutschten auf Knien, er möge doch wieder zurückkehren. Keiner der Schlosser konnte so gut Drahtseile schneiden wie er. Bruno Brederick erwog es ernstlich zurückzukehren und fragte, ob sie ihm garantieren könnten, dass er nicht strafrechtlich verfolgt würde. Das konnten sie nicht. So blieb er bei seiner Ausreise und wurde schließlich

nach Sindelfingen vermittelt. Als er dort seine Geschichte erzählte, fand er sofort seinen Platz im
Unternehmen: im Betriebsrat! Er berichtete K.
nach der Wende, er würde gerne einmal herausfinden, wer diese Plakate aufgehängt hatte und
ihn zur Rede stellen. Er wisse nur noch nicht, ob
er ihm die Fresse polieren oder einen Blumen-
strauß überreichen wolle…

Die ganze Geschichte sollte K. damals, mit
15, noch nicht wissen, damit sie sich in der Schule
nicht verplapperte. Das hätte große Probleme gegeben. Bei vielen Gelegenheiten, wo sie über
Dinge sprachen, die nicht so ganz der Linie der
DDR entsprachen, sagte ihr Vater zu ihr, sie solle
doch in der Schule besser den Mund halten. Sie
lernte, dass es zwei Welten gab: eine Welt der Gedanken und der wirklichen Erfahrungen und eine
Welt der öffentlichen Fassade, die größtenteils
auf Lügen basierte, bei der man aber mitspielen
musste.

Der Vater, studierter Chemiker und Leiter
des Chemielabors im Zementwerk Rüdersdorf,
war ebenfalls ein Bücherfreund. Eines Tages hatte
er sich von einem Arbeitskollegen ein Buch geliehen, das er aus einem Schuhkarton nahm und aus
Packpapier auswickelte. Er las es innerhalb

weniger Tage, wickelte es wieder in das Packpapier ein, legte es wieder in den Schuhkarton und nahm es wieder in den Betrieb mit, um es dem Kollegen zurückzugeben. Es war *„1984"* von George Orwell. K. lernte, es gab in der DDR verbotene Bücher, ebenso wie im Faschismus.

Als K. 14 war, wurde die Fernsehserie *„Der eiserne Gustav"* ausgestrahlt. K. las dadurch angeregt parallel den sehr umfangreichen Roman von Hans Fallada. Sie fand das Buch besser als den Film.

Mit 15 sah sie im Fernsehen eine Sendung über die Bundestagswahl in der BRD. Sie fragte die Eltern, was sie denn bei der Wahl ankreuzen würden und erfuhr, dass sie nur einen Zettel falteten und diesen völlig unbearbeitet in die Wahlurne warfen und dass das dann als eine gültige Stimme zählte. So fragte sie die Lehrerin in „Staatsbürgerkunde", wie denn die Gemeindevertreter gewählt würden.

Antwort:

„Vom Volk".

„Ja, aber wie?"

„Vom Volk."

Es war da kein Rankommen. Denken und Verstehen war nicht erwünscht. Das erlebte sie öfter. Wenn die Lehrer auf Fragen zu Politik oder Wirtschaft keine Antworten wussten, taten sie fünf Minuten so, als ob sie diskutieren würden, dann klatschten sie in die Hände mit den Worten, „so, jetzt müssen wir aber weitermachen". Nachdenken war nicht erwünscht. Der Schüler als denkendes Wesen wurde nicht respektiert.

Mit 16 lernte sie die Pferde-Bücher der Kinderbuch-Autorin Sieglinde Dick kennen, mit 17 begann sie, die Rennbahn Hoppegarten zu besuchen, mit 18 lernte sie Sieglinde Dick persönlich kennen. Sie ritt regelmäßig auf deren Reiterhof, ermöglicht durch die Zementsäcke, die der Vater im Trabant mit Schräglage zu ihr transportierte. Als der Vater Sieglinde Dick einen Geldschein angeboten hatte, um sich diese Fahrten zu ersparen, erwiderte sie, „was soll ich denn damit?" Nachdem sie mit dem Zement eigene Arbeiten am Reiterhof erledigt hatte, brauchte sie immer weitere Zementsäcke, um ihrerseits die Handwerker zu schmieren. Zementsäcke waren in der DDR eine Währung! K. erfuhr direkt von Sieglinde Dick, wie es war, als Schriftstellerin in der DDR zu leben.

Um veröffentlicht zu werden, wurde sie überredet, Genossin zu werden – also in die Partei SED einzutreten – und in jedes Buch etwas Sozialistisches mit einzuarbeiten. Das half auch, dass ihr das Leben als selbständige Reiterhof-Betreiberin nicht schwergemacht wurde. Sie wurde also regelrecht erpresst.

Bei einer weiteren Erpressung durch die Vertreter der Staatsorgane ging es sogar um K. selber. Es war gegen Ende der 10. Klasse. Ihr Vater, in einer leitenden Position, sollte in die Partei eintreten, dann würde man K. Abitur machen lassen. Ihre Leistungen waren ja dementsprechend, sie war eine der besten Schülerinnen, konnte nur, bedingt durch die körperliche Einschränkung, in Sport und in Zeichnen in den Leistungen nicht mithalten. Schon oft hatte sie anderen Schülern Nachhilfe gegeben. Der Vater weigerte sich und zitierte den DDR-Schriftsteller Erich Loest, gleicher Jahrgang wie er selber:

„Ich habe den braunen Wahnsinn mitgemacht, da muss ich den roten nicht auch noch mitmachen."

Auch zum Eintritt in eine kleinere Partei ließ er sich nicht überreden. Da er im Zementwerk Rüdersdorf als Laborleiter eine gute Arbeit machte und unersetzlich war, ließ man ihn gewähren. Doch die Ankündigung machte man wahr: Man ließ K. nicht Abitur machen, unter dem Vorwand, sie stamme aus einem Akademiker-Haushalt. Es gab ja die „Regel", dass nur Kinder aus „Proletarier"-Haushalten zum akademischen Weg zugelassen waren. Aber das wurde willkürlich gehandhabt, es wurde dann als Vorwand eingesetzt, wenn man es brauchte.

Für K. war es ein Trost, als sie mitbekam, wie zwei ihrer Mitschülerinnen erpresst wurden: Sie wurden nur für die „EOS" (heute Gymnasium) zugelassen, weil sie sich zuvor verpflichtet hatten, auf Lehrerin zu studieren und später als Lehrerin zu arbeiten. Einer Mitschülerin mit gutem „POS"-Abschluss (heute Realschule) wurde die Möglichkeit eröffnet, direkt nach der 10. Klasse im „Institut für Lehrerbildung" für eine Lehrtätigkeit in der Grundschule zu studieren. Sie lehnte ab und wollte lieber Physiotherapeutin werden, obwohl es nur die Hälfte des Einkommens versprach. Auf dem Schulhof vertraute sie K. an, „ich erzähle doch den Schülern nicht die Lügen vom ‚heilen Sozialismus'".

Das Angebot für den Weg zur Grundschullehrerin nach der 10. Klasse hätte man K. auch gemacht – wenn sie nicht behindert gewesen wäre. Eine Lehrerin mit Behinderung war in der ach so behindertenfreundlichen DDR nicht vorstellbar. Ihre Mutter tröstete K., mit einem Abitur hätte man sie ja doch nur so ein Fach wie „Sozialistische Volkswirtschaftsplanung" studieren lassen – also auch wieder eine Richtung, wo man sich nur noch weiter in die Lügenwelt der DDR verstricken konnte. Ihre Interessen für ein Studium wären gewesen Germanistik, Geschichte oder Medizingeschichte. Sie hatte aufgrund ihrer eigenen körperlichen Einschränkung ein Interesse an medizinischen Fragen ...und erträumte sich als junges Mädchen, vielleicht ja einmal auf diesem Wege einem gutaussehenden Arzt zu begegnen, der das Heilmittel für ihre Krankheit in der Tasche hätte...

Es wurde ihr die Ausbildung „Wirtschaftskaufmann" zugeteilt. Der praktische Teil sollte im Woltersdorfer Lötkolbenwerk, der schulische Teil im Behinderten-Internat Langenstein im Harz stattfinden. Bis dahin hatte K. nicht nur eine ganz normale Regelschule besucht, sondern ihre Leistungen waren auch überdurchschnittlich gewesen. Also fragte sie zusammen mit ihrer Mutter an, ob der schulische Teil nicht in der normalen Berufsschule in Strausberg stattfinden konnte.

Das Pendeln von zuhause wäre kein Problem gewesen. Man lehnte nicht nur ab mit der Begründung, Strausberg wäre ja schließlich ein anderer Bezirk, man unterstellte ihr auch, sie habe die guten Noten nur aus Mitleid für ihre Behinderung erhalten. So gab es keine Wahl: Sie musste die Theoriewochen im Internat Langenstein absolvieren, einer speziellen Behinderteneinrichtung. Die Behinderten waren untergebracht im Schloss Langenstein, das in der Form für Behinderte denkbar schlecht geeignet war, entstanden aus dem Gedanken heraus, die Schlösser dem Adel zu entreißen, um sie dem einfachen Volk zukommen zu lassen. Doch untergebracht in einem Dienstbotenverschlag im kaum beheizbaren Turm war das nicht nur für Gehbehinderte denkbar schlecht geeignet, sondern wäre auch noch bei Feuer zu einer Todesfalle geworden.

Die Erzieher verfügten über keine tiefgreifende pädagogische oder gar behinderten-spezifische Ausbildung. Sie ließen sich bei den Mahlzeiten von den Behinderten in ihren Büros bedienen, unter dem Vorwand, sie hauswirtschaftlich zu schulen. Den modernen Computerraum, der in einer Zeitung abgelichtet war, gab es nicht. Der war nur für das Foto kurz eingerichtet worden. Dann waren die Computer, die niemals richtig angeschlossen gewesen waren, gleich wieder abgebaut worden. Gelegen in der schönsten Umgebung, nahe vom Brocken, wurden kaum Ausflüge gemacht. An den Nachmittagen wurden die Schüler in den „Lehrkabinetten" festgehalten, um dort Karl Marx zu studieren.

K. sollte einen Mitschüler, der im Rollstuhl saß, schieben. Da sie früher schon einmal von einem Arzt den dringenden Rat erhalten hatte, keine Rollstühle zu schieben, weil die damit verbundene Dauerspannung im Körper bei ihrer Erkrankung nicht gut sei, lehnte sie diese Verantwortung ab. Außerdem hätte bei den Wurzeln im Park der Rollstuhl leicht kippen können. K. war es völlig klar, dass ein Einlassen auf diese Aufgabe zu einer Dauerverpflichtung geworden wäre – was ja nun nicht Inhalt ihrer Ausbildung war. Sie verwies auf ihre spastische Tetraparese und erklärte, dass es ihr damit verboten sei. Die „Pädagogin" antwortete, da müsse sie erst einmal die Physiotherapeutin fragen, ob sie die Wahrheit sage und ihr nichts vorlüge. Doch es geschah erst einmal wochenlang nichts. Anstattdessen hackten die „Pädagogen" wochenlang auf ihr rum und unterstellten ihr, nicht sozial zu sein, faul und hochnäsig.

Die Mutter wurde vorgeladen, wegen dem Verhalten von K.. Doch die Mutter, gelernte Physiotherapeutin, brachte ein Fachbuch mit, das die Aussagen von K. bestätigte. Als eine Mitschülerin sagte, Zivildienstleistende wären schon sehr hilfreich in dieser Einrichtung, wurde ihr entgegnet, sie wolle ja bloß bumsen... Eine sachliche Auseinandersetzung war nicht möglich und kam nicht zustande. Irgendwann fiel K. auf, dass keine der Mitschülerinnen mehr einen Rollstuhl schieben musste. Doch es kam nie eine Entschuldigung von den Erzieherinnen für ihr unprofessionelles Verhalten.

In Langenstein wurde nicht nur gefroren, sondern auch gehungert. Die Küchenfrauen zweigten von den Lebensmitteln nicht etwa nur die Reste ab, sondern gaben vor der Ausgabe der Speisen einen Teil in ihre Milchkübel – um zuhause die Schweine zu füttern. Es war ein ständiger Mangel da, vor allem an frischem Obst und Gemüse. K. erinnert sich an einen Tag, wo für alle eine Schüssel geputzte Radieschen auf den Tisch gestellt wurde. Die Schüler waren so ausgehungert nach vitaminreicher Kost, dass sie sich mit spitzen Ellbogen darauf stürzten. Dabei war eine Gemüsegärtnerei als Lehrbetrieb der Ausbildungsstätte angegliedert. Die Erzeugnisse dieser

Produktion gingen allerdings offenbar zum großen Teil in den Westen. Es wurde K. angeboten, als Gehbehinderte für die Behinderten-Wettkämpfe im 60m-Lauf zu trainieren. Die Wettkampf-Sportler erhielten jeden Abend eine Schale mit frischem Möhrensalat. Auch hier lehnte K., unterstützt durch ihre Mutter, ab. Die Auswirkungen und Spätfolgen eines solchen Leistungssportes auf den Bewegungsapparat einer Gehbehinderten wurden in der DDR ausgeblendet. Auf die Idee, anstatt dessen eine Form von gesundheitsförderndem Breitensport anzubieten, und sei es auch nur in Form von Spaziergängen, kam man nicht.

Bei diesen Abläufen mussten die Schüler brav die Märchen von der Überlegenheit des Sozialismus lernen und wiedergeben. Man lebte in einer ständigen Spaltung zwischen unmittelbarer Wahrnehmung und der einzig erlaubten Lehrmeinung. Wenn man Fragen stellte, etwa an die Lehrerin in Volkswirtschaft, dann wurden die Fragen nicht richtig beantwortet, bis die Lehrerin die Fragestunde mit einem Klatschen in die Hände beendete. Man müsse ja jetzt auch einmal weitermachen. Der denkende Schüler wurde nicht respektiert und nicht ernst genommen...

Diese ständige Degradierung macht etwas mit einem. Die innenliegende Begabung wurde nicht nur nicht gefördert: Wenn sie sich auf irgendeine Weise zu Wort meldete, wurde es sofort aktiv unterbunden.

Als Touristen aus dem Westen sich die Einrichtung anschauen wollten, mussten die Schüler zwar die Kaffeetafel vorbereiten, sollten aber dann auf den Zimmern bleiben. Ein direkter Kontakt war nicht vorgesehen – obwohl die Besucher verwundert danach fragten.

Anders war es, als eine Behindertendelegation aus dem Westen kam. Für die DDR-Behinderten gab es nur den „Robur"-Bus mit einer steilen Treppe für den Ein- und Ausstieg. Das war nicht nur für die Fahrgäste ungeeignet. Besonders der Fahrer hatte darunter zu leiden, der tatsächlich die Rollstuhlfahrer in den Bus und wieder hinaus tragen musste. Der Bus der West-Delegation hatte eine Rampe, wo die Rollstühle elegant rein- und rausfuhren. K. sah außen am Bus eine kleine Aufschrift, „gespendet von der Aktion Sorgenkind". Sie kannte zwar die Aktion Sorgenkind aus dem West-Fernsehen, stellte sich aber dumm und fragte eine ihrer Erzieherinnen, was denn die Aktion Sorgenkind sei. „Das ist so eine

Bettelorganisation aus dem Westen, im Sozialismus brauchen wir so etwas nicht", erfuhr sie. K. entgegnete, „aber so eine Rampe könnten wir schon gut gebrauchen?" Daraufhin wurde ihr die Teilnahme an der gemeinsamen Kaffeetafel verboten. Sie ignorierte das Verbot und ging trotzdem hin. Sie kalkulierte richtig, dass die Erzieherinnen sich nicht die Blöße geben konnten, sie bei der gemeinsamen Veranstaltung vor der West-Delegation rauszuschicken. Mit Pädagogen und Lehrkräften zu tun zu haben, die einem geistig unterlegen sind – das Leid der Hochbegabten – war in der DDR relativ einfach zu haben. Der Besuch der Behinderteneinrichtung aus dem Westen hatte sich als Eigentor erwiesen und wurde daher nicht wiederholt.

Nach der Wende wurde das Schloss Langenstein weiter für die Behindertenausbildung genutzt, allerdings grundlegend ausgebaut und mit nur in einem Bruchteil der Betten, auf große Einzelzimmer verteilt. Es gibt nun Freizeitmöglichkeiten, sowie ein angegliedertes Schwimmbad und einen angegliederten Pferdestall – Dinge, die K. als Schülerin ebenso Freude gemacht hätten... Obwohl K. also niemals einer besonderen Behinderteneinrichtung bedurft hätte, wurde sie in der DDR für den Theorieteil ihrer Ausbildung in eine solche gezwungen. Den praktischen Teil absolvierte sie auf einem ganz normalen Arbeitsplatz – wo man für sie als Behinderte allerdings nicht die geringste Motivation hatte, ihr etwas beizubringen. Nur nach zähem Nachfragen wurde ihr etwas gezeigt und wurde sie in kaufmännische Abläufe ansatzweise eingearbeitet. Nach Abschluss der Ausbildung arbeitete K. weiter in der Woltersdorfer „Lötkolbenbude".

Beim letzten Urlaub mit den Eltern 1984 fuhren sie nach Nessebar/Bulgarien, also ins „sozialistische Bruderland". Die Erfahrungen, die sie dort machten, zeigten einmal mehr die Lügen des Sozialismus. Ging es um Reiten oder um Andenken, um Gleitschirm-Fliegen gezogen vom Motorboot oder um Obstkaufen – immer wieder begegneten ihr Verkäufer mit dem Spruch, „Frau, hast du Dollar?". Gemeint waren westliche Währungen, egal ob Dollar, Francs oder D-Mark. Für das Alugeld der DDR konnte man nur einen Teil der Leistungen erhalten. So wurden auch im Hotelrestaurant zuerst die Westgäste bedient, dann die DDR-Bürger, zuletzt die Russen. Die Rangfolge kehrte sich um gegenüber der Legende, die Russen wären als Pioniere des Sozialismus die Größten („Von den Russen lernen, heißt siegen lernen"). Das besonders Demütigende daran war, dass einige der Urlaubsgäste aus der BRD Arbeitslose waren, die es sich mit ihrem Arbeitslosengeld leisten konnten. Für den Westen war ein Bulgarien-Urlaub ein Billig-Urlaub. Währenddessen hatten ihre Eltern – obwohl Doppelverdiener und der Vater in leitender Stellung – den Urlaub lange zusammensparen müssen. Arbeitslose aus dem Westen spielten Tennis, während sie selber auf den Tennisplätzen keinen Zutritt hatten – mangels „Dollar".

Das begehrte Obst, wie zum Beispiel Pfirsiche, war zwar für DDR-Währung zu bekommen, dann allerdings überteuert. Zusätzlich frustrierend war, dass das Obst im „sozialistischen Bruderland" offenbar in Hülle und Fülle vorhanden war, aber in der DDR nicht ankam – weil es offenbar in den Westen ging. Von zwei jungen Frauen aus dem Westen borgte sich K. heimlich die „Bravo"-Zeitungen, in der DDR verboten, obwohl zum Gähnen harmlos. Die Liegen am Strand waren ebenfalls nur den West-Gästen vorbehalten, die DDR-Urlauber konnte man daran erkennen, dass sie am Strand auf ihren Handtüchern lagen. Nicht einmal Pizza-Essen oder Fahrrad-Leihen ging ohne West-Währung. Einmal erkundigten sie sich vorher wegen einem Restaurant am Strand, wo man mehrere Kilometer zu Fuß hinlaufen musste. Ja, dort würde man auch Ost-Währung akzeptieren. Als sie da waren, war noch ein Tisch frei. Hinter ihnen waren aber Urlauber mit West-Währung. Die wurden vorgelassen und durften am letzten freien Tisch sich etwas zu essen bestellen, während K. mit ihrer Familie nicht hineingelassen wurde. Zum Abschluss des Urlaubs wollte der Vater der Familie eine Flasche Krim-Sekt spendieren, konnte jedoch für DDR-Mark keine erhalten und kam mit einer Flasche Wein wieder... Der Urlaub war eine fortwährende Demütigung. Als die Eltern ein Jahr später vorschlugen, wieder nach Bulgarien zu fahren, lehnte K. ab. Das wollte sie sich nicht nochmal antun.

Zurück im Betrieb war es K.'s Wunsch, in der Abendschule Abitur nachzuholen. Die Möglichkeit hätte es auch gegeben, doch hätte sie dafür jeden Tag eine Stunde früher Feierabend machen müssen, um den entsprechenden Bus zu erreichen. Das wurde ihr nicht gewährt – obwohl es eine chronische Unterbeschäftigung im Betrieb gab. Aufgrund der Vollbeschäftigung und der Verstaatlichung der Betriebe gab es in solchen mittelgroßen Produktionsbetrieben einen überdimensionierten Verwaltungs-Wasserkopf, wo die meisten der Arbeitskräfte ihre Groschenromane hinter Bilanzbüchern versteckten und buchstäblich bis zum Feierabend Däumchen drehten. In dieser Situation K. die tägliche Stunde für ihre Weiterbildung nicht zu gewähren, drückt die Verachtung aus, die Behinderten entgegengebracht wurde. Sie habe es ja warm und trocken, was wolle sie denn noch...

Als ihr vom Betrieb angeboten wurde, bei gleicher Bezahlung in die Verpackungs-Abteilung zu wechseln, sagte K. sofort zu. Die Aussicht, mit den Händen etwas zu tun zu haben, anstatt nur die Zeit abzusitzen, war wie ein Lichtblick der Hoffnung für ihre Seele – auch wenn sich damit die ganze „Ausbildung" als umsonst erwies. Es war die Zeit kurz nach dem Strauß-Kredit von 1983. Waren wechselten vom Sozialismus in die kapitalistischen Nachbarländer, und zwar für „Verrechnungseinheiten". Das bedeutete, dass die Waren eigentlich weit unter Wert verkauft wurden, für wenige Groschen. Dennoch wurde bei den Lötkolben-Sets für das Ausland streng darauf geachtet, dass die Verpackung keine Kratzer hatte. Seidenpapier wurde zwischen die Verpackungen gelegt. Fehlerhafte Ware blieb im eigenen Land. Das Grundprinzip des Sozialismus, „der Arbeiter soll nicht um die Früchte seiner Arbeit betrogen werden", wurde konterkariert. Zudem weckten die Pakete ins Ausland, etwa nach

Schweden, Sehnsüchte. K. dachte oft, sie würde gerne mit in den Karton springen, um die Reise anzutreten.

Tatsächlich gab es ein Angebot ihres „Schraubenonkels" in West-Berlin, der die Misere ihrer „Ausbildung" und ihrer daraus entstandenen Tätigkeit verfolgt hatte. Er wollte sie bei sich in seinem Betrieb einstellen und stellte ihr in Aussicht, eventuell auch noch die Ausbildung zur Bürokauffrau machen zu können. Eine der beiden Töchter hatte gerade geheiratet und im Haus war ein Zimmer frei geworden. Er meinte, sie müsse aber nicht bei ihm arbeiten, sie könne auch bei der französischen Kommandantur arbeiten, sie müsse dafür bloß Französisch lernen. Wenn K. als Behinderte in der DDR einen Ausreiseantrag gestellt hätte, wäre dieser möglicherweise schnell genehmigt worden. Doch sie entschied sich dagegen:

Die Eltern nicht wiederzusehen und nicht mehr auf die geliebte Galopprennbahn Hoppegarten gehen zu können, das wäre doch zu schmerzlich gewesen...

Familiengründung, Wende, berufliche Neu-aufstellung

Auf der Galopprennbahn Hoppegarten lernte sie ihren Ehemann kennen. Sie beantragte vor der Hochzeit Invalidenrente, um ihre neue Rolle als Hausfrau und (wahrscheinlich) Mutter auszufüllen. Sie hätte sich ja immer noch etwas in Teilzeit dazu verdienen können. Als sie zur Untersuchung in der Poliklinik Rüdersdorf in das Sprechstunden-Zimmer kam, rief die Ärztin zur Begrüßung aus, ohne sie überhaupt anzusehen und zu untersuchen:

„Warum wollen sie denn eine Invalidenrente? Sie wollen doch bloß in den Westen fahren!"

Sie hatte überhaupt keinen Gedanken daran. Es wurden ihr sofort „negative" Absichten unterstellt. Und das, obwohl sie kurz zuvor ein attraktives Angebot aus dem Westen ausgeschlagen hatte!

Der Ehemann war bei der NVA. Da er in Bad Freienwalde arbeitete, zogen sie bald zusammen in eine gemeinsame Dienstwohnung. Dort wurden ihr tatsächlich auf der Straße von den Einheimischen kleine Steinchen an den Kopf geworfen.

Sie erfuhr bald den Grund: Die „Armeeweiber" würden den Einheimischen die Wohnungen wegnehmen. Obwohl an der Wohnung nichts Luxuriöses war. K., als Gehbehinderte, musste zum Heizen die Briketts kaufen und vom Keller hochschleppen. Der Ehemann half ihr dabei nur, wenn sie ihn darum anbettelte. Irgendwann ging sie dazu über, es selber zu machen. Beim Einkaufen fuhr er mit dem Auto an ihr vorbei, während sie die schweren Taschen schleppte, anstatt als Ehemann einer gehbehinderten Frau, die Einkäufe selber mit dem Auto nachhause zu fahren. Sie kochte zuhause. Wenn er Freunde einlud, musste sie, als Gehbehinderte, bedienen. Durch Mutter und Oma zuhause verwöhnt, kannte er es nicht anders, als in Frauen Dienstpersonal zu sehen. Eines Tages schlug er ihr allen Ernstes vor, sie für eine Nacht zu „verleihen" an einen Kumpelfreund. Es war ihm ein „PUR-Lenkrad", ein Sportlenkrad für den Trabant, im Tausch dafür angeboten worden. Natürlich lehnte sie entrüstet ab. Es zeigte ihr aber einmal wieder die Qualität seiner „Liebe" und seiner „Wertschätzung" für sie auf...

Zunächst war sie in Bad Freienwalde arbeitslos, trotz verschiedener Bemühungen. Beim Arbeitsamt, wo sie mehrmals nachfragte, wurde ihr gesagt, „was heiraten sie denn nach Bad

Freienwalde? Sie wissen doch, dass es eine struk-
turschwache Gegend ist, mit wenig Arbeitsplät-
zen!" Dabei hatte sie nicht „nach Bad Freienwalde
geheiratet", sondern sein Mann war von der NVA
dorthin versetzt worden – damit auch sie. Mehrere der angebotenen Stellen waren schon vergeben, als sie dort nachfragte. Dabei drängte sich
der Verdacht auf, dass die Arbeitgeber logen. Als
sie merkte, dass sie schwanger war, setzte sie ihre
Bewerbungsbemühungen zunächst auf Eis, nahm
sie aber nach der Geburt ihrer Tochter wieder auf.

Als sie dann immer noch keinen Erfolg hatte
in einem „System ohne Arbeitslosigkeit", machte
sie eine „Eingabe an den Staatsrat". Dabei machte
sie auf den Widerspruch aufmerksam, dass sie als
Behinderte zwar keine Invalidenrente bekam,
aber auch keine Stelle fand. Binnen drei Tagen
wurde ihr eine Stelle beim örtlichen Gesundheitsamt angeboten, welches als „Hygieneinspektion"
auch für die Einhaltung der Vorschriften in Gast-
stätten und im Lebensmittelhandel zuständig
war. Sie wurde vom Leiter unterstützt und arbeitete dort vier Jahre. Wobei die Aufgaben oft nicht
für eine Vollzeitstelle ausreichten – und sie oft
wieder auf der Arbeit „Däumchen drehte".

Eines Tages fiel ihr auf dem Weg zur Arbeit, in der Gesundbrunnenstraße, ein großes Stück Putz direkt vor die Füße. Es war so groß und schwer, es hätte sie erschlagen können. Das war zu dieser Zeit der Zustand der Gebäude (und der Wirtschaft) in der DDR.

Der geistige Zustand der DDR lässt sich vielleicht an folgender Episode besonders gut ablesen:

Der Vorgesetzte ihres Mannes, Oberstleutnant, klingelte eines Tages an der Tür. Als K. ihn reinließ, stürmte er zielgerichtet ins Bad, nahm die Flasche „Nivea" Körpermilch vom Regal und rief triumphierend aus: „Jetzt hab' ich euch – verbotene Westkontakte!" Westkontakte waren für Mitglieder und Angehörige der Armee strengstens verboten. K. folgte ihm in aller Seelenruhe ins Bad, drehte die Flasche um und zeigte ihm die Herkunft: „Made in Hungary" – in Ungarn hergestellt. „In Freundesland hergestellt", antwortete K., „von einer Freundin aus Ungarn mitgebracht". Der Oberstleutnant sauste ohne Gruß oder Entschuldigung wutschnaubend aus der Tür, sein Wutschnauben war noch durch das Küchenfenster zu hören, als er schon auf der Straße war. Es handelte sich um ein Lizenzprodukt einer

Westfirma, allerdings in einem sozialistischen „Bruderland" hergestellt. Der Oberstleutnant verkörpert die Paranoia eines Staates, der seinen Bürgern nicht traut und offenbar Ängste aufbaut, die Züge eines Verfolgungswahns annehmen. Doch damit nährt er auch die Paranoia seiner Untergebenen, denn natürlich löst das etwas bei ihnen aus. K. fragte sich natürlich, wer sie bei der NVA wegen der Flasche Körpermilch „verraten" haben könnte, es müsste ja jemand gewesen sein, der bei ihr in der Wohnung gewesen war. Der Kreis war nicht allzu groß. Solche Erlebnisse machen es vielen DDR-Bewohnern auch noch Jahrzehnte nach der Wende schwer, ihren Mitmenschen zu vertrauen, andere Menschen in ihre Wohnung zu lassen und enge Kontakte aufzubauen. Die DDR hatte mit ihrer Paranoia ein Misstrauen gesät, das bei den Menschen auch noch lange nach dem Niedergang dieser Diktatur weiterwirkte.

Ein Pfarrer zeigte K. erschreckende Bilder von Menschen mit Behinderung in einer Behinderteneinrichtung in Bad Freienwalde. K. folgte seiner Bitte und wollte Flugblätter verteilen, in denen sie sich für deren Rechte einsetzte. Sie wurde mit den Flugblättern aufgegriffen, in einen Verhörraum der Stasi gebracht, wo sie grob behandelt wurde und schließlich derart gestoßen wurde, dass sie gegen die Heizung flog und sich dabei eine Rippe brach. In Schmerzen lag sie auf dem Boden. Der hinzugerufene Arzt rief laut aus, „So weit sind wir also schon gekommen, dass wir Behinderte misshandeln!" Er gab an, für das Überleben von K. nicht garantieren zu können, sie müsse umgehend ins Krankenhaus gebracht werden. So befreite er sie aus ihrer Lage.

Der Pfarrer entschuldigte sich später bei ihr und schämte sich dafür, dass er sie dieser Gefahr ausgesetzt hatte. Der, der sie so sehr verletzt hatte, dass sie für ihr Leben Schmerzen an dieser Stelle verspürte, entschuldigte sich nie und wechselte nach dem Mauerfall die Straßenseite, wenn er ihr begegnete.

Nach der Wende begann für ihren Ehemann ein Leben in ungezügeltem Konsum – obwohl es ihr Geldbeutel eigentlich nicht hergab. Es wurde das bisherige Auto mehrmals im Jahr durch ein neues ersetzt, auch wenn es nicht defekt war. Die Botschaft des Kapitalismus war für den Ehemann, man solle sich seine Wünsche erfüllen, für finanzielle Lücken gäbe es ja Kredite. Bei den Krediten sollte regelmäßig die Ehefrau als Bürge unterschreiben.

Durch eine Anzeige vom Krankenhaus Bad Freienwalde, „Telefonistin gesucht", kam sie nach vier Jahren Tätigkeit im Gesundheitsamt auf eine neue Stelle. Vom Personalleiter wurde sie damit begrüßt, die Stelle wäre schon vergeben. Aber er bot ihr dafür an, im Krankenhaus Wriezen als Telefonistin anzufangen. Sie residierte im Pförtnerhäuschen, gab Schlüssel aus, verkaufte Blumen für die Besucher – und vermittelte Telefongespräche, vor allem für das Haus, in der Regel arbeitsbezogene. Selten bekam sie von einem Arzt mal ein Dankeschön, wenn sie ein Gespräch vermittelte, und sei es auch ein privates. Später zog sie um in das Foyer des Hauses. Dort erweiterte sich das Sortiment um Zeitungen, Süßigkeiten und dergleichen.

Nach dem Mauerfall war sie bei der ersten Fahrt in den Westen im KaDeWe. Dort entdeckte sie in der Bücherabteilung all die begehrten DDR-Kinderbücher, die in der DDR kaum noch erhältlich gewesen waren – auf dem Krabbeltisch! Das, was den eigenen Bürgern vorenthalten wurde und nur noch als „Bückware" erhältlich gewesen war, entdeckte man im Westen wieder – als Billigartikel!

Eines Tages schlug ihr der Ehemann vor, sich auf eine Ausbildung zu bewerben, die in der Zeitung ausgeschrieben war: „Regierungs-Assistentin-Anwärterin" bei der Bundeswehr. Trotz ihrer Bedenken folgte sie dem Ratschlag. Er meinte, das wäre die Gelegenheit für sie, dann könnten sie nach Strausberg umsiedeln (näher an Berlin und an ihrem Geburtsort Rüdersdorf) und sie könnte ihren Schichtdienst endlich aufgeben. Sie erreichte tatsächlich eine Einladung für einen Eignungstest. Später erfuhr sie, von den 600 Bewerbern waren nur 125 eingeladen worden, von diesen hatten nur 30 eine Stelle erhalten. K. konnte manche Fragen im Eignungstest nur beantworten, weil sie zuvor ein Fernstudium gemacht hatte über das politische System in der BRD. Das hatte sie aus eigenem Antrieb und Interesse gemacht, noch gar nicht im Hinblick auf diese Bewerbung. Im Rückblick nannte sie das die beste Investition ihres Lebens. K. wurde angenommen und konnte endlich „studieren", für eine mittlere Beamtenlaufbahn. Dabei machte sie allerdings die Erfahrung, dass näheres Nachfragen im Fach „Staatsrecht" in etwa genauso beliebt war wie in „Staatsbürgerkunde" in der früheren DDR...

Sie zogen nach Strausberg, hatten gemeinsam ein gutes Einkommen, konnten Reisen machen, doch für seine oftmals überdimensionierten oder überflüssigen Lustkäufe reichte es natürlich nicht. Die versprochene Karriereleiter bei der Bundeswehr erwies sich in der Praxis als eine Legende. K. wechselte im Gegenteil vom Gesundheitsbereich in die Poststelle und erfuhr keine Aufwertung.

Trennung, Zusammenbruch, Frühpensionierung

Kurz vor ihrem 40. Geburtstag häuften sich die Probleme im Leben von K.. Der Mann übernachtete bei anderen Frauen, zog schließlich ganz aus, es kam zur Trennung. Er hinterließ ihr dabei auch noch einen Riesenberg an Schulden. Sie litt zunehmend unter Angst- und Panikattacken, die mehrere Klinikaufenthalte notwendig machten. Die lebenslange Zurücksetzung im Leben hatte außerdem zu schweren Minderwertigkeits-Komplexen geführt, die sie in periodischem Alkoholmissbrauch zu ertränken suchte. Das Gefühl der eigenen Minderwertigkeit schlägt immer wieder um in die Projektion, andere Menschen abzuwerten. Das macht das Aufbauen neuer Freundschaftsbeziehungen zusätzlich zum in der DDR erlernten Misstrauen äußerst schwer. Die

Alkoholprobleme wurden in diesen Kliniken mitbehandelt. K. war schließlich über ein Jahr am Stück krankgeschrieben, weshalb sie nach Ablauf dieses Jahres von der Bundeswehr in den Ruhestand versetzt wurde.

K. konnte durch eine Privatinsolvenz ihre finanzielle Situation in den Griff bekommen und hat wieder geheiratet. K. liest weiterhin viel. Besonders interessante Themen sind für sie Geschichte des Adels, der NS-Zeit, der DDR und der Wendezeit, sowie historische Lebensgeschichten von Ärztinnen, oft in Romanform. Es war ihr nicht erlaubt gewesen, ihr Interessengebiet zu studieren und zu ihrem Beruf zu machen.

Der Schaden, den eine Diktatur anrichtet, die ihre Bürger verachtet, entmündigt und herabsetzt, liegt nicht nur in der mangelnden Förderung, sondern noch viel mehr in den vielen Verletzungen, die sie ihnen zufügt.

Der Schaden, den eine autoritäre Gesellschaft bei den Bürgern anrichtet, liegt nicht nur darin, dass eine

„Kultur, die auf neurotypisch angelegt ist, Potenzial verschenkt"[9],

sondern auch darin, dass sie bei ihrer hochbegabten Jugend Traumata verursacht, die dazu führen, dass sie ein Leben lang mit der Aufarbeitung ihrer psychischen Probleme zu tun hat...

---

[9] Artikel *„Neurodivers – Weil Anderssein menschlich ist"*, André Frank Zimpel, in dm-Magazin *alverde*, Juni 2024, Sn. 70-75

Vom Profiling zur helfenden Psychologie

Unterdrückung der Hochbegabung in der Kindheit

Warum liest ein Neunjähriger Plato? Warum lernt ein Zehnjähriger aus eigenem Antrieb alles über den Amerikanischen Bürgerkrieg? Warum liest ein Kind von neun bis zwölf Jahren unzählige Biographien von Politikern und Staatenlenkern der Vergangenheit? Warum interessiert es sich für die psychologischen Strukturen der Erfolgreichen und für Psychologie allgemein?

Hier zeigt sich eine Wahrheitssuche, ein unbändiger Drang, das Leben zu verstehen und den Dingen auf den Grund zu gehen.

Die Familie hatte hierfür kein Verständnis. 1968 als Ältester von drei Kindern in West-Berlin geboren, war es vorgesehen, dass T. die Firma des Vaters eines Tages übernehmen sollte. Der Vater empfand diese ganze Entwicklung als destruktiv, als verträumt und lebensunpraktisch. Er reagierte mit Wutanfällen, mit Gewaltausbrüchen und eines Tages tatsächlich mit dem Verbrennen aller seiner Bücher. Das Bücherlesen war T. verboten.

So widmete er sich ab zwölf Jahren exzessiv dem Modellbau, eignete sich alles an über Uniformen, Waffen und Flugzeuge in den Armeen der verschiedenen Epochen und Länder.

Als Schüler einer katholischen Schule las er bereits mit zwölf Jahren das Alte und das Neue Testament. Im Religionsunterricht begann er Diskussionen mit dem katholischen Religionslehrer. Dieser beantwortete jedoch seine Fragen nicht, verweigerte die Diskussion und forderte einfach die kritiklose Übernahme des katholischen Glaubens ein. Das Mobbing der Mitschüler tat ein Übriges: T. zog sich schon sehr bald zurück und stellte keine Fragen mehr. Die wenigen Freunde, die er als Teenager hatte, waren alle zwanzig bis dreißig Jahre älter.

Der Weg der Erfahrung

Die Abkehr von den Büchern, die zuvor erzwungen worden war, wurde für ihn selber zum Programm: Er wollte die Dinge selber erfahren, wollte nicht ein Leben sozusagen „aus dritter

Hand", sondern wollte die Wahrheiten im eigenen Leben erproben, um aus eigener Erfahrung berichten zu können.

Nach der Schule ging T. in den Polizeidienst. Einer der Gründe war, der Familie zu entgehen. Es war für ihn ausgeschlossen, in die Firma des Vaters einzutreten, der so systematisch seine Anlagen und Neigungen sabotiert hatte. Sein „Anderssein" hatte darüber hinaus auch dazu geführt, dass seine Geschwister ihn in übler Form gemobbt hatten.

T. ging eine Partnerschaft ein und bekam mit ihr einen Sohn. Die Hochzeit und ein gemeinsames Leben in den USA waren schon beschlossene Sache. Da starb die Verlobte mit dem Kind bei einem schweren Autounfall. Seine Träume vom Aufbau einer Familie wurden vom Schicksal jäh zerschmettert. Um trotz dieses Schicksalsschlages zu überleben, stürzte sich T. in den Polizeidienst. Dort konnte er kultivieren und verfeinern, was er bereits als Zehnjähriger als sein Interessengebiet erkannt hatte: Psychologie. T. vertiefte sich in die Täterpsychologie und entwickelte über die Theorie hinaus ein Gespür für die Denkweise und die Absichten der Täter. So konnte er im Vorhinein Straftaten voraussagen oder erkennen, wo sich günstige Situationen für einen Zugriff auftaten. Auf diesem Weg stiegen seine Erfolgsquoten auf weit über dem Durchschnitt. Das führte jedoch nicht dazu, dass Kollegen oder Vorgesetzte ernsthaft danach fragten, wie er das machte. Im Gegenteil, er wurde verdächtigt, irgendwie mit dem Verbrechen gemeinsame Sache zu machen.

Zusammenbruch und wahre Berufung

1996 hatte T. im Dienst einen schweren Unfall. Er brauchte lange, um sich von seinen schweren Verletzungen zu erholen, konnte jedoch danach wieder seine polizeiliche Arbeit fortsetzen.

2001 kam es, infolge der ständigen jahrelangen Arbeitsüberlastung, zu einem Herzinfarkt. Ein Psychologe führte ihn in der Folge auf eine neue Fährte: Er sprach mit ihm über seine Hochbegabung, machte mit ihm einen Intelligenztest, der weit überdurchschnittlich ausfiel. Diese Impulse führten endlich zu einer Reflexion seines bisherigen Lebens. Der überbordende Arbeitseinsatz bei der Polizei und die Art seines Vorgehens bei den Einsätzen hatten etwas Selbstzerstörerisches gehabt. Es wurde ihm endlich bewusst, dass das noch die Folge gewesen war von dem großen Verlust von Frau und Sohn als junger Mann. Es galt, sich diesen früheren Verletzungen und Verlusten endlich zu stellen, sie zu akzeptieren – und sich dadurch dem Leben wieder in konstruktiver Weise zu öffnen. Er wollte nicht mehr unreflektiert seine Fähigkeiten für eine hohe Erfolgsquote einsetzen, wobei er entdeckte, dass das Anliegen der Strafverfolgung eigentlich gar nicht sein Anliegen war. Eigentlich wollte er den Menschen helfen.

Es folgten mehrmalige Aufenthalte in einer bekannten Reha-Klinik im Umfeld von Berlin. Das Bemerkenswerte an dieser Erfahrung war, dass sich dort die Spitzenkräfte aus Unterhaltung, Wirtschaft, Verwaltung und Politik die Klinke in die Hand gaben. Ihnen war gemeinsam, dass sie sich exzessiv in ihr Fachgebiet und in ihre Arbeit vertieft hatten, aber über die Arbeitssucht die Auseinandersetzung mit sich selbst verdrängt hatten. Zum Beispiel schilderte T., dass er es erst lernen musste, allein in der Natur spazieren zu gehen – eine eigentlich ganz normale Seelenhygiene, der aber die meisten der Patienten dort seit Jahrzehnten nicht nachgekommen waren.

T. nahm Kontakt auf zu einem buddhistischen Kloster, lebte dort sechs Wochen lang und besuchte es in den darauffolgenden Monaten fast täglich.

Er schied aus gesundheitlichen Gründen aus dem Polizeidienst aus und absolvierte eine psychologische Ausbildung. Er begann eine freiberufliche Arbeit mit „Kindern, die anders sind", mit Kindern, die anscheinend Entwicklungsstörungen hatten, die sich zurückzogen, deren Schulleistungen nachließen. Seinen eigenen Sohn hatte er verloren. Aber dafür konnte er anderen jungen Menschen helfen! Hierbei ging es nicht einfach nur um Nachhilfe, sondern um ein systemisches Arbeiten, wo durch ein Wiederherstellen von gesunden Familienstrukturen und durch das Angebot eines männlichen Ansprechpartners – der in vielen modernen Familien fehlt – dem Heranwachsenden geholfen wird, sich wieder dem Leben zu öffnen, eigenen Interessen nachzugehen, sich weiterzuentwickeln. Die Verbesserung der Schulleistungen kann in diesem Prozess nur als Nebeneffekt gesehen werden...

Revolte, Überanpassung, Schamanismus, Selbstfindung

Autobiographie einer geborenen Empathin und Therapeutin

Auf dem falschen Planeten

1975 wurde ich in Neustrelitz in Ostdeutschland geboren. Bereits mit acht Wochen wurde ich in einer Krippe eingewöhnt. Daher resultierte meine lebenslange Angst vor engen Räumen und lauten Geräuschen. Wir zogen in eine neue Wohnung in einen anderen Ort. Drei Räume waren dort separat in einen dunklen Dachboden verbaut, erreichbar über eine enge Wendeltreppe. Dort machte ich meine ersten Gewalterfahrungen. Mein Vater schlug mich, als ich noch ein Baby war. Die Mutter beschützte mich nicht, sah weg und tat so, als ob sie nichts mitbekam. In der neuen Fremdbetreuung, in die ich den ganzen Tag von früh bis spät gegeben wurde, waren zwei Kinderschwestern für 30 Babys im Alter von null bis eineinhalb Jahren zuständig. Sie gaben sicher ihr Bestes, um uns überleben zu lassen. Zärtlichkeit und Zuwendung erfuhr ich weder dort noch zuhause. Mit vier Jahren dann ein erneuter Umzug, in eine helle, große, schöne Wohnung. Die ersten Jahre waren schön, abgesehen vom despotischen, alkoholabhängigen, narzisstischen Vater, der alles vergiftete mit seiner Art. Irgendwann war er dann weg, drei Jahre zur Armee nach Guben. Die Mutter litt unter der Abwesenheit, wir Kinder wohl auch.

Ich erinnere mich an viele Fragen in mir: Was soll ich hier? Warum sind hier alle so komisch? Warum schreien die sich an? Bin ich adoptiert? Warum holt ihr mich nicht ab? Ich wurde hier wohl auf der Erde vergessen? Ich wartete auf das Ufo, das mich von dieser Erde endlich nachhause holen sollte, aber es kam nicht. Erst viel später stieß ich in Zusammenhang mit Autisten auf den Begriff „wrong planet syndrom". Obwohl ich selber nicht Autistin bin, kann ich diesen Begriff voll nachvollziehen. Es ist dann wohl auch kein Zufall, dass ich später mit autistischen Kindern arbeiten sollte.

Ich fühle, seit ich denken kann, die Sehnsucht nach einem Zuhause. Ich wusste nicht, warum oder woher das kam. Zuhause – was ist das? Ist es ein Raum, sind es Menschen, ist es eine Gegend, ein Land? Nichts davon traf für mich zu.

Dann entdeckte ich etwas, ich erhielt Zugang zu meinen ersten Büchern – zuerst Bilderbücher, noch bevor ich lesen konnte. Ich „las" mit fünf meine ersten kleinen Bücher. Zuerst Märchen – Grimm, Andersen... Ich konnte in Welten abtauchen, die ich mir nie hätte träumen lassen. Dann fiel mir Kant in die Hände, ich war erst neun oder zehn Jahre alt. Ich verstand kein Wort, ich wusste noch nicht, was seine Worte bedeuteten. Ich las ihn trotzdem. Irgendwas beruhigte mich dabei. Ich erkannte, dass ich nicht alleine war, ich erkannte, dass es noch mehr Menschen gab, „die sich in ihrem Kopf bewegten" und dort ihr Zuhause gefunden hatten.

In der Schule hatte ich es nicht leicht, ich war ein Hinterfrager, ein nerviges, besserwisserisches Kind, das den Lehrern nie klein beigab. Ich war lieb, freundlich, angepasst – aber wehe, es bot sich eine Gelegenheit für die Wut in mir. Die Gewalt in meiner Familie wurde damals stärker. Mein Körper war oft von blauen Flecken übersät. Die Lehrer wussten es, keiner half. Für mich war es Normalität geworden. Es gab gute und schlechte Tage. In meiner Schulzeit war ich meistens isoliert. Ich war alleine und fühlte mich nicht verstanden.

Zu frühes Ende der Kindheit

Ab sieben Jahren war ich auf mich gestellt, ich war früh erwachsen geworden, hatte viele Aufgaben, kümmerte mich um die jüngeren Geschwister und hatte einen Haushalt zu bewirtschaften. Meine Mutter war zum Arbeiten von 6 bis 18 Uhr außer Haus, ich war ein Schlüsselkind.

Es gab einen Nachbarsjungen, vor dem ich große Angst hatte. In Abwesenheit aller Erwachsenen lockte er mich oft in seine elterliche Wohnung. Was dort passierte, konnte ich erst Jahre später in einer Therapie zum ersten Mal beschreiben und verarbeiten. Es gab ein Schlüsselerlebnis mit sieben, das mich zum Schweigen verdammte all die Jahre bis zu meinem ersten Zusammenbruch mit 21. Wir waren an einen See gefahren mit der Nachbarsfamilie. Der große dicke Nachbarsjunge packte mich im Wasser und legte sich mit seinem vollen Gewicht auf mich, er berührte mich, wo er es nicht hätte tun dürfen. Das war schon schlimm genug, aber was noch schlimmer war, ich kam nicht aus dem Wasser hoch.

Das Erlebnis mündete in einer Nahtoderfahrung. Ich verließ meinen Körper und sah mich von oben. Es war wunderschön, aber ich war noch nicht dran. Gott sei Dank hatte ich bereits zuvor in einem Fiebertraum eine Engelserfahrung gehabt und wusste dadurch um die Dinge mit dem Körper und dem Geist und der Seele. Es hätte mich ansonsten doch sehr überfordert.

Wie durch ein Wunder kam ich frei und entging dem Ertrinken. Als ich aus dem Wasser kam, ging ich sofort zu meiner Mutter. Sie unterhielt sich angeregt mit den Eltern des Nachbarsjungen. Sie sah mich kurz an und gab mir ein Handtuch. In diesem Moment wusste ich, ertragen und für immer schweigen…

Darauf folgte der jahrelange Missbrauch durch den Nachbarsjungen, bis wir (Schwestern einer Schulfreundin und ich) ihn einmal fast totprügelten. Das Überleben dieser Erfahrungen setzte schwere Traumata, zeigte mir aber auch, dass viel starkes Leben in mir war und nach wie vor ist. Auch hier half mir Lesen, um zu verarbeiten und um zu verstehen.

Ich hatte viele Erlebnisse in meiner Schulzeit, diese prägte mich sehr. Ich wurde schon früh als Therapeut gehandelt, meine Mitschüler teilten tiefe Wunden und Probleme mit mir: Eltern, erste Liebe… Ich hatte immer einen Rat, eine Idee. Schon damals hatte ich das Gefühl, nichts Neues zu hören, nichts Menschliches war mir fremd. Es war eine Weisheit in mir, weit jenseits meiner Jahre. Ich verstand es nicht, sah es aber als meine Aufgabe an, den Menschen, die sich mir anvertrauten, zu helfen und sie zu begleiten, ihnen zu dienen. Meine Gedanken kreisten um alle anderen in meinem Umfeld, nur nicht um mich...

Zusammenbruch mit 21

Nach dem Abitur ging ich zur Bundeswehr. Ja, ich wurde Soldat, Sanitätssoldat. Ich bewegte mich in minuziös vorgeplanten Befehlsstrukturen. Ich verstand es damals noch nicht, aber diese Außenstruktur gab mir Halt. Das erste Mal im Leben hatte ich das Gefühl, mich innerlich zurücklehnen zu können. Ich hörte mich irgendwann sagen, „yeah, das ist ja hier wie in meiner Familie: Die sagen – ich mache, cool!" Ich war gefühlt nie alleine, es gab Kameradschaft, eine Gemeinschaft, etwas für das wir sein konnten – „Deutschland dienen, das Land verteidigen". Die Hirnwäsche begleitet mich in Teilen heute noch, Jahre nach dem Ausscheiden. Es gab während der zwölf Jahre viele Situationen von Machtmissbrauch durch Vorgesetzte, sexistische Belästigungen und Abwertungen, Übergriffe und Grenzüberschreitungen.

Nach jahrelangem Schweigen, nach dem Überleben der Grundausbildung und dem Dienst im Panzer traf ich an meinem Standort in Hagenow auf eine verständnisvolle Stabsärztin und eine verständnisvolle Stationsschwester. Ich fasste Vertrauen. Nachdem beide bemerkt hatten, dass mit mir etwas nicht stimmte, redete ich auf einmal wie ein Wasserfall. Als wäre ein Damm gebrochen, kam plötzlich alles an die Oberfläche. Meinem Freund, den ich in der Grundausbildung kennengelernt hatte und mit dem ich in einer Fernbeziehung lebte, hatte ich auch nichts erzählt. Er fiel aus allen Wolken, als er sah, wie es mir plötzlich ging. Die jahrelange Missbrauchs- und Gewalterfahrung, das lebenslange Gefühl, nicht auf diesen Planeten zu gehören – all das, was ich bis dahin verdrängt hatte, kam auf einmal hoch.

Ich war völlig überfordert, wusste nicht, was passiert. Es kam zu meiner ersten schweren Depression, die ich nur mit Hilfe einer Therapie abmildern konnte. Dieser sollten noch weitere folgen im Laufe meines Lebens, bis heute, einmal begleitend mit Psychopharmaka. Aktuell stecke ich in meiner dritten Psychotherapie, diesmal mit einer begleitenden Lithiumeinstellung, die sich vielversprechend anfühlt. Als Jugendliche, mit 17, litt ich an einer Essstörung. Diese habe ich aber ohne Klinik in den Griff bekommen, so wie auch später alle depressiven Episoden, da ja immer meine Kinder da waren.

Meine Therapie mit 21 in Hagenow musste ich leider bald abbrechen, da ich die Zusage zu meiner Schwesternausbildung in Gießen erhielt, die ich dann antrat.

Studium, Beruf, Familiengründung

Seit ich 23 war wurde diese Ausbildung in Berlin weitergeführt, wo ich von da an lebte. Bald nach dem Umzug erlebte ich meine zweite schwere Depression. Es folgte eine dreijährige Therapie mit Medikamenten. Wie ich unter diesen Umständen meine Schwesternprüfung geschafft habe, weiß ich nicht.

In Berlin lernte ich meinen späteren Mann und Vater meiner fünf Kinder kennen, jetzt Expartner. 2001 bekamen wir unser erstes Kind. Durch die Zeiten des Mutterschutzes weiteten sich meine zwölf Jahre Verpflichtung bei der Bundeswehr aus, so dass ich 15 Jahre, von 18 bis 33, bei der Bundeswehr war. Durch den

„Berufsförderungsdienst" konnte ich bereits vor der Beendigung meines Dienstes 2006 mein Studium antreten. Danach wurde ich noch weitere drei Jahre mit Übergangsgebühren gefördert (bis 2009, danach BaföG).

Meinen Studienweg begann ich an einer Fachhochschule im Bereich Pflegemanagement, wechselte aber dann bald an die Humboldt-Universität Berlin zu Rehabilitationspädagogik. Hier spezialisierte ich mich auf die Bereiche Frühförderung, Sprachbehinderung und Verhaltensauffälligkeiten bei Kindern und Jugendlichen. 2006 bei Studienantritt hatte ich bereits drei Kinder, es folgten noch zwei weitere innerhalb des Studiums. Studienbegleitend arbeitete ich außerdem noch als Erzieherin in einer Brennpunkt-Kita in Berlin. Mein Mann unterstützte mich in dieser Mehrfachbelastung und übernahm Aufgaben für die Kinder. Allerdings saß ich fast immer mit einem Baby im Hörsaal.

2012 hatte ich meine Regelstudienzeit absolviert und war „scheinfrei". Seitdem brauchte ich keine Vorlesungen mehr zu besuchen. Bis zu unserem Wegzug nach Brandenburg 2015 arbeitete ich weiter in der Brennpunkt-Kita in Berlin.

Trennung und All-Einheit

Mein Expartner war ein Meister der Lüge, der Verdrehung, der Verstellung. 19 Jahre war er an meiner Seite, davon waren wir 16 Jahre verheiratet. Wie lebt man 19 Jahre in Verstellung und zeigt dann sein wahres Gesicht? Es gab schöne und furchtbar grausame Zeiten.

Durch die Trennung 2015, ich war vierzig, war mein Leben aus den Angeln gehoben. Es war in den Flammen des Selbsthasses und der Vergeltung eines anderen Menschen aufgegangen. Wieder war es Gott, der mir durch ein Zeichen einen neuen Weg ebnete – den ich übrigens erst spät bewusst in mein Leben ließ.

Mein Partner war erst kurz zuvor mit mir aus Berlin nach Brandenburg gezogen. Es war sein Wunsch gewesen, wir wollten dort zusammen ein neues Leben beginnen. Als provisorische Bleibe hatten wir zunächst nur einen ausgebauten Schweinestall – ein Raum für eine Familie mit fünf Kindern, mit einer Toilette im gleichen Raum. Von dort aus sollte die gemeinsame Wohnungssuche in Brandenburg starten. Anstattdessen entschied sich mein Partner zu der Geliebten nach Nordrhein-Westfalen zu ziehen, mit der er schon seit geraumer Zeit ein Verhältnis gehabt hatte. Ich hatte ja immer noch gehofft, er würde „ganz" zu mir zurückkehren. Anstattdessen hatte er mich nun bald nach dem Wegzug von Berlin mit allem allein gelassen.

Durch die Tätigkeit in einem Flüchtlingswohnheim, die ich in Brandenburg aufgenommen hatte, mit 70 Stunden in der Woche, war ich bis zum Burnout erschöpft gewesen. Meinem arbeitslosen Mann hatte ich noch eine ehrenamtliche Tätigkeit mit den Flüchtlingen als Fußballtrainer besorgt, für einmal die Woche. Bereits in Berlin hatte ich zuvor für ihn „mitgearbeitet" und ihm sogar noch eine Therapie bei einem Coach und eine Weiterbildung finanziert. Bei der Weiterbildung hatte er seine neue Partnerin kennengelernt. Anstatt dadurch die Beziehung zu retten, war also das Ergebnis, dass er sich immer weiter von mir entfernt hatte. Er war fremdgegangen und hatte mir gegenüber immer mehr ein geringschätziges und herabwürdigendes Verhalten gezeigt.

Die Situation eskalierte eines Nachts, wir brüllten uns an, ich schlug meinen Mann, mein ältester Sohn, 15, hat sich daraufhin schützend vor mich gestellt, um den Gegenangriff abzuwehren. Das war eine Parentifizierung, ein nicht gewolltes

Erwachsenwerden meines Sohnes, vor dem ich ihn eigentlich immer hatte bewahren wollen. Mein Mann, Vater meiner fünf Kinder, verließ mich noch in der gleichen Nacht. Nach der Trennung behielt er den Bus, ohne jede Absprache und Begründung. So musste ich mit dem kleinen PKW meine Kinder zur Schule fahren, bei fünf Kindern in mehreren Touren.

Einige Zeit später saß ich auf einer Wiese vor unserem „Schweinestall" und erlebte einen Nervenzusammenbruch. Meine ganze Situation war an einem absoluten Tiefpunkt angelangt. Ich hatte alles verloren: mein gewohntes Leben, meine Gesundheit, meine Arbeit, meinen Lebenswillen, mein Berlin, meine Wohnung – und am Schlimmsten: meine Illusion von meiner wundervollen großen Familie, Vater / Mutter / fünf Kinder.

In meiner Verzweiflung wandte ich mich an Gott und betete. Was dann passierte, war der Hammer. Ich hatte ein All-Einheits-Erlebnis, ähnlich wie eine Nahtoderfahrung, aber doch ganz anders. Nackt wie Sterntalerchen fand ich mein Urvertrauen wieder. Ein Windstoß fuhr durch die Pappeln – obwohl es vorher und nachher völlig windstill gewesen war. In den Wolken erschien ein Lichtstrahl. Ich empfand es als ein Zeichen. In diesem Einheitsbewusstsein waren alle Gedanken und Sorgen verschwunden. Ich hatte immer noch „keinen Plan", aber von diesem Augenblick an hatte ich das Gefühl, nicht allein zu sein. In den nächsten zwei Wochen vollzog ich ohne nachzudenken meine Schritte, durch die ich mein Leben ordnen konnte und wieder in den Griff bekam. Ich funktionierte völlig effizient und es gelang in dieser Zeit alles, als hätten die Schutzengel mitgewirkt.

Zunächst einmal stand ich von der Wiese auf und kochte für die Kinder Essen. Dann holte ich sie vom Hort ab. In dieser Nacht habe ich das erste Mal seit langem acht Stunden durchgeschlafen. Mein erster Schritt am nächsten Tag war die Kontaktaufnahme mit dem Jugendamt. Zuvor war ich immer davor zurückgeschreckt – aus Angst, mir würden wegen der unmöglichen Wohnverhältnisse umgehend die Kinder weggenommen. Es zeigte sich, dass das Jugendamt sofort Schritte einleitete, um mir zu helfen. „Zufällig" gab es sogar kurz darauf eine Ferienunterbringung für meine Kinder, wo ich, nach langer Zeit, endlich einmal für eine Woche entlastet war. „Zufällig" stieß ich auf einen Aushang für eine Wohnung. Bei der Besichtigung wusste ich sofort, dass es die

richtige war. Dort konnte ich Anfang des Folge-
monats mit meinen fünf Kindern einziehen.

Meine Arbeit in der Flüchtlings-Unterkunft
musste ich bald nach meinem Zusammenbruch
einstellen. Durch den totalen Burn-Out war ich ar-
beitsunfähig geworden, es sollte für mehrere
Jahre sein.

In Bezug auf Partnerschafts-Beziehungen
war ich mein Leben lang ein „Affenmensch". Seit
ich 18 bin, hangelte ich mich von Beziehung zu
Beziehung. Bevor eine Beziehung ganz beendet
war – obwohl sie längst offensichtlich gescheitert
war – hielt ich bereits Ausschau nach der nächsten Beziehung, aus der Angst heraus, alleine dazu-
stehen. So kam es, dass ich seit meinem Auszug
von zuhause nie ohne Beziehung war. Meine Be-
ziehungen waren alles keine nährenden Bezie-
hungen. Das heißt, ich musste stets sehr viel mehr
investieren, als ich empfangen durfte, ich musste
sehr viel mehr die Schwächen des Partners mit-
tragen, als ich selber mitgetragen wurde. Dabei
habe ich mich in völliger Selbstverleugnung den
vermeintlichen Vorstellungen und Wünschen der
Männer angepasst. Auf diesem Wege konnte ich
natürlich keinen Partner finden, der mich so sehen und annehmen und lieben konnte, wie ich

wirklich bin. Dieses Muster war entstanden als Kind eines Vaters, der mich nie um meiner selbst willen, sondern stets nur für meine Leistungen akzeptieren konnte. Erst heute beginne ich mich allmählich davon zu befreien.

2017 gelang es mir endlich, in Berlin mein Studium abzuschließen, obwohl die Professoren gewechselt hatten und ich mich ganz neu vorbereiten musste. 2019 war ich endlich wieder in der Verfassung, eine Arbeit antreten zu können. Zwei Jahre arbeitete ich als Sozialpädagogin in Arbeitslosen-Maßnahmen. Danach arbeite ich zwei Jahre in der Frühförderung, davon eineinhalb Jahre mit Autisten. Ein Bereich, der meinem Studium sehr viel näher lag und in dem ich zwei weitere fachliche Abschlüsse – parallel zu meiner Vollzeit-Arbeit und meinen Pflichten als Mutter – erwarb. Diese neuerliche Anstrengung über meine Grenzen hinaus, zum Teil auch durch haarsträubende Arbeitsbedingungen, trug sicherlich zu meiner Erkrankung bei. In den letzten drei Jahren wurde ich vier Mal operiert und bin haarscharf an einer Krebserkrankung vorbeigeschrammt. Seit frühester Kindheit weiß ich, wie wichtig eine gute Ernährung für einen gesunden Körper und damit für einen gesunden Geist ist. Es lohnt sich, sich damit zu beschäftigen, mit dem Darmbiom, mit der

Biochemie des Körpers. Mit einem „intuitiven Essen" befolge ich heute weniger streng die Erkenntnisse, die sich in Regeln niederschlagen, sondern ich beziehe die Impulse des Körpers mit ein und gelange so zu meinem eigenen Weg der Mitte. Auf sich selbst zu hören, in sich hineinzuhören. Der Körper ist nicht auf Krankheit ausgelegt, sondern auf Stärke, Kraft und Leistungsfähigkeit...

Spiritueller Werdegang

Wie schon erwähnt, hatte ich mit sechs Jahren eine Engelserscheinung in einem Fieberdelir (über 40° Fieber über drei Tage). Die Erwachsenen sagten, ich hätte halluziniert und dass es so etwas wie Engel nicht gäbe. Ich wusste aber, was ich gesehen hatte.

Meine Eltern erzogen mich streng atheistisch und wissenschaftsgläubig. Sie glaubten weder an Gott noch an irgendetwas Übernatürliches. Selbst die universellen Gesetze des Universums fanden keinen Einzug in ihre Herzen. Meine Mutter öffnete sich später ein wenig, aber da war ich in meinem Weltbild längst gefestigt und hatte verstanden. Ich musste also schon als Kind selbst Antworten auf die Frage finden:

„Was ist das, was ich nicht anfassen kann, von dem ich aber weiß, dass es da ist, weil ich die Anwesenheit permanent spüre?"

Ich entwickelte Strategien. Heimlich besuchte ich die Kirche mit einer Freundin, deren Mutter mich liebte und die ihre Kinder evangelisch erzog. Sie zeigte mir, wie Beten geht. So konnte ich mit Gott reden. Das beruhigte mich, da war etwas, das immer da war – imaginär und noch nicht greifbar. Doch ich fühlte mich nicht mehr allein. Ich wurde nicht verurteilt, bewertet und niedergebrüllt, nicht geschlagen, bekam aber auch keine Antworten, oder vielleicht so versteckt, dass ich sie noch nicht verstand.

Als Jugendliche erfuhr ich durch einen Film über Tina Turner vom Buddhismus. Ich kaufte mir Bücher von Ayya Khema, einer buddhistischen Nonne, und praktizierte eine Weile das buddhistische Chanten, morgens / abends, wann immer es ging.

Dann kam die Bundeswehr. Durch einen ersten Freund war ich dann oft in Bayern und hatte erste Berührungen mit dem katholischen

Glauben. Es sollte aber noch Jahre dauern, bis ich mich 2007 katholisch taufen ließ.

Ich war seit der Geburt meiner Kinder in das Hinterfragen gekommen: Was mache ich hier bei der Bundeswehr? Ich habe Kinder und gleichzeitig bin ich Soldat und kann in Einsätze ins Ausland geschickt werden! Ich gehöre einer Maschinerie an, die tötet! Ich bin Teil davon! Ich beruhigte mich mit den Aufgaben, die ich bekleidete, Krankenschwester im Bundeswehr-Krankenhaus, Ambulanzfeldwebel in der Augenabteilung, Dienst in der Logistiktruppe. Ich töte ja niemanden. So konnte ich meine Selbstlüge leben, für den Preis von Sicherheit.

In den Nullerjahren veränderte sich mein Leben radikal. Ich bekam in acht Jahren fünf Kinder, wir hatten das Internet, und ich hing neben meinen Aufgaben als Mutter gefühlt ständig an den neuen Medien. Ich recherchierte und las viele Artikel zu vielen Fragen, die mich beschäftigten: Wo schule ich unseren Sohn ein? Was ist mit unserer Ernährung? Welche Körperpflege? Stillen, ja oder nein? Natürliche Geburten, na klar... Ich war überfordert – einer sagt so, der andere so. Diese Flut an Informationen. Irgendwann war klar, wir müssen etwas ändern. Ich hatte nie viel Fleisch gegessen, wollte es aber plötzlich gar nicht mehr. Ich bat meinen damaligen Mann mitzumachen. In den Neunzigern hatte er ein Magengeschwür gehabt. Ich hatte mit ayurvedischer vegetarischer Kost, die ich extra für ihn gekocht hatte, zur vollständigen Ausheilung mit beigetragen. Unser drittes und viertes Kind waren nach der Umstellung auf feste Kost an Neurodermitis erkrankt und hatten ständig Infekte (Mittelohr-Entzündungen, Atemwegs-Infekte...). Ein Osteopath riet uns, Milch und Milchprodukte wegzulassen. So begann unser Weg in den Veganismus. Wir ließen immer mehr weg und landeten unweigerlich beim Thema Tierrechte. Wir wurden rebellischer und radikaler.

Es gab dann eine Zeit, die wir als Familie auf der Straße verbrachten – auf Tierrechtsdemos, später auch auf Friedensdemos. Die Kinder hatten wir immer dabei. Manchmal hielten wir uns mit der Kinderbetreuung auch gegenseitig den Rücken frei, der andere war dann allein auf den Veranstaltungen. Meine Kinder malten Friedenstauben auf den Asphalt, wir sangen und hörten die Redebeiträge. Einmal war zeitgleich eine Demo von Palästinensern. Sie kamen eine Straße entlang auf uns zu. Die Regel auf unseren Demos war: Keine Fahnen und keine Banner mit Parolen. Wir standen auf der Straße einfach für Frieden. Die gesamte Straße war voller Fahnen und Banner der Palästinenser. Der Sprecher auf unserer Bühne lud sie zu uns ein, sagte aber dazu, sie sollten die Fahnen senken. Nichts passierte. Er wiederholte die Bitte. Die Palästinenser kamen immer näher. Der Sprecher rief wieder in das Mikro, sie können zu uns kommen, wenn sie für den Frieden seien, doch sollten dabei die Fahnen senken. Plötzlich, kurz bevor der Zug uns erreichte, senkte der Vorderste seine Fahne, der ganze Zug der Palästinenser folgte ihm in einer Welle. Er löste sich auf und mischte sich unter unsere Reihen. Ein junger Palästinenser kam auf uns zu. Er nahm sein Tuch ab, legte es meiner Tochter um, die ich auf dem Arm trug, und sagte, „Frieden für Palästina". Ich war sehr berührt.

Es folgten noch viele Demos, gegen Vorratsdaten-Speicherung, für die Freilassung von Edward Snowden, vegane Festivals. Wir tobten uns aus auf den Straßen von Berlin. Es gab ein paar gefährliche Situationen, in die ich mich heute nicht mehr begeben würde. Aber ich war jung und wollte dabei sein. Ich wollte den Kindern zeigen, dass es wichtig ist, für etwas einzustehen, woran man glaubt und wovon man überzeugt ist.

Mit dem Thema Ernährung hatte ich mich schon sehr früh beschäftigt. Als ich Kind war, hatten wir einen Garten, meine Mutter baute Gemüse an. Viele Menschen in der ehemaligen DDR machten das so. Ein Überangebot, so wie heute, gab es nicht. Es gab immer genug, aber der eigene Garten war eine wundervolle Bereicherung. Meine Mutter war eine hervorragende Köchin, sie hatte das von der Großmutter einer Freundin gelernt. Sie kochte viel Gemüse, Fleisch nur am Wochenende. Samstags gab es oft Innereien (Leber, Herz, Niere). Alles superlecker und auf schönen Tellern angerichtet. Obwohl sich schon als Kind mein Gefühl gegen das Fleischessen wehrte, fand ich erst als Jugendliche, mit 14, die Kraft, mich aufzulehnen. Ich verkündete, dass ich Vegetarierin bin. Das zog ich durch bis zur Bundeswehr. Beim Bundeswehr-Essen war die Hauptkomponente Fleisch. Während der ersten Jahre bei der Bundeswehr verhungerte ich fast. Irgendwann verstand dann aber auch der Bund, dass Vegetarismus niemanden umbringt und ein Überleben auch ohne Fleisch möglich ist...

In meiner Ausbildung zur Krankenschwester in Berlin lernte ich dann einen Kameraden kennen, der leidenschaftlich gerne kochte. An den Wochenenden, die wir gemeinsam in der Kaserne verbrachten, taten wir uns zusammen und kauften wunderbare Zutaten, auch Fleisch und Fisch, und kochten nach Rezepten. Das war bis zur Geburt der Kinder meine letzte Fleischphase. Danach war ich Vegetarierin und Veganerin. Zurzeit bin ich Vegetarierin, mit gelegentlich Produkten vom lebenden Tier – Eier, Milch, Honig – mit Tendenz Veganerin.

In der letzten Dienst-Einheit, in den 2000er Jahren, lernte ich meinen Patenonkel kennen. Er war Oberstabsfeldwebel und kam aus Bayern. Er war gemütlich und ein väterlicher Freund. Wir redeten viel über Gott und über Glauben. Zwischendrin bekam ich in einer meiner Elternzeiten noch Kontakt zu einer evangelischen Gemeinde in Bernau, dem Ort der Kindheit meines damaligen Noch-Ehemannes. Ich war regelmäßig dort auf Mutter-Kind-Treffen oder zur Krabbelgruppe mit einer Freundin und dem Patenkind meines damaligen Mannes. Dort lernte ich die Pfarrerin kennen, die diese Gruppe auch durch ihr eigenes Baby bereicherte. Wir verstanden uns gut. Aber die Suche nach einer Glaubensheimat blieb der Pfarrerin verborgen. Ich war noch zu unsicher und ängstlich, um klar auszudrücken, dass ich mich bekennen will.

Also sollte es der katholische Weg sein, um in dieser Gemeinde meine ersten Zugänge zu esoterischen Themen und Gruppen zu erhalten. 2007, mit 32 Jahren, ließ ich mich in der Osternacht in der Gemeinde Sankt Rita in Berlin katholisch taufen. Es war einer der schönsten Augenblicke in meinem Leben. Doch ich wusste noch in derselben Nacht, dass der Katholizismus nicht mein Weg sein würde. Wie war ich also hierhergekommen? An diesen Ort, in eine Kirche, die sich in ihrer blutigen Geschichte durch die Verbreitung von so viel Leid hervorgetan hatte?

Es gab Gemeindemitglieder, die so abtrünnig waren, wie ich mich fühlte. Trotz allem nahm ich mit meinen Kindern in der Militärgemeinde und in unserer Gemeinde Sankt Rita Anteil am Gemeinschaftsleben und machte viele schöne Erfahrungen. Das System war aber relativ schnell durchschaut. Am meisten irritierten mich die Sakramente. Sakrament der Beichte, der Ehe, der Taufe. Wir konnten uns reinwaschen, egal was wir getan hatten, und waren dann vor Gott wieder rein, wie ein weißes Blatt Papier – verrückt!

Ich hatte mich zwei Jahre auf die katholische Taufe vorbereitet und mich dann taufen lassen. Alle meine Kinder dann ein Jahr später auch. Die

Sehnsucht nach Zugehörigkeit und spiritueller Heimat war so groß, dass ich die Tücken der Institution Kirche übersah. Selbstlose Liebe gelehrt – Arbeit in der Kirchengemeinde verlangt, wir geben dir – du gibst uns, wann, wo und wie bestimmen wir. Unsere Kinder wuchsen mit uns in den Glauben hinein. Doch waren wir als Erwachsene selber nicht damit aufgewachsen, was Zweifel und Ängste und andere Ideen zuließ. So hinterfragten wir ständig, dadurch unsere Kinder natürlich auch. Es war enttäuschend und frustrierend, dass bei den katholischen Priestern auf Fragen nie richtig eingegangen wurde. Fragen wurden immer nur als Anzeichen des Unglaubens gewertet. Wo wir ohne zu hinterfragen unsere ersten beiden Kinder noch in die Erstkommunion geschickt hatten, hatten die letzten drei Kinder die Wahl – und lehnten, oh Wunder, die Vorbereitung und Zeremonie ab. Nach dem Weggang aus Berlin fanden wir in Brandenburg keinen Anschluss mehr an eine Gemeinde. Die Kinder wollen austreten. Ich bin noch Mitglied, aber nicht mehr aktiv.

Noch in Berlin hatte ich begonnen, mich mit dem Schamanismus zu beschäftigen. Eine Freundin hatte in Berlin eine schamanische Ausbildung begonnen, nachdem sie auf einer Reise nach Peru

Erfahrungen mit schamanischen Lehrern gemacht hatte. Sie hatte Journalismus studiert und wollte sich mit dieser Ausbildung einen neuen Beruf erschließen. Sie brauchte also im Rahmen der Ausbildung „Übungsklienten". Sie behandelte uns alle, und es fühlte sich gut an. Das wollte ich auch! Ich steckte zu der Zeit noch im Studium an der HU Berlin. Ich begann in Bayern meine Ausbildung zur „Schamanisch Tätigen im europäischen Raum". Ich hatte die Wahl zwischen der peruanischen und der keltischen Tradition und entschied mich für das Letztere. Ich dachte, ich bin in diesem Kulturkreis geboren, das wird mein Weg.

Dreieinhalb Jahre dauerte die Ausbildung. Alle drei Monate gab es ein intensives Seminar-Wochenende in Bayern, mit viel Praxis- und Theorievermittlung. Dazwischen Üben und reger Austausch. Ich begann, Freunde und Familie zu behandeln und lernte vor allem sehr viel für meinen eigenen Heilungsweg. Außerdem sah ich immer deutlicher, woher die Krankheiten der Menschen kamen, warum es bestimmte Erkrankungen gab und warum die Schulmedizin nur ein Bruchstück (minimal klein) auf dem Heilungsweg sein kann. Für mich erschlossen sich so viele neue Möglichkeiten.

Während der Ausbildung zur „Schamanisch Tätigen im Europäischen Raum" erhielt ich Einblicke in verschiedene Techniken und Praktiken der schamanischen Arbeit. Dazu gehörten unter anderem energetische Heilarbeit, rituelle Reinigung von Mensch, Tier, Haus und Hof, Räucherrituale, schamanische Reisen zur Traumata-Auflösung, transgenerational und in weiblichen und männlichen Erblinien (Ahnenarbeit), Krafttierreisen, Arbeit mit Ortsgeistern, Trommelarbeit...

Eine schamanische Erfahrung mit Pferden über zwei Tage hat mich besonders tief beeindruckt und bedeutet mir besonders viel. Es war eine magische Erfahrung. Als Klientin durfte ich bei einer befreundeten Schamanin mit eigenen Pferden eine „Heldenreise" erleben. Durch die Spiegelwirkung der Pferde – ein Pferd lässt sich führen oder nicht – können unmittelbar die eigenen Grenzen und Fähigkeiten erkannt werden.

Unter den Pferden gab es eine besondere andalusische Stute, „Stella". Am Anfang hat mich das Pferd übersehen und fast überrannt. Es sollte rückwärtslaufen. Bei fünf Anläufen hat Stella auf meine Kommandos nicht einmal mit den Ohren gezuckt. In einer Autosuggestion sollte ich daraufhin imaginieren, ich hätte eine leitende Funktion, ich hielte eine Rede vor 1.000 Leuten. Daraufhin trat ich vor das Pferd. Noch bevor ich etwas sagte, richtete es die Ohren nach vorne. Laut rief ich aus, „Stella, zurück!" Stella reagierte sofort und ging zurück...

Am zweiten Tag stellte ich mich auf eine Wiese, zu der die Pferde dann reinlaufen durften. Sie nahmen mich nicht wahr, überrannten mich fast, einmal musste ich sogar ausweichen, um nicht umgerannt zu werden.

„Wieso nehmen die mich nicht wahr?", fragte ich.

Die Anleiterin machte eine Aufstellung. Sie stellte sich mit mir auf die Wiese, zehn Meter von mir entfernt. Sie ging auf mich zu. Bei fünf Metern fragte sie, „Wie fühlt sich das an?" „Unangenehm!" Sie war in meinen persönlichen Bereich einge-drungen, sie hatte bereits eine Grenze überschrit-ten! Aber sie ging weiter, kam ganz nah, meine Anspannung stieg dabei immer mehr an. Sie kam ganz nah heran und flüsterte in mein Ohr, „du bist ja eine Hübsche!" Das löste einen Zusammen-bruch bei mir aus, ich heulte hemmungslos. Dabei nahm nicht nur die Trainerin mich in ihre Arme, sondern es kam auch die Stute Stella heran, senkte ihren Kopf, bis sie direkt meine Stirn berührte...

Danach konnte ich in einer weiteren Übung, mit Hilfe der Trainerin, Stella heranrufen und stoppen, bis sie ganz nah dran war und ihren Kopf auf meine Schulter legte. Die Botschaft, die sie dabei mit ihrer Energie an mich richtete, war, „Du bist meine Heldin".

Eine weitere Übung erfolgte wieder mit der ganzen Herde. Sie kam heran und stoppte in einer Entfernung von zehn Metern. Sie bildete von alleine einen Ring um mich herum. Ich wurde wahrgenommen! Erst auf Aufforderung kam die Herde noch näher, bis ich ganz dicht von ihr umschlossen war und sozusagen zu ihr gehörte...

Die schamanische Arbeit, wie ich sie erlernte und praktiziere, vollzieht sich ohne Heilungsversprechen, in tiefer Demut vor dem eigentlichen in nativen Völkern praktizierten Schamanismus. Später sollte ich auch Menschen treffen, die diese Zugänge zur Heilkunde und zu einem erweiterten Menschenbild teilten, und Klienten, die sich einließen.

Nach und nach kamen noch andere Einflüsse und Ausbildungen hinzu. Ich bekam eine Reiki-Einweihung und beschäftige mich mit Yoga, trainiere einmal in der Woche. Ich lerne immer noch dazu. Ein Beruf wurde nicht daraus. Ich hatte meine Kinder und war alleine und hatte Angst, mich und die Kinder nicht ernähren zu können. Das, was ich an Heilarbeit machen konnte, war aber sehr erhebend und hat mich glücklich gemacht.

Meine Erkenntnisse auf diesen Wegen helfen mir heute, meinen eigenen Heilungsprozess bewusster zu erleben und zu befördern, sowohl körperlich als auch seelisch.

Meine Ethik ist humanistisch, pazifistisch und philanthropisch gefärbt, geprägt von Albert Schweitzers „Ehrfurcht vor dem Leben". Meinen Glauben würde ich heute als offen christlich beschreiben.

Dealer to Healer

Frühes Erwachen

H. ist tätig als Masseur und Physiotherapeut in eigener Praxis. Zusätzlich empfiehlt er seinen Patienten Heilkräuter und Heilpilze. Seinen Ruf erwirbt er sich durch ein besonderes Einfühlungsvermögen. Bei der ersten Sitzung kann er mit seinen Händen die gesamte Vorgeschichte des Patienten erfühlen, entdeckt die Blockaden und erspürt genau, welche Stellen am Körper der meisten Aufmerksamkeit bedürfen. Viele Patienten erzählen ihm während der Behandlung von ihrem aktuellen Kummer, denn durch sein Reinspüren versteht er es, den Patienten die richtigen Fragen im richtigen Moment zu stellen. Diese Hypersensibilität hat auch andere Seiten. Beim Einkaufen im Supermarkt nimmt er sehr genau die Stimmungen und Gedanken der Kundschaft auf. Das kann mitunter sehr belastend sein, denn viele Menschen sind die meiste Zeit nicht gerade positiv unterwegs. Oft weicht er auf die späten Abendstunden für den Einkauf aus, wo der Supermarkt schon leerer ist und er die Atmosphäre als entspannter empfindet.

Diese Hypersensibilität hat er bereits als Kind bewusst wahrgenommen. 1982 geboren, hat H. bereits mit acht, neun Jahren Bücher über asiatische Heilkünste und Energielehre gelesen. Seine Eltern hatten sich mit Esoterik befasst, so fand er viele esoterische Bücher im heimischen Bücherregal. Die hat er „gefressen". Der Reiki-Meister des Vaters konnte mit seiner eigenen Energie eine Glühlampe zum Glühen bringen. Solche Erlebnisse beschäftigten ihn und regten ihn an, sich mit den Energien des Menschen zu beschäftigen, die in seinem sonstigen Umfeld keiner wahrnahm oder ernstnahm. Unter diesem Gesichtspunkt sah er auch Kung-Fu-Filme, die ihn sehr begeisterten. Von zehn bis 17 Jahren besuchte er eine Kung-Fu-Schule und trainierte intensiv Kung-Fu.

Bereits als Kind wusste er, dass es noch ein anderes Leben gibt, hat sich stets mit dem beschäftigt, was andere belächelt haben, mit Ufos, mit energetischer Heilung, mit Meditation. Mit zehn begann er zu meditieren und hat das sein Leben lang beibehalten. Bereits bei den ersten Meditationen als Kind erlangte er eine tiefe Versenkung. „Als Kind ist man noch rein". Aber es deutet auch darauf hin, dass er eine gewisse Spiritualität bereits aus seinem Vorleben mitgebracht hat. Noch vor seiner Kampfsportausbildung war es eine Herausforderung für ihn gewesen, mit Fuß und Ellbogen dicke Bretter durchzuhauen – wobei er bereits bewusst mit dem Atem arbeitete und erfahren konnte, welche Macht darin liegt.

Als er etwa 14 war, hat seine Mutter wegen einer ernsthaften Erkrankung ihrem Reiki-Meister ein Foto von sich gegeben. Der hat eine Fernheilung gemacht, die erfolgreich war. H. beobachtete sehr viel und nahm alles auf. Er träumte bereits in jungen Jahren davon, selbst ein Heiler zu werden. Für die Eltern waren es Träume. Sie haben ihre spirituellen Ansätze nicht gelebt, das Reiki hat sich in ihrem alltäglichen Leben nicht niedergeschlagen. Sie haben sich irgendwann mehr von den wirtschaftlichen Anforderungen des Lebens leiten lassen und sich mehr dem Arbeitsleben zugewandt. So konnten sie H. immer weniger verstehen und ernst nehmen. Für die Eltern waren es Träume – für ihn waren es Ziele!

Grenzerfahrungen mit Drogen

Obwohl er als ein sehr ehrgeiziger Schüler den Weg des Kung-Fu beschritten hatte – der ja eine überdurchschnittliche Disziplin und Selbstbeherrschung erfordert – begann er sehr früh zu Alkohol und Drogen zu greifen. „Das war meine schwache Seite." Doch die Drogen bedeuteten für ihn nicht nur Rausch und Absturz, sondern sie öffneten für ihn auch neue Räume der Erfahrung. „Als es richtig mit den Drogen anfing, ging es richtig los. Die Drogen haben mich nicht mehr alles schwarz-weiß sehen lassen." Er hat „alles" genommen. Seinen Konsum finanzierte er mit Dealen: erst Gras, dann Pillen, Speed, Kokain... In der Schule wurde er gemobbt. So machten sich zum Beispiel Mitschüler als Gruppe einen Sport daraus, einzelne in den Schulpausen „in die Ecke zu drängen". Über Jahre, etwa von der fünften bis sechsten Klasse, war er das regelmäßige Opfer solcher Attacken.

Innerlich machte er besondere Erfahrungen, auch und gerade in Zuständen, wo er nicht nüchtern war. So ging er einmal spät am Abend stark besoffen durch den Ort. Auf einmal schlich ihn ein unangenehmes Gefühl an und er wechselte die Straßenseite. Nur wenige Augenblicke später erschien auf der Straßenseite, wo er gewesen war, eine Meute aggressiver junger Männer und war froh, denen nicht direkt in die Arme zu laufen. Er lernte es, solchen Vorahnungen Folge zu leisten. Er ging auch gerne „Zocken" und stellte fest, dass er unter Drogen beim Glücksspiel oft ein gutes Händchen hatte. Wenn er „ganz in seiner eigenen Mitte" war, dann gelang ihm alles so gut, dass er zumindest über Stunden nicht verlor und eher noch hinzugewann. All das waren Erfahrungen, nach denen seine Seele auf der Suche war – aus der Erkenntnis heraus, „dass es da noch was anderes gibt". Mehrmals blieb er unter Drogeneinfluss über mehrere Tage wach und aß dabei sehr wenig, ernährte sich höchstens von Bier und gelegentlich einem Stück saurer Gurke. Der Rekord lag bei zwölf Tagen Wachbleiben. In solchen Phasen gelangte er in besondere Zustände, wo er sich besonders zentriert fühlte. Zum Beispiel reagierte er blitzschnell, wie aus einer Vorahnung heraus, als in der Wohnung etwas vom Regal fiel, und konnte es noch auffangen. Hin und wieder sah er „Schatten" um sich herum. Er bemerkte eine Durchlässigkeit und eine Sensibilität, die in solchen Drogen-Zuständen gegenüber sonst erheblich gesteigert war.

In der Schule ist er zwei Mal sitzengeblieben, hatte dadurch im elften Schuljahr ein Programm mit praktischen Einsätzen auf dem Bauhof, wo er sich in verschiedenen Gewerken ausprobieren konnte. Das erlebte er als interessant und hilfreich.

Bei alledem war er immer sehr sportlich, von der ersten bis zur zehnten Klasse war er der schnellste Läufer. Offenbar durch sein Kung-Fu-Training behielt er sich auch während seiner Drogenjahre eine gewisse Fitness und ein aufmerksames Körperbewusstsein. Allerdings wurde durch den Drogenkonsum seine Kung-Fu-Laufbahn im Alter von 17 Jahren gestoppt. Beides ging dann nicht mehr zusammen.

Sein jahrelanger Job als Möbelträger und sein jahrelanger Kraftsport wirkten sich in orthopädischer Hinsicht eher negativ auf seinen Körper aus. Das Dealen weitete sich aus, so dass er das Möbeltragen aufgab. Durch den Drogenkonsum kam es zu periodisch auftretenden Depressionen. Die psychischen Folgen des Drogenkonsums wirkten sich dann auch zusätzlich körperlich aus.

Der Drogenkonsum verursachte zwischenzeitlich Phasen der Antriebslosigkeit. Doch

Sachen zu machen, die ihm vorgelegt wurden, verspürte er ohnehin keine Lust. Das frühe Aufstehen-Müssen verursachte ihm ganz besonders ein Gefühl der Antriebslosigkeit. Wenn er später beginnen konnte, wenn er das tun durfte, worauf er Lust verspürte – dann ging alles super. Wenn er tagelang durchgemacht hatte, war an Arbeit ohnehin nicht zu denken. Dementsprechend war er auch zwischendurch arbeitslos.

Durch den Druck, dem Jobcenter Krankenscheine bringen zu müssen, ging er zum Arzt, der ihm eines Tages aufgrund verschiedener Krankheitssymptome eine gründliche Untersuchung empfahl: Er hatte zu tun mit Schwindel, Übelkeit, starken Depressionen, Nackenbeschwerden und einem erhöhten Blutdruck, mit 240 als höchst gemessenen systolischen Wert. Er wusste, er musste etwas machen. Aufgrund seines bereits vorhandenen Interesses für die Wege der Heilung wurde ihm sein eigener Körper zum Experimentierlabor...

Wandel zum Heiler

Mit 29 Jahren lernte H. seine heutige Lebensgefährtin kennen. Weil sich sein Körper gegen die vom Arzt verschriebenen Bluthochdruck-Tabletten heftig wehrte, begann er sich intensiver mit Kräutern zu beschäftigen, hat sich ein Heilkräuterbuch gekauft und ist zusammen mit seiner Partnerin in den Wald Kräutersammeln gegangen. Was mit den Tabletten nicht geklappt hat – mit Weißdorn und Misteln hat er seinen Blutdruck selber in den Griff bekommen. Solche Erfolge haben ihn angespornt. Er ist schonmal mitten im Winter los in den Wald zum Kräutersammeln. Für seine orthopädischen Probleme hat er Beinwell gesammelt und dann selber seine eigene Salbe daraus gemacht. Seine Wohnung wurde immer mehr zum „Chemielabor". Seine Nackenprobleme, die immer wiederkamen, haben ihn zum Tapen geführt. Er hat sich dann auch mehr mit den Faszien beschäftigt und das vertieft. Durch einmaliges „Ausrollen" der Faszien machte er die erstaunliche Erfahrung, dass er dadurch unmittelbar viel beweglicher wurde. Die Beschäftigung mit den Faszien hat ihn wiederum zu den Triggerpunkten geführt…

Seine Partnerin machte ihn auf einen schwedischen Chiropraktiker aufmerksam, der einmal im Jahr nach Deutschland kam. Sechs Monate wartete er voller Hoffnung auf den Termin, war dann aber enttäuscht. Dieser konnte ihm auch nicht wirklich helfen. Seine Bemühungen, sich selber zu helfen, führten ihn zur TCM, zur Traditionellen Chinesischen Medizin. Mit Akupressur in Selbstbehandlung konnte er lindern. Das Gefühl, „es macht was besser, aber irgendwie fehlt mir etwas", zusammen mit der aufsteigenden Erkenntnis, dass es um den Gesamtzusammenhang im Körper geht, führten ihn mit 33 Jahren zur Heilpraktiker-Ausbildung. Es war der unbändige Drang, endlich mehr zu wissen! Dabei entdeckte er, dass er vor seinem inneren Auge die betroffenen Organe sehen konnte, wenn ihm jemand von Krankheiten erzählte.

Seine Partnerin sieht sich selber mehr als „der Realist" in der Beziehung. Aber in einer Weise, dass sie ihn immer ernst genommen hat und ihm jede Freiheit gelassen hat, alles auszuprobieren. Für sie waren H.'s „verrückte Ideen" immer einen Versuch wert, um dann zu sehen, was schlussendlich funktioniert. Bis heute unterstützt sie ihn praktisch in seiner Heilarbeit.

Bezüglich der Drogen gab es nie einen Moment, wo er gesagt hätte, nun müsste er aber endlich einmal endgültig Abschied davon nehmen. Vielmehr haben sich seine Bedürfnisse von ganz alleine schleichend verändert: Durch die Leiden, durch das Kennenlernen des eigenen Körpers und der Gesetze der Gesundheit und durch die seelische Stabilität, die er in der Partnerschaft finden durfte. Der Konsum der Drogen schlich von ganz alleine aus – bis auf den Konsum von Cannabis. Während der Heilpraktiker-Ausbildung hat er weiterhin gekifft. Er hat das Gefühl, durch das Kiffen „seinen Kopf herunterzufahren", „sich von der Außenwelt abzulösen", um zu entspannen und wieder bewusst zu seinem Zentrum zu finden.

Heute trinkt er überhaupt keinen Alkohol mehr, „nicht einen Tropfen. Dafür Tee, ganz viel". Wenn er in Gesellschaft mitkriegt, die trinken alle Alkohol, dann trinkt er gerne ein alkoholfreies Bier. Dadurch bleibt er Herr seiner Lage und fühlt sich die nächsten Tage und Wochen „nicht mehr scheiße".

Cannabis konsumiert er noch, allerdings nicht mehr mit Verbrennen, sondern mit Verdampfen durch einen sog. „Vaporizer". Cannabis blieb auch deshalb interessant, weil es als

Heilpflanze über besondere Eigenschaften verfügt. Er hat damit experimentiert, sich aus Hanf ein eigenes Heilöl herzustellen, indem er einen Extrakt in Form einer schwarzen Paste herstellt und den mit Leinöl versetzt. Mit selbst extrahiertem CBD (ohne dem psychoaktiven Wirkstoff THC) konnte er seine Depressionen in den Griff bekommen und besser im Alltag klarkommen. Diese Macht, durch ein „Self Care" seine Probleme selber angehen zu können, begeisterte ihn und begeistert ihn noch heute, auf diesem Gebiet weiter zu forschen.

Ohne die Partnerin, sagt er, würde es gar nicht gehen, denn nur bei ihr spürt er die Freiheit, alles ausleben zu können, was ihn bewegt, so zu sein, wie er ist.

„Ich habe heute immer noch Beschwerden. Ich bin Heilpraktiker nicht durch Bücher, sondern durch die Erfahrungen mit dem eigenen Körper. Daher funktioniert es mit den Patienten besonders gut.

Meine Eltern haben das Esoterische echt verloren. Was mir echt leid tut. Ich werde immer an solchen Sachen festhalten, weil ich immer mein eigener Phantast war. Für andere ist es so, er wird immer der gleiche Spinner sein. Für mich ist es so, das ist meine eigene Welt. Meine eigene Welt, die blüht und ich kann sie so gestalten, wie ich das möchte.

Das Ding ist so, jeder ist sein eigener Jesus, jeder ist sein eigener Gott, oder wie auch immer. Das ist das Wundervolle daran. Jeder kann das sein, was er möchte."

H.K.

Der Wahrheitssucher

Autobiographie des Autors

Weshalb ich meinen Weg aufschreibe

Die bisherigen Deutungsversuche greifen nicht. Das gibt mir den Mut, über mein eigenes Leben zu sprechen. Ich weiß, dass ich mich der Gefahr des Vorwurfs aussetze, ich würde mein eigenes Leben idealisieren. Damit werde ich leben müssen. Meine Hoffnung aber ist, dass mein eigener Lebenslauf dazu beitragen kann, die Zusammenhänge des „Andersseins" besser zu verstehen. Mein Leben war nun wirklich nicht „ideal", das weiß ich selber am besten. Der Fehler in meinem Leben sind Legion, vor allem im Umgang mit meinen Mitmenschen.

Dafür kann ich behaupten, dass meine spirituelle Suche bereits in ganz, ganz jungen Jahren begonnen hat und dass ich ihr immer treu geblieben bin. So habe ich das „Anderssein" quasi beispielhaft in Reinstform durchlebt. Denn auch wenn ich mich in meiner Jugend mit Dichten, Malen und Gitarrespielen intensiv beschäftigt habe, so gab es doch kein Spezialtalent und kein spezielles Interessengebiet, das mich von meiner spirituellen Suche hätte ablenken können. Mein Thema war das spirituelle Erwachen. Es ist das Thema eines jeden „Andersseins", doch wird es den meisten erst sehr viel später bewusst.

Die wichtigsten Felder des Lebens für eine konstruktive Integration, Beruf und Partnerschaft, waren bei mir über Jahrzehnte offene Baustellen ohne irgendein Gebäude als Abschluss. Heute schaue ich auf eine Lebensleistung, auf die ich stolz bin – obwohl sie aus Provisorien und Behelfshütten besteht, trotz jahrzehntelanger Bauzeit. Windschief und regendurchlässig, aber sie haben mir ein „Dach übern Kopf" gegeben, von wo aus ich weitermachen kann. Ich bin nicht untergegangen. Ich habe überlebt. Viele meiner kläglichen Projekte musste ich wieder einreißen, ich musste mir eingestehen, dass sie zu nichts führen. Ich begann von vorn. Auch deshalb habe ich so lange gebraucht und dabei so wenig zustande gebracht.

Dennoch ist da bei mir ein Stolz, eine Position erreicht zu haben, wo ich das Leben ein wenig besser verstehe, wo ich meine, endlich zu begreifen, „wie es geht", wo ich mir einbilde, etwas aufgebaut zu haben, was mir im nächsten Leben helfen wird, sei es im Jenseits oder noch einmal auf der Erde.

Das Leben ist keine Geschichte, sondern eine Abfolge von Episoden. Im Geschichten-Erzählen bin ich sowieso nie gut gewesen. So oft ich als Schriftsteller schon über eine Autobiographie nachgedacht habe, so gelangte ich immer wieder zu dem Ergebnis, dass es zu schwierig ist, all das in eine Form zu bringen. Eine Deutung der Entwicklungsprozesse wird einem oft erst im Nachhinein ganz klar. Nun bin ich 60 Jahre alt. Durch meine Krebserkrankung und die damit verbundene seelische Aufarbeitung, kamen ganz viele Episoden aus meinem Leben hoch, die ich in diesem und im nächsten Kapitel wiedergebe. Darin zeichnete sich mein Lebensthema „Anderssein" ab. Die Gründe, weshalb ich lieber von „Anderssein" als von „Hochbegabung" spreche, habe ich bereits dargelegt. Es gibt eine verbreitete Konnotation mit dem Begriff „Hochbegabung". Man stellt sich unter einem „Hochbegabten" allgemein jemanden vor, der über „besondere Gaben" verfügen würde. Das ist bei mir ganz und gar nicht der Fall.

So bin ich davon überzeugt, dass es ganz viele junge Menschen gibt, die sich „anders" fühlen, so wie ich mich „anders" gefühlt habe und heute noch fühle – die sich aber (außer vielleicht von Hesses *„Demian"*) von den bisherigen Buchveröffentlichungen zu dem Thema nicht angesprochen fühlen…

Zwischen Wildfang, Klassenprimus und Leseratte

In der Welt der indischen Heiligenlegenden kommt den Mittelgeborenen eine besondere Bedeutung zu. Der Älteste übernimmt den Hof, bzw. das Handwerk des Vaters. Er ist besonders an den Vater angebunden. Der Jüngste ist besonders an die Mutter angebunden, oft gefühlvoll und begabt, aber oft auch ein Sorgenkind, einer der seinen Platz im Leben findet, aber nur indem er besondere Aufmerksamkeit und Unterstützung erfährt. Der Jüngste mag ein Träumer sein, aber er ist kein Rebell, kein Aussteiger.

Der Mittlere ist weder an Vater noch an Mutter angebunden. Der Zweitgeborene ist zum Beispiel der, der am häufigsten in traditionellen Gesellschaften ins Kloster geschickt wird. Der erste übernimmt ja den Hof. Und der Jüngste ist zu zart, um einen solchen Schritt zu tun.

Ich war der Mittlere, bin mit einem älteren Bruder und einer jüngeren Schwester zusammen aufgewachsen.

An meinem vierten Geburtstag, ich erinnere mich noch genau, nahm uns die Mutter mit in den Zoo. Als wir dort eine Rast machten, aßen wir eine Bockwurst. Es gibt ein Foto davon, aber auch ohne dieses Foto erinnere ich mich noch an diesen Tag. Denn beim Essen der Bockwurst dachte ich bei mir so, dass da irgendwas nicht richtig sein könne, das kleingeschnetzelte Fleisch von Tieren zu essen. Ich entschied mich jedoch bewusst dazu, nichts zu sagen und mich der Konvention anzupassen. Vegetarier wurde ich dann erst mit achtzehn...

Es war nicht sehr viel später, etwa mit fünf, da stand ich in der Tür der Küche und stellte meiner Mutter eine Frage zu Buddha. Irgendwo, wahrscheinlich im Fernsehen, hatte ich ein Bild von diesem Buddha gesehen. Ich wollte wissen, warum dieser Mensch so besonders war, für was er denn berühmt geworden war. Sie sagte, was sie wusste, nämlich dass Buddha erleuchtet war und vor vielen, vielen Jahren auf der Erde gelebt hatte.

Die kurze Antwort befriedigte und begeisterte mich. Das Konzept überzeugte mich sofort:

Wie konnte es etwas Besseres im Leben geben als erleuchtet zu sein? Es war wie eine Erinnerung, die wieder hochkam. Durch den kurzen Dialog konnte ich sie wieder einordnen.

Vielleicht traut man solche Denkprozesse einem so kleinen Kind nicht zu. Es war so, wie ich es hier beschreibe. Allerdings bedeutet das überhaupt nicht, dass ich irgendwie als ein besonderes Kind auffiel. Ich hatte keine besonderen Gaben, bemühte mich auch nicht um ein „heiliges" Leben... Ich hatte noch nicht einmal die Begriffe dafür, um diese Prozesse so auszudrücken, wie ich es jetzt tue. Dennoch fanden sie statt.

Ich war ein „normales" Kind, war in der Vorschule gerne „der Kaspar", versuchte witzig zu sein, wurde eingeschult, blieb immer noch „der Kaspar", aber es kam noch der „Klassenprimus" und „der zerstreute Herr Professor" hinzu. Diesen liebevoll-spöttischen Titel erhielt ich von der Klassenlehrerin, weil ich zwar schlau war und mühelos alles wusste, weil ich aber dennoch oftmals vergesslich und chaotisch war, Dinge verlor oder Termine verschlampte.

Zuhause lag die Tageszeitung, in der ich mir die Bilder anschaute. Mit sieben kam ich in die Schule und sollte lesen lernen. Es war für mich etwas Geheimnisvolles mit den Buchstaben. Was, wenn sich mir nun die Bedeutung dieser schwarzen Zeichen nicht erschloss? Was, wenn ich nie Lesen lernen würde? Solche Fragen stellte ich mir in der ersten Klasse. Zum Glück waren meine Befürchtungen grundlos, ich lernte sehr leicht Lesen und Schreiben. Es war ein Gefühl der Unabhängigkeit, als ich auf einmal selber in der Tageszeitung lesen konnte und sich mir eine Welt der Informationen erschloss, ohne dass ich jemand anderen dafür brauchte.

Damals, in den 60er- und 70er-Jahren hieß Kindheit noch, die meiste Zeit des Tages draußen herumzutollen und Abenteuer zu erleben. Mein älterer Bruder war immer in einer Clique, hatte gleichaltrige Freunde. Mir fehlte eine solche Clique, ich schloss mich meinem Bruder an. Für das Indianer-Spielen haben wir uns Pfeil und Bogen und einen Holz-Tomahawk selber gebastelt. Wir kletterten rum auf Bäumen, auf Baustellen, in einer stillgelegten Kiesgrube oder in verfallenen Häusern, bauten uns Höhlen und Hütten, spielten draußen Tischtennis, fuhren Fahrrad, erkundeten die Umgebung und absolvierten allerlei Mutproben. Meine Entwicklung zur Leseratte und zum Büchernarren bedeutete weder, dass ich nicht ein Leben außerhalb der häuslichen vier Wände kennengelernt hätte, noch dass ich es dann aufgegeben hätte. Mit acht / neun / zehn Jahren gab es immer wieder Momente, wo ich zuhause saß und unter Langeweile litt. Weder das Fernsehen noch das Spielen genügten auf Dauer, um solche Lücken aufzufüllen. Draußen war ich oft nur ein Anhängsel in der Clique meines Bruders, oder ich streifte alleine durch die Gegend. So gab es natürlich immer wieder Momente, wo mich das Rausgehen nicht anzog. Doch gab es immer äußere Aktivitäten, die mich interessierten: Von 12 bis 14 ging ich in einen Karate-Kurs, vom Karate-Lehrer angeregt begann ich parallel mit meinem Dauerlauf-Training, ab 14 begann ich mit dem Gitarrespielen, bekam Gitarrenunterricht und komponierte eigene Lieder, von 14 bis 16 interessierte ich mich für Skateboard-Fahren, im Sommer ging ich gerne Schwimmen wie alle jungen Leute, das Dauerlaufen pflegte ich über Jahrzehnte weiter.

Mit acht, neun, zehn Jahren entdeckte ich die Welt der Bücher. Es gab ein großes Bücherregal im Wohnzimmer. Zu Beginn las ich gekürzte Kinderausgaben von Klassikern wie *„Gullivers Reisen"* oder *„Robinson Crusoe"*. Mit zehn entdeckte ich in der Bibliothek der Grundschule die Jugendbücher eines russischen Autors, in denen er seine Erinnerungen an seine Kindheit in der frühen

Sowjetzeit beschrieb (Juri Korinetz). Da war es vollends um mich geschehen. Ich liebte diesen Autor und drei seiner Bücher sind mir bis heute ein innerer Schatz, den ich um nichts in der Welt wieder hergeben möchte. Ich erlebte es, wie mir ein Autor zu einem Freund werden konnte, der mich durchs Leben begleitet.

Meine Mutter nahm mich regelmäßig mit, wenn sie in den Bücherclub ging. Weil sie eine bestimmte Kaufsumme im Monat zu erfüllen hatte, durfte ich mir öfters ein Buch aussuchen. Mit etwa elf Jahren suchte ich mir aus *Der Weg der weißen Wolken"* von Lama Anagarika Govinda. Das Buch war ein Türöffner für mich für eine neue Welt des Lesens: die spirituelle Literatur! Ich weiß es noch wie heute, wie ein Duft mich anflog, wenn ich die Seiten dieses Buches öffnete, wie eine neue, fremde Welt aus diesem Buch herausströmte, mit der es prallvoll angefüllt war. Es ist eine Fähigkeit, die man üben und trainieren kann, die Buchstaben in einem Buch in sich lebendig werden zu lassen und durch sie in eine Welt einzutauchen, die sich nirgendwo entfaltet als im eigenen Inneren...

Durch *Der Weg der weißen Wolken"* verband sich meine Innenwelt des Lesens mit meiner spirituellen Suche. Schon mit etwa neun Jahren wollte ich mit meinen Spielgefährten draußen über Gott diskutieren und verkündete überall trotzig herum, es gäbe keinen Gott. Dahinter steckte natürlich die Sehnsucht, mich würde einmal jemand vom Gegenteil überzeugen. In den Büchern fand ich diesen ersehnten Gesprächspartner, einen Gesprächspartner, der mir eine innere Welt der Spiritualität erschloss und der es mir dadurch ermöglichte, zu meinen eigenen Antworten zu finden.

Mitten in der dritten Klasse wurde ich probeweise in die vierte Klasse versetzt, weil man schon merkte, wenn da einer war, der so klug war, dass man ihn im Unterricht nicht mehr rannahm, war das nicht der Sinn der Sache. An diesem Probetag fühlte ich mich nur einfach überhaupt nicht wohl. Nicht nur, dass das Unterrichtsthema, wo ich ja mitten reinsprang, für mich erstmal fremd war. Sondern vor allem fühlte ich mich im Klassenverband nicht wohl und vermisste meine Klassenkameraden. An diesem Tag war ich im Konflikt, denn es war natürlich verlockend, eine Klasse zu überspringen und wieder einmal alle abzuhängen. Es war mir auch vollkommen bewusst, dass ich beide Probleme – Unterrichtsstoff und Klassenverband – mit der Zeit lösen könnte und dass ich mir dafür einfach mehr Zeit geben müsste. Ich entschied mich dafür, in meiner alten Klasse zu verbleiben, vor allem wegen meiner Klassenkameraden. Da war das Gefühl, wenn ich wechselte der Leistungen willen, dann würde ich in keinem Klassenverband mehr richtig heimisch sein. Das Ganze versetzte mich in der Schule das erste Mal in die Situation, verantwortlich eine Entscheidung treffen zu müssen. Dass die Lehrer es gut meinten, spürte ich, aber auch, dass sie nicht alles erfassten. Die Konsequenz, dass ich letztendlich für mich selber verantwortlich war, war ein ganz neues Gefühl für mich.

Im Hinterkopf hatte ich die Erfahrung von der Vorschule. Da ich im Sommer Geburtstag habe, war ich zwischen dem fünften und dem sechsten Geburtstag in der Vorschule. Dann wurde ein „Einschulungstest" unternommen. Der bestand darin, dass man mit dem Arm über den Kopf greifen sollte und auf der anderen Seite vom Kopf das Ohr berühren sollte. Da ich noch nicht rankam, wurde ich als „noch nicht einschulungs-reif" bewertet. Also wiederholte ich zwischen dem sechsten und dem siebten Geburtstag die Vorschule und wurde nach dem siebten Geburtstag eingeschult. Drei Jahre später wurde dann an-scheinend erkannt, dass das wohl ein Fehler ge-wesen war. Das Ganze erfasste ich damals schon, mit neun Jahren, vollständig: Die Pädagogen hatten offenbar keine Ahnung. Ich war niemals irgendwie böse über die wiederholte Vorschule, ich spürte immer, dass jeder nach bestem Gewissen handelte. Außerdem liebte ich ja meine Klasse und war froh, in diesen Klassenverband hineingekommen zu sein. Bei diesem offenbar gutgemeinten Versuch, mich höherzustufen, bestürzte mich nur das Gefühl, dass die Lehrer nicht wirklich wussten, was für mich am besten war und dass ich selber entscheiden musste. So erlebte ich ein Gefühl der Eigenverantwortung, dass für andere erst im Studium relevant wird...

Bis zum Ende der Grundschulzeit, Ende der sechsten Klasse, war ich immer der Klassenprimus gewesen. Lernen war mir leichtgefallen. Der Konflikt mit der Schule zeigte sich noch nicht so sehr, so lange die Schule mich nicht wirklich Arbeit kostete...

Rebell und Einzelgänger

Durch mein Tagebuchschreiben als Krebskranker, mit 58 bis 60 Jahren, sind viele Episoden aus meiner Kindheit hochgekommen. Dadurch fand ich mehr und mehr zu den tiefen Wurzeln meiner späteren Erkrankung in der Kindheit (*„Tagebuch einer Krebsheilung"* und *„Leben mit dem Krebs"* [10]). Es ist mir eine weitere Episode meiner Kindheit eingefallen, die verdeutlicht, wer ich bin, wo meine Gaben liegen, wo mein Problem liegt, warum ich diesen Weg in meinem Leben gehen musste.

Als Klassenprimus konnte ich es nicht ertragen, irgendwo nur Zweiter zu sein (außer in Sport und in Handschrift). Durch meinen „Leistungsmodus" und durch mein „Wahrheitsgen" manövrierte ich mich in eine Position der Einsamkeit, die mir erst im Nachhinein richtig bewusstwurde, entwickelte eine eigene Innenwelt, die mich unsagbar bereicherte, aber die es mir gleichzeitig unsagbar schwer machte, als Teenager und als junger Mann meinen Platz in der Welt zu finden.

Es war in der fünften oder sechsten Klasse, noch in der Grundschulzeit. Unsere Klassenlehrerin unterrichtete uns unter anderem in Deutsch. Eines Tages stellte sie uns eine Aufgabe mit unserem Duden. Wir hatten alle den gleichen Duden und sollten so schnell wie möglich ein bestimmtes

---

[10] beide BoD, Norderstedt 2023

Wort finden. Sie sagte das Wort, und im gleichen Augenblick, wo das Wort endete, nannte ich die Seitenzahl. Ich weiß sie noch, wie heute: „256". Es war eine ungeheure Anspannung, in der ich mich befand, als ich die Zahl wie eine Blitzgeburt herauspresste. Wahrscheinlich hatte ich einen hochroten Kopf. Natürlich war es der Gedanke der Lehrerin gewesen, uns dahin zu führen, das Alphabet zu beherrschen, dabei systematisch vorzugehen und nach dem ersten Buchstaben des Wortes auch den zweiten Buchstaben in der Reihenfolge des Alphabets einzuordnen, undsoweiter. Doch sie hatte einen Schüler dabei, der unbedingt immer der Erste sein wollte. Und dieser Schüler arbeitete vollkommen anders.

Mein Schlüssel war die hundertprozentige Aufmerksamkeit, die ungeteilte Aufmerksamkeit, das absolut fokussierte Richten der ganzen Aufmerksamkeit auf einen Punkt. Dadurch war mir etwas möglich gewesen, was ich später in Fernsehsendungen mit Mentalisten bewunderte. Diese Gabe habe ich später nicht verfolgt und nicht ausgebaut. Aber ich habe, ohne es in der Weise ausdrücken zu können, mir selber etwas bewiesen: dass mein Weltbild stimmt, dass ein zu einhundert Prozent fokussierter Geist alles erreichen kann, was er will, dass der rationale Zugang zum Wissen, wie er in der Schule gelehrt wurde, eine Behelfskrücke war. Als die Lehrerin das Wort zu Ende gesprochen hatte, schlug ich eine Seite im Duden auf, und mein Blick fiel sofort auf das Wort, das ich gerade gehört hatte. Darüber stand die Seitenzahl. Im gleichen Moment sprach ich sie aus. Das alles war wie ein Blitz, es geschah in einem einzigen Wimpernschlag. Die anderen hatte einfach überhaupt keine Chance.

Dass das kein Zufall gewesen war, wusste ich. Ich wusste, welche Anspannung es gebraucht hatte, eine solche Leistung zu vollbringen. Aber gerade deshalb wusste ich auch, dass ich das kaum wiederholen könnte, es sei denn, ich würde in einer Situation wieder die gleiche ungeteilte Anspannung und Konzentration zustande bringen. Es war für mich kein Weg, diese Gaben weiter zu verfolgen und zu einem „Mentalisten" zu werden. Ich hatte ja kaum eine Vorstellung davon, dass es so etwas als Berufsweg gab. Darum ging es auch nicht. Es ging darum, wieder einmal der Erste zu sein. Doch kaum, dass ich die „256" mit hochrotem Kopf ausgesprochen hatte, hatte ich ein schales Gefühl – das Gefühl, nicht einen Sieg errungen, sondern verloren zu haben…, irgendwie etwas falsch gemacht zu haben…, der Spielverderber gewesen zu sein… Erst heute kann ich dieses Gefühl benennen und tiefer analysieren: Meine „Leistung" stellte mich nicht in die Mitte der Klasse. Sie bestätigte mich in meiner Rolle als Klassenprimus. Damals war ich noch nicht so weit, diese Rolle infrage zu stellen. Doch auch diese Situation zeigt mir im Rückblick, wie einsam ich eigentlich war. Ich war nicht „der Erste im Wettbewerb", sondern ich stand außerhalb des Wettbewerbs, ich ließ den Wettbewerb gar nicht erst zu.

Heute denke ich, ich hätte mich auch zurücklehnen können und die anderen unter Bemühung des Alphabets hin- und herblättern lassen können, bis sie nach dem zweiten oder dritten Buchstaben des Wortes endlich das Wort gefunden hätten. Dann hätte auch die Aufgabe der Lehrerin ihren pädagogischen Zweck erfüllt, den ich ihr gründlich vermasselt hatte. Und ich hätte meine Energien geschont. Vor allem hätte ich endlich einmal angefangen, meine Mitschüler überhaupt wahrzunehmen...

Das sage ich heute. Doch damals wusste ich ja gar nicht, dass „ich das kann", dass so etwas überhaupt möglich ist. Ich musste es mir überhaupt erst selber beweisen. Außerdem sprang ich damals noch auf jeden Zug auf, der mir angeboten wurde. Ich war wie der Esel, den man mit jeder Möhre locken konnte, ich war wie ein Reiter, den man auf jedes Pferd setzen konnte, ich war wie die kleine Katze, die man mit einem Lichtpunkt aus der Taschenlampe hin und her scheuchen konnte. Ich hinterfragte die Aufgaben der Lehrer nicht. Gerade dadurch, dass ich nicht weiter nachdachte, war ja diese „Leistung" möglich gewesen. Das Hinterfragen kam erst etwa drei oder vier Jahre später, in der Oberstufe: Wofür ist das gut? Was soll das für einen Sinn haben? Da habe ich begonnen, mit den Lehrern zu verhandeln. Meine „Leistungen" und meine Schulnoten wurden dabei immer schlechter…

Dafür hatte die Ganztags-Gesamtschule, in die ich ab der siebten Klasse ging, eine wunderbare Bibliothek. Dort traf man mich fast immer in den Pausen oder in den zu überbrückenden Freistunden an. Die für mich wahre Bildung fand ich in den Büchern, ich las Biographien von Malern, Dichtern und Heiligen, ich versuchte mich als Leser an philosophischen Werken, ich entdeckte Hermann Hesse, wälzte Kunstbände oder Fotobild-Bände von Abenteuerreisen, ich schleppte stets schwere klobige Taschen mit Büchern von der Schule nachhause und wieder zurück. Ich begann, inspiriert von den Büchern, zuhause mit

Dauerlauf, Meditation, Gedichteschreiben, Gitarrespielen, Komponieren und Malen.

Bei all dem wurde ich vollkommen unfähig darin, mit dem anderen Geschlecht anzubandeln – obwohl mein Träumen und Sehnen nicht unerwidert blieb und mir mehrmals signalisiert wurde, dass ich eine Chance hätte. Letztendlich habe ich die Mädchen vor den Kopf gestoßen, nicht aus Böswilligkeit oder einer bewussten Entscheidung für die Einsamkeit heraus, sondern wirklich und wahrhaftig aus Unvermögen. Es gelang mir einfach nicht, einen Ansatz zu finden, aus meiner Höhle, in die ich mich tief vergraben hatte, wieder herauszufinden. Innerlich bitte ich heute um Verzeihung. Im Äußeren weiß ich nicht, wie ich das tun soll...

Genau so wenig gelang es mir, einen Ansatz für einen Ausbildungs- und Berufsweg zu finden. Nichts ergab für mich einen Sinn. Warum sollte ich die Erlaubnis durch ein Abitur für ein Studium benötigen, wenn ich doch längst studierte??? Das Schulwissen bis zum Abitur entpuppte sich für mich immer mehr als das Gegenteil von Bildung, wie ich sie verstand. Bei Bildung ging es für mich um Inhalte. Aber beim Schulwissen ging es nicht um Inhalte. Man riss Dinge an, man behandelte immer nur Fetzen von Inhalten. Was wesentlich war, wurde nicht vertieft, was aber für mich nichts inhaltlich beitrug, etwa die gehobene Mathematik, verstieg sich in Gedankenakrobatik, welche mein Gehirn beschlagnahmte, ohne mich zu bereichern. Dieses Empfinden wuchs in mir immer mehr an – obwohl ich immer in Mathematik gut gewesen war und die Mathematik immer geliebt hatte.

Mit dieser ganzen Entwicklung landete ich in einer Situation, wo ich mit 18 Jahren, nach der elften Klasse, die Schule abbrach, aus meiner heutigen Sicht vollkommen folgerichtig. Es ging einfach nicht mehr, ich konnte es mir damals nicht so erklären, wie ich es heute kann. Ich wollte ja nicht abbrechen. Es war kein „Entschluss". Damals empfand ich es körperlich: Ich konnte es nicht mehr ertragen, in einer Schule zu sitzen und einem Lehrer zuzuhören. Körperlich nicht. Es war eine Folter. Nachdem ich mehrere Wochen unentschuldigt gefehlt hatte, versuchte ich es noch einmal. Da waren natürlich Ängste in mir, in der Frage, „Was soll aus mir werden?" Doch es ging einfach nicht mehr. Nach zwei Tagen, wo ich mich quälte – und wo ich gelobt wurde, dass ich wieder am Unterricht teilnahm – brach ich dann endgültig ab.

Ich stand in der Welt wie ein wildes Reh auf dem Broadway: Ich hatte überhaupt keine Ahnung, was ich tun und wohin ich mich wenden sollte.

Zusammenfassung 9 bis 18

In der Schule war ich der Klassenprimus. Weil ich immer die richtigen Antworten wusste, nahm man mich oft nicht mehr ran, wenn ich mich meldete. Man wollte den anderen auch mal eine Chance geben. Da man anscheinend das Problem erkannte, bot man mir in der dritten Klasse an, in die vierte Klasse zu wechseln. Da mir der bisherige Klassenverband wichtiger war als die Verlockung, wieder einmal alle abzuhängen, entschied ich mich dafür, in meiner alten Klasse zu verbleiben. Dass man mich die Vorschule wiederholen ließ und dann in der dritten Klasse eine Klasse überspringen lassen wollte, erweckte in mir den Eindruck, dass Pädagogen und Lehrer nicht wirklich Ahnung hatten. Mein Vertrauen in „Experten" hatte damals schon einen Riss erhalten. Im Laufe der Jahre wurde durch die verschiedenen Erlebnisse aus dem Riss eine tiefe Kluft zu den Lehrern. Experten-Meinungen waren nicht unantastbar! Sie mussten hinterfragt werden!

Mein großes Berufsziel war als junger Mensch überhaupt nicht festgeschrieben, wie man es in manchen Biographien berühmter Leute liest. Manche erfolgreichen Menschen wussten schon mit zehn / elf / zwölf Jahren, dass sie Fußballer oder Erfinder oder Unternehmer werden wollten oder wie Hermann Hesse von sich sagte, *„entweder ein Dichter oder gar nichts"*. Das war bei mir ganz anders. Als ich noch der Klassenprimus war, meinte ich, auf die Frage nach meinem späteren Beruf antworten zu müssen, „Ingenieur". Ich verband damit eine intellektuell anspruchsvolle Tätigkeit, die meinen Fähigkeiten entsprach. Ich wollte unbedingt etwas Herausragendes leisten. Als ich feststellte, dass im Berufe-Lexikon des Arbeitsamtes „Wirtschaftsprüfer" als der am höchsten bezahlte Beruf eingestuft wurde, war das mein Berufswunsch. „Alle abhängen, der Erste sein", war unbewusst mein Motto, wie es ja auch damals noch mein Motto als Klassenprimus war. Ich hatte lange Zeit das Gefühl, dass mir wirklich alle Türen offenstanden. Ich hätte mein Ziel für mich festlegen können. Eine Zeitlang wollte ich Flugkapitän bei der Lufthansa werden.

Doch je mehr ich in die Welt der Bücher eintauchte, desto fremder wurden mir alle diese Berufsziele. Der Erleuchtete wurde mehr und mehr zu meinem Ideal, ein Mystiker, der durch tiefe eigene Erfahrung zu einer höheren Anschauung des Lebens gefunden hatte und der Fähigkeiten in sich erschloss, die dem Normalbürger verwehrt blieben. Schon mit fünf wusste ich, dass es mein Lebensziel war, zu einem Erleuchteten zu werden. Doch „Erleuchteter und Mystiker" war kein Ausbildungsberuf. Es begann sich in mir aufzuspalten zwischen Leidenschaft und Brotberuf, es entstand in mir eine Kluft zwischen den wahren Zielen meines Lebens und dem Weg, mit dem ich mir mein Brot verdienen wollte.

Schriftsteller oder Künstler erschienen mir als Wege, beides zu verbinden, innere Inspiration und eine eigene Form des Ausdrucks, mit der man sich seinen Platz in der Welt erobern konnte. Zumal ja auch für mich Bücher zu Türöffnern und Wegweisern auf meiner spirituellen Suche wurden. Aber auch für Schriftsteller oder Künstler gab es ja nicht direkt einen festgeschriebenen Ausbildungsweg, erst recht nicht, wenn man seine spirituelle Suche an die erste Stelle setzt.

„Heute kann jeder das Lesen erlernen,
aber nur wenige verstehen, welch mächtiger Talis-
man ihnen anvertraut ist."

Hermann Hesse, 1877-1962

Was immer ich im Äußeren betrieb – Malen, Musizieren, mit meinem Vater Philosophieren und Schach Spielen, in die Schule Gehen, Sport Machen – all das änderte nichts daran, dass ich eine Reise über das Lesen vollzog, das mich immer mehr in seinen Bann schlug. Für mich war das Lesen ein unfassbar wertvoller Schlüssel, durch den ich Zugang zu allem Wissen auf der Welt hatte, Zugang zu den Impulsen, die mich zu den Antworten auf alle Fragen des Lebens führen würden. Für mich war es so, dass ich das Gefühl hatte, nichts und niemanden mehr zu brauchen, weil ich das Lesen entdeckt hatte – was natürlich ein Trugschluss ist. Gleichzeitig war Lesen und Schreiben für mich nur ein Mittel zum Zweck. „Die Erleuchtung suchen": Das war für mich der wahre Beruf!

Irgendwie roch daher ein Berufsweg als Künstler oder Schriftsteller – der ja auch schon nicht erlernbar oder planbar war, aber zumindest eine äußere Rolle bot – nach Betrug am Leben. Ein solcher Berufsweg würde die Frage nach dem wahren Beruf – „Erleuchtung"! – weiterhin offen lassen...

In jedem Fall wurde schon sehr bald nach dem Wechsel in die Oberstufe – ab der siebten

Klasse – die Schule mir einfach nur noch lästig. Ich zählte nun immer häufiger die Jahre und Monate bis zum Verlassen der Schule. Ich empfand sie als Zeitverschwendung. Nicht weil ich was gegen Bildung hatte, sondern weil ich es so empfand, dass sie mich von der Bildung fernhielt. In der Freizeit las ich die Biographien von Michelangelo, Leonardo da Vinci und Vincent van Gogh. Im Kunstunterricht in der Schule befassten wir uns mit dorischen und korinthischen Säulen und mit dem Design von Kaffeekannen. Mein Zugang war mehr biografisch geprägt. Durch das Mich-Einlassen auf eine Person erfasste ich immer deutlicher, was seine Kunst ausdrücken wollte und für mich bedeuten konnte. „Kunst" in der Schule war für mich nur ein lästiges Auswendiglernen, war nicht lebendig. In der Freizeit musizierte ich längst mit meinem Vater gemeinsam – er am Cembalo, ich an der Gitarre. Ich lernte von ihm alles über Noten und Harmonien. In der Schule beherrschten die Musiklehrer kein Instrument. Sie redeten über musikalische Richtungen und Strömungen, aber sie beherrschten kein Instrument. Es war schwierig, sie ernst zu nehmen.

Mit 13 Jahren entdeckte ich in der Schulbibliothek Hermann Hesse. Ich begann sein gesamtes Werk zu lesen und fing dann wieder von vorne an.

Im Deutschunterricht gab es einmal eine freie Wahl bei einer Textinterpretation. Ich fragte, ob ich *„Unterm Rad"* wählen dürfte. Zu meiner Überraschung wurde es mir gewährt. Ich war erstaunt, weil ja *„Unterm Rad"* so ziemlich alles infrage stellte, wofür die Schule und die Deutschlehrerin standen. Wie tief das Werk von Hermann Hesse und meine Interpretation verstanden wurde, da hatte ich so meine Zweifel. Dennoch bewegte diese Erfahrung ganz viel in mir: Mein Thema wurde angenommen, ich konnte mich im Rahmen der Hausaufgaben mit meinem ureigenen Thema beschäftigen. Zum ersten Mal erlebte ich es, dass meine Innenwelt mit dem äußeren Bildungsweg eine Verbindung einging.

Bis dahin war Schule jahrelang nur noch eine äußere Pflichtübung gewesen. Diese Erfahrung half mir ganz viel in meinem späteren Studium der Sozialarbeit, wo ich ganz bewusst genau daran arbeitete: Im Studium möglichst das zu erfüllen, was meiner eigenen Innenwelt entsprach. Diese Herangehensweise führte dazu, dass ich später, mit 29, mein Studium mit der Note 1,0 abschloss.

Ich knüpfe wieder da an, als ich 14 war. Zu Ostern lief damals im Fernsehen der Dreiteiler

„Jesus von Nazareth" von Franco Zeffirelli. Ich war völlig verzaubert von dem Film und völlig verliebt in die Taten des Jesus. Auch die Prozesse und Konflikte der Jünger fand ich toll dargestellt und verstand den Sinn dahinter. Ich hatte mich bereits mit der Bibel befasst, spätestens mit Beginn des Konfirmations-Unterrichtes bei der nahegelegenen evangelischen Kirche. Nun aber hatte der Film ein loderndes Feuer in mir entfacht. Das führte dazu, dass ich den Konfirmations-Unterricht mit einem heiligen Ernst besuchte – was aber nicht verhinderte, dass ich mit dem Pfarrer immer wieder diskutierte. Er war für mich ganz und gar kein Rollenvorbild. Zum Beispiel wollte er uns erklären, dass wir mit unseren Jeans doch nur der äußeren Mode hinterherrennen würden. Ich entgegnete, Jeans seien doch Arbeiterhosen und ständen von daher für das einfache Leben. Er überzeugte mich nicht mit seinen Auffassungen. Doch berührte er etwas in mir mit seiner Person. Er berichtete, er plane schon lange eine Autobiographie zu schreiben mit dem Titel „Unterm Kirchturm". Denn selber als Pfarrerssohn aufgewachsen, war das sein Leben, immer irgendwo unter einem Kirchturm zu wohnen. Es vermittelte mir ein Gefühl von einer Ordnung im Leben, die ich in meinem eigenen Leben so ganz und gar nicht empfinden konnte...

Ich las öfters zuhause in meinem Zimmer die Bibel. Irgendwie war es mir peinlich. Ich bin in keiner Weise in einem christlich geprägten Haushalt aufgewachsen oder religiös erzogen worden. „In der Bibel lesen" war überhaupt gar nichts, was in meinem Umfeld gängig war und dazu gehörte. Ich beschloss aber, dazu zu stehen, und wenn die Tür von meinem Zimmer aufgehen sollte, es nicht zu verstecken. Allerdings tat ich es auch nur für mich und ging überhaupt nicht damit hausieren. Von 16 bis 17 Jahren ging ich eine Zeit lang regelmäßig in eine christliche Teestube – „Maranata", von den Adventisten. Da gab es Tee und christlichen Austausch. Man traf Sucher, auch von anderen Richtungen, man betete zusammen, manchmal gab es Vorträge. Nach dem Beisammensein wurde ich meistens von einem Paar im Auto nachhause gefahren.

Allerdings war mein inneres Leben sehr durch Hermann Hesse geprägt. Der *„Demian"* mit seinen unkonventionellen Gedanken über die Kain-und-Abel-Geschichte hatte mich vollständig gepackt. Eines Abends führte das zu einer Diskussion mit einem Adventisten-Pfarrer, die mich zur Entscheidung veranlasste, dort nicht mehr hinzugehen. Ich hatte dort eine Erfahrung gemacht, die ich später noch sehr oft machen sollte: Dass man sich mit Bibelchristen überhaupt nicht austauschen kann. Sie sind so in ihren Dogmen gefangen, dass sie ihr Gehirn gar nicht erst einschalten, egal, was man für Argumente bringt. Was nicht in ihren Katechismus passt, ist für sie vom Teufel. Sie sagen, „das steht aber so in der Bibel", und damit ist für sie die Sache erledigt. Dass aber die Bibel nicht vollständig sein kann und ganz viele Fragen offenlässt, zeigt sich gerade an der Kain-und-Abel-Geschichte:

Warum hatte denn Gott das Opfer von Abel, dem Viehhirten, zugelassen und das Opfer von Kain, dem Ackerbauern, nicht angenommen? Damit fängt die ganze Geschichte an, aber irgendein Hinweis zum Verständnis wird nicht gegeben. Was ist das „Zeichen" an der Stirn, das Kain erhielt? Wie kommt es, dass Kain und Abel Frauen finden konnten, wenn doch ihre Eltern, Adam und Eva, die ersten Menschen waren?

Ich sage gar nichts gegen die Bibel. Aber sie lässt so viel Raum für Interpretation, dass der Ansatz der Bibelchristen, keine Interpretation zuzulassen, einem Denkverbot gleichkommt! Das war für mich keine Herangehensweise. Für mich war mein erwachendes Innenleben viel zu wertvoll, als dass ich es vorschnell mit einem engen Zaun begrenzen wollte. Mit 15 / 16 / 17 Jahren las ich außer der Bibel

- Hermann Hesse,

- Carlos Castaneda – die Erfahrungsberichte eines jungen Schülers eines mexikanischen Zauberers,

- Reshad Feild, *„Der Weg des Derwisch",* über die muslimische Strömung des Sufismus,

- über Nahtod-Erfahrungen,

- Heinrich Zimmer, *„Der Weg zum Selbst: Lehre und Leben des indischen Heiligen Shri Ramana Maharshi aus Tiruvanna-malai",*

- über Zen-Buddhismus,

- Reden des Buddha...

All das entfernte mich überhaupt nicht vom christlichen Glauben, im Gegenteil, ich empfand eine Einheit der verschiedenen spirituellen Wege. Bei Jesus las ich von Fähigkeiten, die unser menschliches Alltagsverständnis überschreiten. Aber bei den Bibelchristen fand ich überhaupt keinen Ansatz, wie der Weg zu diesem höheren Menschsein gelebt werden sollte. Die Geschichte von Jesus sagte mir, es muss so etwas geben wie ein höheres Menschsein. Aber über Erleuchtung und geistige Fähigkeiten wurde komischerweise – abgesehen von Heiligenlegenden – nur bei anderen spirituellen Wegen gesprochen. Die Literatur über andere Wege fachte meine spirituelle Sehnsucht an und schmiedete mich nur umso stärker an Jesus.

Allerdings muss ich auch zugeben, dass dieses „crossover"-Religionsstudium mich doch in einen inneren Konflikt stürzte, der viele Jahre andauern sollte: Denn der Buddhismus und die hinduistische Advaita-Tradition lehren eine Erleuchtung ohne Gott und ohne Himmelreich, einen Zustand des unendlichen Glücks, wo aber die christliche Erlösung, die uns das Himmelreich erschließen soll, angeblich nicht gebraucht wird. Später setzte sich genau dieser Konflikt fort unter der Überschrift „Erkenntnis und Dienen". Der christliche Weg des Dienens schien zum buddhistischen Weg des Erkennens im Gegensatz zu stehen. Denn müssen wir nicht die äußeren Anforderungen zurückstellen, um in uns selbst zur höchsten Erkenntnis zu finden? Und können wir der Welt danach nicht am besten dienen?

Buddha und Jesus stritten sich in mir über Jahre hinweg! Obwohl dieser Konflikt mich wirklich sehr umtrieb und mir den Frieden raubte, bekenne ich, dass ich ein vergleichendes Religionsstudium dennoch für einen guten Weg halte. Ich bereue meinen Weg überhaupt nicht, denn mein Konflikt war fruchtbar, er führte zu einer Lösung, er führte mich zu einer anderen Auffassung von Erlösung, die mit der Auffassung der Kirchen nichts zu tun hat. Diese fand ich später bei der Neuoffenbarungs-Gemeinschaft *Universelles Leben*. Hier verstand ich endlich sowohl, was uns die Erlösertat Jesu auf Golgatha wirklich gebracht hat, als auch was das Heilsziel als erlöstes Gotteskind bedeutet. Genau dadurch erweiterte sich mein Verständnis: Indem ich den Konflikt zwischen Buddha und Jesus nicht vermied, um einer dogmatischen Ansicht von Christentum willen. Sondern indem ich den Konflikt zuließ und bis zu Ende austrug.

Natürlich muss ein solcher Weg in Eigenverantwortung geschehen und ich würde ihn nicht einfach jemand anderen empfehlen. Doch heute erlebe ich es so, dass dadurch, dass sich Buddha und Jesus in mir aneinander abgearbeitet haben, beide stärker geworden sind. Ich erkenne ihre innere Einheit, sie haben nicht einander widersprochen. Der Gott „Ishvara" („der höchste Herr"), der Buddha auf seine Mission geschickt hat, ist nach meiner Auffassung der gleiche Gott wie Gott-Vater, der Jesus auf seine Mission geschickt hat. Sie handelten beide für den gleichen Auftraggeber! Sie hatten nur eine unterschiedliche Mission. Die Reden und Lehren Buddhas können noch immer als Inspiration dienen, doch hat nach meiner Auffassung der christliche Weg den buddhistischen Weg abgelöst. Genauso wie der christliche Weg den jüdischen Weg abgelöst hat. Die verschiedenen Religionen gibt es durch die äußeren Traditionen. Wer zur inneren Religion findet, der findet auch früher oder später zu Christus.

Das waren so meine inneren Prozesse, in denen ich lebte. Es gab auch immer ein äußeres Leben: Ich besuchte meinen Vater, der getrennt von meiner Mutter lebte, wir spielten Schach und machten Musik zusammen, ich ging in die Schule und mogelte mich so durch, ich kaufte mir eine Elektro-Gitarre und wollte, dem Beispiel meines Bruders folgend, auch in einer Band spielen, ich spielte in der Schule in einem Theaterstück mit, ich fuhr mit 17 das erste Mal in Urlaub ohne Mutter, das heißt, ich zeltete mit einem älteren Freund und weiteren Jugendlichen in

Frankreich... Diese äußeren Aktivitäten verhinderten jedoch ganz und gar nicht, dass ich so ziemlich überhaupt keine Verbindung zum Leben hatte. D.h., auf den Punkt gebracht, zu den beiden wichtigsten Integrationsaufgaben der Jugend, Partnerschaft und Beruf, hatte ich überhaupt keine Idee und keinen Ansatz. Nach den Vorstellungen meiner Eltern sollte ich studieren, so ziemlich egal, was. Das war insoweit ganz nachvollziehbar, als dass ich immer ein guter Schüler gewesen war...

So erhielt ich auch am Ende der zehnten Klasse in der Gesamtschule die „Empfehlung für die gymnasiale Oberstufe". Wie ich erst sehr viel später realisierte, bedeutete das, dass ich überhaupt keinen Schulabschluss hatte, im Gegensatz zu meinen Mitschülern, die schlechtere Schulleistungen erbrachten. D.h. die Schüler mit den schlechteren Schulleistungen verfügten automatisch über einen Realschulabschluss oder wenigstens über einen Hauptschulabschluss, ohne jede Prüfung. Die Schüler mit den besseren Schulleistungen verfügten über gar keinen Abschluss.

Durch meine ganze innere Reise war das aber auch gar nicht so an mich rangekommen. Die meisten meiner Mitschüler hatten bereits viele

Monate zuvor begonnen, ihre Bewerbungen abzusenden und traten nun ihre Lehren an. Teilweise wechselten sie auch die Schule, um die letzte Etappe zum Abitur an einem Gymnasium zu vollziehen. Ich blieb einfach da hängen, wo ich war und geriet Anfang des elften Schuljahres in eine Klassengemeinschaft, wo ich niemanden kannte und wo ich nicht richtig warm wurde. Der Leistungsanspruch wurde immer höher. Ich spürte, es war da eigentlich eine Entscheidung gefragt, ob man das wirklich wollte. Denn So-Durch-Lavieren ging nicht mehr. Ich quälte mich ein Jahr herum und fand nicht mehr richtig Spaß dabei. Meine inneren Konflikte, meine spirituelle Suche, war noch nicht zu einem Ergebnis gekommen. Das war viel wichtiger für mich.

So geschah es, dass ich am Ende der elften Klasse – eineinhalb Jahre vor dem Abitur – die Schule abbrach. Eigentlich hatte ich durchhalten wollen, ich ahnte schon, dass es meinen Weg nicht einfacher machen würde, wenn ich die Schule abbrach. Aber es ging nicht mehr. Zunächst hatte ich überhaupt kein Ziel, wofür ich das überhaupt machen sollte. „Studieren" war für mich ein Ziel ohne Inhalt, wenn ich nicht wusste, was! Vor allem aber bäumte sich mein Körper dagegen auf, im Schulunterricht zu sitzen und den Lehrern zuzuhören.

Es war wirklich eine körperliche Not, es war immer wieder im Unterricht das Gefühl da, aufspringen zu müssen und mit dem Kopf voran die nächste Wand durchbrechen zu müssen, um frei zu sein! Da war so viel Energie in mir, die sich regelrecht angestaut hatte. Aus meiner heutigen Sicht hätte ich mir am Ende der zehnten Klasse eine Lehrstelle in einem praktischen Beruf suchen sollen – was natürlich auch mit meiner „Gymnasialempfehlung" möglich gewesen wäre. Aber so stand ich mit nichts da.

Ich war 18 und stand da mit leeren Händen. In dieser Situation lud mich mein Vater ein, bei ihm zu wohnen. Ich zog bei meiner Mutter aus, bezog ein Zimmer in der Innenstadt von Berlin bei meinem Vater und widmete mich meiner spirituellen Suche. Es gelang mir in dieser Zeit nicht, trotz mehrerer Anläufe, etwas an meiner äußeren Situation – im luftleeren Raum hängend – zu verbessern. Diese Phase sollte zwei Jahre dauern.

Zwischen Dichter, Maler und Yogi

Wie befreit las ich, dichtete ich, malte ich. Schon kurz nachdem ich 18 geworden war und bei meinem Vater eingezogen war, entdeckte ich den Vegetarismus für mich. Einfach aus Büchern. Es gab damals, 1981, in meinem Umfeld keine Vegetarier und keine Vorbilder. Ich musste mich durchsetzen gegen das Entsetzen meiner Eltern, die allen Ernstes davon ausgingen, ich würde schwere gesundheitliche Schäden davontragen. „Aber Kind, du musst doch Fleisch essen!" Als ich meine Mutter fragte, „Wie oft muss man denn Fleisch, essen, um gesund zu bleiben?", hatte sie keine Antwort. Sehr schnell erkannte ich, dass sie es eigentlich nicht wusste, dass meine Eltern in völlig irrationalen Mythen gefangen waren.

Bei einer Cousine meiner Mutter, die bereits vor Jahrzehnten nach Spanien ausgewandert war, waren wir in den 70ern zwei Mal in Urlaub gewesen. In diesem Jahr, 1981, war sie bei einem Autounfall verstorben. Diese Cousine hatte zu Lebzeiten mit einer Freundin ausgemacht, wer zuerst sterbe, gebe der anderen wenn irgend möglich ein „Lebenszeichen", um mitzuteilen, ob es so etwas wie ein Leben nach dem Tod gebe. Ihre Schwester war spiritistisch begabt und erhielt nachts eine Durchgabe. Sie hörte die Stimme ihrer verstorbenen Schwester, mit den Worten:

„Das ist die Botschaft, die Botschaft an Helga, Helga Schiff (Helga Schiff war die Freundin, meine Mutter heißt auch Helga, daher nannte sie den Nachnamen dazu):

Es ist wahr, es ist wahr, es ist wahr!"

Mehr Worte waren es nicht, aber sie fielen wie ein Lichtstrahl in mein Herz und schickten mich noch intensiver auf meine spirituelle Suche.

Ich las das „Kultbuch der Wahrheitssucher": *„Autobiographie eines Yogi"* von Paramahansa Yogananda. Ich ging in Buchhandlungen und Leihbibliotheken und suchte gezielt nach spiritueller Literatur. Zum Beispiel las ich die Biographie von Romain Rolland über Vivekananda, den Schüler von Ramakrishna. Die Biographie über Ramakrishna von seinem Schüler „M" besorgte ich mir auch. Mein Vater bezeichnete die Lebensführung von Ramakrishna als ein „Rentnerdasein". Dieses Unverständnis für den Weg eines Mystikers bestärkte mich darin, mich auf meinen eigenen spirituellen Weg zu konzentrieren und mein äußeres Auskommen in die Hände der Vorsehung zu legen. Schließlich machte ich ja dem Leben mit Dichten und Malen genug Angebote! Es brauchten doch nur meine Gedichte gedruckt werden und schon hätte ich einen Beruf! Natürlich gab es keinen Verlag, der an meinen spirituellen Gedichten interessiert war und mir dafür auch noch Geld angeboten hätte. Heute sehe ich durchaus, dass mein Vater in dieser Sache im Recht war. Doch diese abwertenden Worte über Ramakrishna hatten dazu geführt, dass ich meinen Vater für ahnungslos hielt.

Ich war ganz und gar nicht nur auf die östlichen Lehren fixiert, ich las genauso Lebensberichte über christliche Mystiker.

Ein Gedicht sprach mich so an, dass ich es abschrieb und jahrelang in meinem Zimmer an der Wand zu hängen hatte: *„Heile die Welt"* von Anton Walter.

„Nur die Heiligen heilen die Welt,
Durch die Eiligen wird sie entstellt,
Durch die Hassenden wird sie zerstört,
Durch die Prassenden eitel entleert.

Die nur Flüchtigen retten sie nicht,
Und die Süchtigen löschen das Licht.
Die still Tragenden bauen das Haus,
Die Entsagenden schmücken es aus.

Die Gott Dienenden segnen die Zeit,
Und die Sühnenden tilgen das Leid.
Dich zu beteiligen bist du bestellt,
Tritt zu den Heiligen, heile die Welt!"

Ich wusste, dass ich vollkommen aus der Zeit gefallen war. Aber ich hielt es für meinen Auftrag, in einer kranken Zeit aus der Zeit zu fallen, um sie zu heilen...

Gleichzeitig aber erlebte ich es, dass mein Weg nicht gesund war. Ich kämpfte zwar darum, mit Yoga und Jogging, mit Lesen und Gedichteschreiben, mit Malen und mit einem Malkurs meinem Leben Struktur zu geben. Aber das Gefühl wuchs, dass ich gerade dabei war, mich selber zu isolieren und auf einer einsamen Insel mein Leben zu verschwenden. Irgendetwas musste geschehen! Ich ging so viel wie möglich raus, um irgendeine Anregung, irgendeinen Impuls zu erhalten, der mich aus meinem Elfenbeinturm befreien könnte.

Ein Theaterstück über „Kain und Abel" sprach mich an, da ja das Thema für mich eine ganz besondere Bedeutung hatte. Ich las in irgendeinem Veranstaltungshinweis in der Zeitung oder an einer Plakatwand in der U-Bahn davon. Internet gab es ja damals noch nicht. An dem Abend war ich etwas spät dran. Die Adresse war ein dunkler Hinterhof, wo ich eine Altbautreppe emporstieg, um an einer Wohnungstür Einlass zu suchen. Ich war richtig, zahlte am Eingang. Die

Aufführung sollte gleich beginnen, sie fand statt in einem größeren Zimmer einer normalen Wohnung. Die Bestuhlung war auf derselben Ebene wie die Bühne und reichte direkt bis an die Bühne heran. Der letzte freie Stuhl war ausgerechnet ganz vorne. Ich hatte keine Wahl, setzte mich direkt vor die Bühne. Es gab überhaupt keinen Abstand zu den Schauspielern. Das ganze Stück wurde von zwei Schauspielern getragen, die Kain und Abel verkörperten. Die kreative Atmosphäre im West-Berlin Anfang der 80er Jahre, wo winzige Initiativen einfach etwas machten, ist kaum zu schildern. Es brannte die Luft! Das Stück war von einer unbeschreiblichen Intensität und sog mich sofort ein. Es behandelte die inneren Konflikte, man konnte die ganze Geschichte „hautnah" durchleben. Am Ende des Stückes wollte keiner etwas von einem, es wurde nichts verkauft, man ging wieder auseinander, und man hatte das Gefühl, als hätte man geträumt...

Ich ging zu einem Vortrag über Kriya-Yoga, dem Yoga von Paramahansa Yogananda, dem Autor der *„Autobiographie eines Yogi"*. Als Referent war angekündigt Roy Eugene Davis, ein direkter Schüler Yoganandas. Da war ich natürlich brennend interessiert, wenn die Geschichte, die so fantastisch war wie aus einer anderen Welt, nun direkt in mein Leben treten sollte. Würde ich vielleicht ein Kriya-Yogi werden? Leider wurde am Vortragsabend mitgeteilt, dass Roy Eugene Davis doch keine Zeit hatte. Eine Anhängerin der Bewegung gab ein paar Informationen über die *„Self-Realization Fellowship"*. Das war's. Ich spürte genau, das war kein Zufall, es war nicht „der Ruf", der mich zu neuen Ufern locken sollte.

Ich ging zu einer Probestunde in Zen-Meditation, ein Gemeinschafts-Treffpunkt in einer Hinterhofwohnung. Ich nahm an der Zen-Meditation teil, fühlte mich davon angesprochen, erwog, mich dieser Gemeinschaft anzuschließen und mich im „Zazen" zu üben. Am Ende der Meditation wurden auf einmal laut japanische Silben rezitiert. Das störte mich nicht direkt, es war eine Überleitung in den Wachzustand. Doch ich fühlte mich damit nicht wohl: Wenn ich doch einfach die Stille suchte, warum sollte ich fremdsprachige Formeln erlernen? Ging es um „die Stille", oder ging es doch wieder um das Einreihen in eine Tradition? Wozu sollte ich diese Tradition benötigen, wenn doch das Höchste in der Stille lag? Auf einmal empfand ich das ganze Zazen in diesem Stil wie ein Mummenschanz, wie eine Verkleidung. Die besondere Kluft, die japanischen Schriftzeichen, die japanischen Silben: All das benötigte man doch nicht, wenn man eigentlich „die Stille" suchte? Gab es eine „japanische Stille" anstatt einer „deutschen Stille"? Wieder einmal war mein Ausscheidungsprozess rigoros und meine Wahrheitssuche völlig kompromisslos. Und wieder war es nicht „der Ruf", auf den ich so sehnsüchtig gewartet hatte.

Aber ich musste etwas tun und hatte Lust, wieder rauszukommen, einen „Kurs" zu besuchen, irgendeinen. So geschah es, dass ich Februar 1982 im Johannesstift Spandau begann, mein Fachabitur für Sozialarbeit zu machen. Das erschien mir sinnvoll. Es war ein christlicher Weg und ich würde meine spirituelle Ausrichtung und meinen Berufsweg miteinander verbinden.

Für mich war es allerdings wie im Konfirmanden-Unterricht sechs Jahre zuvor: Ich nahm das Religiöse sehr ernst und wollte den spirituellen Wahrheiten auf den Grund gehen. Daher war es mir sehr willkommen, dass es in der Beschreibung des Lehrgangs hieß, „christliche Ausrichtung, regelmäßige Schul-Gottesdienste...". Doch als der Lehrgang startete, zeigte sich, dass davon keine Rede war. Es gab keine Schul-Gottesdienste. Hinzu kam, dass die Lehrerin im Psychologie-Unterricht die Existenz einer Seele – jenseits von biochemischen Reaktionen im Gehirn – vehement leugnete. Dabei bedeutete doch „Psychologie" „Lehre von der Seele"! Es war für mich unerträglich, mich mit einer so materialistischen Auffassung herumschlagen zu müssen!

Da für mich die spirituelle Suche absolute Priorität hatte, brach ich diese Schule nach einem Monat ab. Eine solche rigorose Reaktion würde ich heute nicht mehr an den Tag legen. Heute würde ich den Kompromiss suchen, das „Sowohl-als auch", also anderen Positionen gegenüber tolerant sein und dennoch an der eigenen Suche treu festhalten. Aber zu der Zeit war ich eben auf der spirituellen Suche und erwartete von einer „christlichen" Schule, dass sie mir Unterstützung dabei zu sein hatte. Heute würde ich anders handeln, aber zu der Zeit war es richtig.

Dass es richtig war, zeigte sich für mich darin, dass ich kurz darauf zu der Gemeinschaft *Universelles Leben* geführt wurde (damals noch *Heimholungswerk Jesu Christi*). Wieder bei meinem Vater zuhause ging ich abends am Ku'damm spazieren. Da fiel mir ein unscheinbares Plakat ins Auge: *„Christus spricht wieder"*. Eine Einladung für einen Vortrag. Das sprach mich sofort an. Es war für mich später im Gespräch mit anderen stets eine

Überraschung und schwer zu verstehen, weshalb die Botschaft *„Christus spricht wieder"* die Menschen so kalt lässt und nicht zumindest neugierig macht. Für mich war das die Sensation des Jahrhunderts!

Ich ging an dem betreffenden Abend zu dem Vortrag. Ein Sprecher trug eine Entschuldigung vor, die angekündigte Prophetin selber könne nicht kommen, dafür werde ein anderes Geschwister den Vortrag halten (Karl Köbler). Eine Grundaussage des Vortrags fiel wie ein Leuchtfeuer in meine Seele: „Der Priester ist der Feind des Propheten". Das sprach mein rebellisches Ich an. Das bestätigte vor allem mein Gefühl, dass das „Priester-Christentum" sich weit entfernt hatte vom Christentum der „Heiligen" und Propheten. Direkt darauf fuhr ich nach Würzburg, dem Zentrum der Bewegung, und wohnte live einer göttlichen Offenbarung durch die Prophetin bei. Damals fanden solche Veranstaltungen noch in einem gemieteten Raum im Bahnhof statt.

Nach der Live-Offenbarung hatte ich Fragen an die Prophetin: Wozu brauchten sie in der Fußgänger-Unterführung in Würzburg eine Werbung mit goldenen Strahlen? Mir erschien das wie eine Wachmittelwerbung. Das schmucklose Plakat in

Berlin hatte mich viel mehr angesprochen. Eine solche Werbung wie in Würzburg stieß mich schon wieder eher ab. Ich hatte noch mehr Fragen, ich kam mit vielen Äußerlichkeiten nicht klar. Ein großes Konfliktpotential hatten für mich „die Absätze der Prophetin". Ich war so rigoros, dass ich in Absatzschuhen nur einen gesundheitsschädlichen Ausdruck von weltlicher Eitelkeit sehen konnte. Warum sollte „eine Prophetin" so etwas benötigen? „Die Absätze der Prophetin" waren etwas, das mich noch lange beschäftigen sollte...

Ein Bruder verwies mich ganz schnell an jüngere Leute, um mit ihnen zu sprechen. Die Prophetin sollte so direkt nach der Offenbarung geschont werden, und ich sollte mit Leuten sprechen, die meiner Situation näher sind.

Ein junger Mann schilderte mir seinen Werdegang, wie er ein soziales Studium absolviert hatte und wie er eine Zeit lang selbständig einen Bioladen betrieben hatte. Seine Botschaft war „Bete und arbeite!" Ungefragt bekam ich genau die Botschaft, die meiner Lebenssituation entsprach.

Ich reagierte noch etwas trotzig,

„bet´ und arbeit´ sagt die Welt,
doch bete kurz,
denn Zeit ist Geld".

Doch natürlich hatte ich die Botschaft verstanden und aufgenommen.

Nach der Begegnung mit dem damaligen *Heimholungswerk* fuhr ich weiter zum Benediktiner-Kloster Münsterschwarzach. Mich faszinierte einfach dieser Ansatz der Selbstversorgung, dass es eine auf Christus ausgerichtete Gruppe gab, die in einer autarken Lebensgemeinschaft zusammenlebte. Das damalige Heimholungswerk hatte ja noch keine Christusbetriebe. Außerdem sah ich in dem Ordensgründer Benedikt von Nursia ein echtes Vorbild. Dieser Weg, ihm nachzueifern, war für mich höchst interessant und ich erwog es ernsthaft, ein Mönch zu werden. Abgesehen davon, dass sie mich in so jungen Jahren ohne jede Ausbildung als Mönch nicht wollten, erkannte ich auch die Kluft zwischen Anspruch und Wirklichkeit bei den Benediktinern, wie ich sie damals auch schon beim *Heimholungswerk* sah. Mein Anspruch war einfach sehr hoch, gnadenlos und unbestechlich. Die Abgründe des Menschlichen akzeptierte ich nicht bei der Gemeinschaftssuche –

wie ich sie bei mir selber eben auch nicht akzeptierte...

Zurück in Berlin saß ich dann wieder in meinem Zimmer in der Wohnung meines Vaters und hatte keinen Plan für einen beruflichen Weg. Was ich aber tat, ich bestellte mir viele verschiedene Schriften des damaligen *Heimholungswerkes* und studierte sie fleißig.

Mein Vater rief aus,

„Um Gottes Willen, mein Sohn in einer Sekte!"

Ich konterte, wie aus der Pistole geschossen,

„Ja, genau, UM GOTTES WILLEN!"

Mein Vater empfahl mir, wenn ich mich doch so für Religion interessiere, dann solle ich doch Theologie studieren. Bei beiden Aussagen hatte ich das Gefühl, dass er so meilenweit von meinen inneren Prozessen entfernt war, dass er mir nicht wirklich ein Ratgeber und ein Ansprechpartner sein konnte.

Ich verstand auch nicht, weshalb ein Studium an einer Hochschule mit einem äußeren Lehrplan einem eine Lebensberichtigung geben sollte – auch wenn man es nur pro forma machte

– aber ein Studium zuhause, wo man einem inneren Lehrplan mit Hingabe und Begeisterung folgte, nicht. Es konnte mir auch keiner erklären. So sehr ich also das Gebot „Bete und arbeite" begriff und annahm, so war da doch keiner, der mir in meinem inneren Prozess wirklich Impulse geben konnte, die mich weiterführten.

Mein Vater Herbert Stranz war in West-Berlin ein bekannter Architekt. Von ihm stammt das Zitat,

„Wir wollen Blumen und Märchen bauen, Türme des Lesabéndio – mehr Beatles, weniger Griechen. Die Maximalhöhe war städtebaulich vorgeschrieben, der Rest ist angewandte Sonne."

Wikipedia vermerkt dazu: *„Der Optimismus von Stranz wurde später zum Vorzeigebeispiel für Hochmut und Weltfremdheit von Architekten – ganz ungeachtet der Tatsache, dass Stranz faktisch Wohnraum für tausende Menschen schuf."*

Das Zitat von ihm las ich später mit einem Schmunzeln – es entspricht seinem künstlerischen Naturell. Er war Architekt im Sinne der Renaissance, ein Universalgenie – Maler, Musiker, Philosoph und Geschichtenerzähler. Keiner konnte so Geschichten erzählen wie er! Etwa ab neun Jahren hatte ich vermehrt Kontakt zum Vater, nachdem er sich von meiner Mutter getrennt hatte, als ich etwa sechs war. Er war ein Vater, der viel mit uns nachholen wollte. Er spielte mit uns Kindern Fußball, nahm uns mit auf Reisen nach Westdeutschland, malte mit uns, baute mit uns einen Kaninchenkäfig, spielte mit uns Schach und machte mit uns Musik, er am Cembalo, ich ab 14 Jahren mit der Gitarre. Eine Begegnung mit meinem Vater war für mich als Kind immer ein Abenteuer gewesen. Als freiberuflicher Architekt hatte er sein Büro in der Wohnung, er hatte daher immer völlig ausufernde Altbauwohnungen in der West-Berliner Innenstadt. Wir wohnten bei meiner Mutter und waren zu Besuch bei meinem Vater.

Die Zeit des Zusammenlebens mit ihm von 18 bis 20 war eine Zeit der Distanzierung. Als Gesundheitsvegetarier – ohne Alkohol, ohne Kaffee, ohne Zigaretten – war es für mich keine Option, mich in seinem Büro dem Beruf des Architekten anzunähern. Für Architektur interessierte ich mich schon, doch die Aussicht, ganze Arbeitstage in einem völlig verqualmten Büro zu verbringen, verleidete mir diesen Beruf gründlich. Natürlich stellte ich Jahre später fest, dass sich die Rauchkultur in den Büros total veränderte und dass diese Situation vom verrauchten Büro nicht festgeschrieben war. Aber damals war es eben so, und es stieß mich total ab. Ich wollte nicht wie er vom billigsten Supermarkt-Fraß leben. Ich ging in einen Bio-Laden in der Nähe und kaufte mir, wenigstens als Zubrot, meine eigenen Sachen.

Ich begann, die Unterschiede zwischen mir und meinem Vater mehr und mehr wahrzunehmen. Wie ich einmal mit ihm über die Gifte in der konventionellen Ernährung diskutierte, sagte er, *„Gifte härten ab"*. Ich sagte, das Prinzip der Abhärtung funktioniere in Bezug auf Gifte in der Ernährung nicht. Er sagte, *„Warum regst du dich eigentlich so auf?"* Damit hatte er mich getroffen. Denn natürlich merkte ich, wie ich völlig im Eifer war, und er völlig in der Ruhe.

Er lehrte mich auf einer anderen Ebene, auf einer Ebene, die Mitte in sich zu bewahren, sich nicht so vom Eifer treiben zu lassen. Seine Unlogik strahlte auf einer anderen Ebene eine Gelassenheit aus, die mir wiederum imponierte.

Doch im Bereich Religion konnte er mich nicht überzeugen. Er bezeichnete sich selber als Protestant, war auch Mitglied in der evangelischen Kirche. Ich fragte ihn, weshalb er als Mitglied einer christlichen Gemeinschaft nicht zuhause einen Hausaltar hätte. Wo lebte er denn seinen Glauben? An Weihnachten stellte ich natürlich erst recht alles infrage: Warum beschäftigte man sich mit Weihnachtsbaum und Geschenken, und der eigentliche Anlass, die Geburt Jesu, ging vollkommen unter? Wie sollte mich die Empfehlung von so einem Taufschein-Christen, Theologie zu studieren, überzeugen? Für mich drückte sich in dieser Empfehlung mehr seine vollkommene Hilflosigkeit aus. Er hatte offenbar gar keinen Bezug zum Thema...

Das Arbeitsamt riet mir, dem Schulabbrecher, zu einer Bäckerlehre. Die Sachbearbeiterin meinte es gut mit mir und dachte wohl, sie würde den Weg eines jungen Mannes, der keinen Schulabschluss in der Tasche hatte, endlich in vernünftige Bahnen lenken. Und ich wollte ja das „Bete und arbeite" endlich erfüllen. Leider ging das nicht nur an meiner inneren Struktur völlig vorbei, sondern auch an meiner körperlichen Konstitution. Ich scheiterte daran, 50-Kilo-Säcke vom Keller die Treppe herauf zu tragen. Ich schaffte es zwar, aber hinterher schlotterten mir die Beine. Als die Lehre ein paar Wochen lief, bot die Berufsschule an, am Training einer Fußballmannschaft nach der Arbeit teilzunehmen. Für mich war das vollkommen unverständlich. Denn ich sehnte mich nach einem langen Tag auf den Beinen, wo ich ständig von außen her gefordert war, endlich wieder meine Meditationen, mein Bücherlesen und mein Gedichteschreiben fortsetzen zu können. Aber die letzte Kraft nach der körperlichen Arbeit wieder für körperliche Betätigung einzusetzen und auf einem Fußballplatz umherzuspringen, ging vollkommen an meinen Bedürfnissen vorbei. Meine Mitschüler in der Berufsschule folgten dem Angebot durchgehend und mit Begeisterung. Ich bekam das Gefühl, in dieser Lehre jemanden darstellen zu wollen, der ich eigentlich nicht war...

Dann machte die kleine Bäckerei, wo ich lernte, zu. Ich sollte meine Lehre in der Konzern-Zentrale in einem weit entfernten Stadtteil fortsetzen. Ich wusste nicht, wie ich so früh am Morgen dort hinkommen sollte. Das alles führte dazu, dass ich auch dort nach einem Monat abbrach. Ich hing wieder in der Luft.

Dann machte ich einen Schritt, wo ich bedingungslos meiner „inneren Spur" folgte. Dieser Schritt sollte alles verändern...

Seva

Mit zwanzig Jahren ging ich aufs Ganze und war bereit, meinem Ziel der Erleuchtung alles zu opfern. Ich wollte in die Pyrenäen gehen, mich in eine Höhle setzen und meditieren, bis ich die Erleuchtung fände. Wenn doch alles andere zu nichts führte, so musste das ja wohl meine eigentliche Mission sein. Ich hatte einen Zwischenstopp in Lourdes, wo ich völlig verzaubert war von den Pilgerströmen und mir eine Broschüre über die französische Ordensschwester Bernadette Soubirous mitnahm. Dann gelangte ich in ein Tal auf der spanischen Seite der Pyrenäen. Es war meine erste Nacht draußen, ich rollte meinen Schlafsack an einer Flussbiegung aus, sah über mir den glühenden Sternenhimmel, hörte die Grillen zirpen. Ich hatte mich von allem verabschiedet und hatte eine unglaubliche Lebensangst, wollte lieber das Leben hinter mir wissen, als es noch vor mir zu haben, aber ich fühlte mich verbunden mit dem ganzen Kosmos. Ich schaute in den Sternenhimmel und hatte, vielleicht vom Hunger befördert, eine Vision: Ich sah weiße Pferde am Himmel zwischen den Sternen. Diese weißen Pferde vermittelten mir ein unglaubliches Gefühl von Freiheit und Glück. Das tröstete mich in meiner Lage und ich schlief friedlich ein.

Am nächsten Tag fand ich etwas weiter den Fluss entlang die gesuchte Höhle, etwas oberhalb vom Fluss gelegen. Ich räumte dort einiges Geäst weg und schaffte mir meinen Platz. Die Sorge um meinen Lebensunterhalt legte ich in Gottes Hände. Ich war überzeugt, Gott würde mir das Geringe, das ich benötigte, um meinen Körper zu erhalten, schon zuführen, sofern mein Weg in Seinem Willen läge.

Doch Gott führte mich auf dieser Reise anders. In der Höhle, die ich fand und wo ich eine Woche verbrachte, konnte ich nicht bleiben. Polizisten spürten mich auf, verboten mir das Feuermachen und vertrieben mich. Ich wanderte durch die Pyrenäen auf der Suche nach einer anderen Höhle. Es war schwierig, in wirklich abgelegene Regionen zu gelangen. Oftmals begegnete mir das Schild „coto privado de caza" – Privates Jagdgrundstück.

Als ich in einen Bus einstieg und kein Kleingeld hatte, bezahlte spontan einer der Fahrgäste für mich. Die Frau wollte das Geld nicht wiederhaben.

Ich kam auf meiner Wanderung in ein spanisches Dorf. Die Hunde schlugen an, und das gesamte Dorf versammelte sich auf dem Weg, auf dem ich ging. Ein Ausweichen war nicht möglich, obwohl mir eine solche Aufmerksamkeit überhaupt nicht recht war. Wollte ich die Dorfgemeinschaft von meinen lauteren Absichten überzeugen, blieb mir nur das ruhige Weiterschreiten. Ein Mann sprach mich an. In meinem dürftigen Spanisch gab ich zu verstehen, dass ich ein Wandermönch sei in der Tradition des Benedikt von Nursia und nannte einen Ort als das nächste Ziel meiner Reise. Das ganze Dorf stand in völligem Schweigen um mich herum. Der Mann erklärte mir den Weg und gab mir noch einen Hinweis, wo eine Scheune mit Heu wäre, wo ich mein Nachtlager aufschlagen könne. Man ließ mich weiterziehen, und mir blieb die Erinnerung an eine verwunschene Begegnung, die etwas Unwirkliches hatte.

So hatte ich mehrere Begegnungen, wo ich Hilfe von anderen erfuhr. Ich wanderte durch ein fremdes Land, schlief in der Wildnis unterm Sternenhimmel und ernährte mich, soweit es ging, von den Brombeersträuchern am Wegesrand. Ich kam weder meiner Höhle noch „der Erleuchtung" wirklich näher, aber in mir wuchs ein Gefühl der Einheit aller Menschen. Es waren nur kleine und banale Situationen, wo andere Menschen mir weiterhalfen. Aber dennoch berührten sie mich in einer Tiefe, die nur meine reisegeschärfte Aufmerksamkeit ermöglichte.

Schließlich nahm die Botschaft dieser Reise an mich eine konkrete Form an in Gestalt von zwei jungen spanischen Frauen, denen ich auf wundersame Weise mehrmals begegnete. Auf einem Bahnhof erregte ich sonderbarer Wandersmann ihre Aufmerksamkeit und sie fragten mich über meine Reise aus. Mit Hilfe meines Wörterbuchs konnte ich ihnen Rede und Antwort stehen. Ich begegnete ihnen wieder beim Besuch des Bergklosters Montserrat.

Ich erfuhr, dass sie in einem Behindertenwohnheim arbeiteten. Das löste in mir starke Zweifel aus, ob ich auf dem richtigen Weg war. Ich ließ diese Zweifel nicht zu und interpretierte es so, dass der Weg des Helfens für die Menschen war, die zum Weg der Erleuchtung keinen Zugang hatten. Ich interpretierte es so, dass der Erleuchtete, wenn es so weit war, den Menschen auf einer weit höheren Ebene hilfreich sein könne. Dennoch war da das gleichzeitig irritierende und doch kristallklare Gefühl, dass diese beiden Frauen mit sich selber im Reinen waren und ich mit mir nicht. Ja, es entstand eine Sehnsucht nach dem Weg des Helfens. Dieser wunderbare Weg, der gleichzeitig der spirituellen Weiterentwicklung diente und dem Menschen zu seinem Platz in der Welt verhalf, sprach mich an, als wäre die Sonne aufgegangen und hätte eine lange dunkle Nacht beendet. Aber ich meinte noch, dieser Weg wäre mir verwehrt, ich dürfe mich von meinem Erleuchtungsziel durch nichts abbringen lassen. Irgendwann ließ ich es zu und erkannte, dass ich den Weg für mich gefunden hatte: das Dienen.

Ich kehrte auf meiner Reise um und begab mich zurück nach Deutschland. Auf der Rückreise kam ich wieder zu meiner Höhle. Ich hatte in ihr einen Koffer deponiert mit einigen Sachen, die ich als Ballast empfunden hatte. Ich nahm einige frische Kleidungsstücke aus dem Koffer in meinen Rucksack und ließ dafür total verschmutzte Wäsche im Koffer zurück. Doch bevor ich wieder aufbrechen konnte, wurde ich Zeuge eines unglaublichen Naturschauspiels. Eine dunkle Wolke ballte sich über dem Tal zusammen, ein Wirbelsturm mit einem gewaltigen Hagelschauer brach los, dass ich meinte, die Welt würde untergehen. Es machte mir wirklich Angst, das Ganze dauerte aber nur sehr kurz, bald brach die Sonne wieder hervor und ließ über der gereinigten und glitzernden Landschaft einen wundervollen Regenbogen erscheinen. Es war das sehr seltene Erlebnis, dass ein Naturschauspiel sich so völlig in Einheit mit der eigenen Seele vollzog...

Mein Geld reichte nicht mehr für eine Fahrkarte nach Berlin, meiner Heimatstadt. Ich musste in Süddeutschland aus dem Zug aussteigen und trampte nach München. Auch dabei wieder berührte mich tief die Hilfsbereitschaft meiner Mitmenschen. Ein junges Paar hielt im Dunkeln an und nahm mich mit. Sie mussten dafür extra ihr Gepäck im Auto umräumen. Und ich sah ziemlich abgerissen aus.

Es sind so kleine, banale Dinge. Aber in meiner bedürftigen Situation erkannte ich deren wahre Bedeutung. Wie wichtig es ist, dass niemand verstoßen ist. Dienen! Helfen! Einen wunderbareren Weg zu Gott konnte es für mich nicht mehr geben.

Es ist für mich unmöglich zu beschreiben, wie solche kleinen Momente mich berührten. Ich bin diesen unbekannten Menschen heute noch unendlich dankbar, die mir selbstlos geholfen haben, als ich ein verdreckter Landstreicher war und vollkommen draußen stand.

Sie haben mir gezeigt, was Leben ist!

Ich schlief in München im Englischen Garten und bettelte am Bahnhof. Ich war zwanzig und hatte nichts. Zweimal die Schule abgebrochen, einmal eine Lehre abgebrochen. Außerdem sah ich aus wie ein Junkie, weil ich an Gesicht und Händen von Mücken zerstochen war. Ein Yogazentrum half mir, spirituell und auch im Äußeren. Ich war dort nicht hingegangen, um zu betteln. Sondern ich war dort hingegangen, weil ich dringend nach einer Möglichkeit zu beichten suchte. Die Bürde meines inneren Konflikts drohte mich zu erdrücken. Nach meinem Gefühl hätte es bei den Kirchen niemanden gegeben, der meine Geschichte auch nur annähernd verstanden hätte. Sich auf die frühchristlichen Anachoreten zu beziehen, hätte vermutlich auch in den Augen der Gläubigen ein großes Fragezeichen erscheinen lassen. Durgananda vom Sivananda Yoga Zentrum hörte sich meine Geschichte an. Ich durfte dort täglich eine Mittagsmahlzeit einnehmen und durfte dort auch an den Mantra-Gesängen und an den Yoga-Übungen teilnehmen. Bei den Yoga-Übungen geschah es mir, dass ich einschlief, weil der Schlaf bei den Mücken im Englischen Garten doch zu kurz kam. Ich habe mich mit anderen Yoga-Anhängern ausgetauscht und auch von Durgananda wertvolle Impulse erhalten. Sie sagte vor allem eines, was ich erst viele Jahre später voll erfassen konnte:

„Warum sprichst du immer vom Dienen? Sprich doch einfach vom Arbeiten!"

Ich war begeistert von der Idee des Helfens, ich wollte Christus im Menschen dienen. Kranke pflegen, Leidende trösten, Arme betreuen und begleiten. Mich um die Ausgestoßenen der Gesellschaft kümmern, seien es Alte, Behinderte, Drogensüchtige oder Obdachlose. Darin sah ich nun den Weg.

Heute weiß ich, dass „Seva" eine Geisteshaltung ist, die nicht an die Helferberufe gebunden ist, sondern die in jedem Beruf zur Entfaltung gelangen kann. Weitergeführt haben mich die Schriften Emanuel Swedenborgs (1688-1772), der vom Himmel als von einem Reich der „Nutzwirkungen" spricht. Wie unerwartet! Sollte man in einem Buch über den Himmel nicht viel eher Worte über die Glückseligkeit erwarten als Worte über etwas so vermeintlich Weltlich-Sprödes wie „Nutzen"? Aber dieser scheinbare Widerspruch wird aufgelöst durch die Folgerung, dass eben gerade in der Vermehrung der Glückseligkeit der höchste Nutzen besteht. Und alle die vielfältigen Aufgaben und Berufe der himmlischen Bewohner

dienen letztendlich genau diesem Ziel: der Vermehrung der göttlichen Freude und Glückseligkeit!

Seva ist die Geisteshaltung, die nicht nur für
Geld und Lebensunterhalt arbeitet, sondern die
zum eigentlichen Ziel hat, durch die Arbeit anderen Wesen Nutzen und Freude zu bringen.

Seva kann ebenso von einer Putzfrau prakti-
ziert werden wie von einem Arzt, ebenso von einem Ofensetzer wie von einem Sozialarbeiter,
ebenso von einem Künstler wie von einem
Psychologen, ebenso von einem Politiker oder politischen Aktivisten wie von einem Leiter einer
Behinderteneinrichtung, ebenso von einem Land-
wirt oder Firmenchef wie von einem Tierrechtler
oder Umweltschützer.

Seva ist die Haltung des Dienens.

Damals in München sah ich die Verwirkli-
chung des Weges des Dienens für mich einzig im
Helferberuf. So nahm ich über das Yoga-Zentrum
wieder Kontakt auf zu meiner Familie in Berlin
und ging zurück in meine Heimatstadt, um den
Beruf des Krankenpflegers zu erlernen. Schließlich wurde ich Altenpflegehelfer und Sozialarbeiter.

Ich hatte auf meiner Reise Antwort gefunden auf die Frage nach meinem Weg zu Gott. Dennoch blieb da das Gefühl, mit einem Makel behaftet zu sein, weil ich auf meinem Weg zur Erleuchtung eingeknickt war. Es blieb das Gefühl, dass ich nicht stark genug gewesen war, meine Wahrheit zu leben. Deshalb übertrieb ich es nun vielleicht mit der Anpassung an die Gesellschaft, machte mein Abitur in der Abendschule nach und arbeitete in der Altenpflege, ohne an eigene Bedürfnisse zu denken. Da ich meinen Weg zur Erleuchtung nicht hatte gehen können, folgte ich willig dem Weg, den die Welt mir vorgab, allerdings mit meinem eigenen großen Ziel im Herzen: Dienen!

Heute weiß ich, dass der Weg des Dienens und der Weg zur Erleuchtung nicht getrennt sind. Eines beinhaltet das andere, und ich bin mit mir ausgesöhnt. Durch den Verzicht auf den Vollkommenheits-Anspruch des Erleuchteten wurde es mir erst möglich, mich allmählich mit meinen Schwächen akzeptieren zu lernen. Ich lernte, dass ich meine Mitmenschen mit ihren Schwächen nur dann annehmen und lieben konnte, wenn ich auch mich selbst mit meinen Schwächen annehmen und lieben konnte. Ich lernte, dass die Begegnungen mit meinen Mitmenschen die größte Hilfe zur Selbsterkenntnis waren, weil sie mir meine eigenen Unzulänglichkeiten und Fehlhaltungen widerspiegeln. Diese Erkenntnisschritte wurden nur möglich, weil ich statt der Meditation das Dienen in den Mittelpunkt meines spirituellen Weges gerückt hatte.

Ist es nicht gerade das Ziel des Dienens, das vielen jungen Leuten heute fehlt? Sie leben von Arbeitslosengeld und fragen sich bei einem Jobangebot, ob es ihnen denn eine lohnende finanzielle Verbesserung bringt. Diese Frage ist verständlich, aber sie entspringt einem Weltbild, das um sie selber kreist und das sie deshalb niemals weiterführen kann. Ohne den Herzenswunsch, Nutzwirkungen zu vollbringen, kann der junge Mensch keine wirkliche Integration in die Gesellschaft erfahren. Aber kann der floskelhafte Anspruch, „aus ihm ein nützliches Glied der Gesellschaft zu machen", wirklich dem jungen Menschen die Idee von Seva erschließen?

Seva ist im Übrigen ebenso die Antwort auf die Frage nach der Partnerschaft wie auf die Berufsfrage. Denn die Haltung des Dienens ist die Grundlage für eine tragfähige Liebesbeziehung. Seva verbindet den spirituellen Weg mit dem menschlichen Wunsch nach Zweisamkeit, denn durch Seva wird die Partnerschaft zu einem gemeinsamen Weg des Lernens und Reifens. Die Trennung des Entweder-Oder – entweder Partnerschaft oder spiritueller Weg / entweder berufliche Karriere oder spiritueller Weg – wird durch die Haltung des Dienens überwunden.

Wie kann das Dienen verstanden werden ohne religiöse Hingabe?

Wie kann Seva erfasst werden ohne Bhakti?

Der Weg, zu dem „Seva" mich führte

Die Essenz von meiner inneren Reise lag in der Religion, im Streben nach spiritueller Erkenntnis, nach Erlösung durch spirituelle Liebe. Mein scheinbar höchst ungesunder Weg der Suche blieb nicht ergebnislos. Er führte mich später, mit 21, zur Glaubensgemeinschaft *Universelles Leben*, die für mich zur Rettung wurde und der ich immer tief dankbar sein werde – obwohl ich aus weltlicher Sicht auch dort betrogen wurde und in eine „Sektenfalle" getappt wäre. Nein, ich bin heute noch Anhänger des *Universellen Lebens* – auch wenn mir mit 37 Jahren die Öffentlichkeitsarbeit für das *Universelle Leben* in aller Förmlichkeit verboten wurde. Ich kann verzeihen, weil ich aus heutiger Sicht sehe, dass auch dort nicht mit Hochbegabung umzugehen gewusst wurde. Dabei weiß ich sehr wohl, dass die Attitüde „Die böse Welt versteht mich nicht" eine Falle auf dem Inneren Weg ist. Dennoch würde ich aus meiner Wahrnehmung genau einordnen, dass mein Weg als offiziell Aktiver im *Universellen Leben* deshalb enden musste, weil das *Universelle Leben* nicht wirklich in der Lage war, Hochbegabte zu integrieren und zu fördern.

Das sehe ich nicht aus Eitelkeit so. Unumwunden gebe ich zu, dass viele Geschichten im *Universellen Leben*, die ich miterlebte, deshalb in einem Scheitern endeten, weil es sich um Geschwister handelte, die über eine noch höhere Begabung als ich verfügten. Immer wieder wurde, in vertraulichen Gesprächen, über die „Säuberungsprozesse" in der *Bundgemeinde* berichtet...

Den Konflikt in spirituellen Gemeinschaften habe ich geschildert und beschrieben in der Gegenüberstellung „Semeniter" und „Semenolzen" in dem Roman „*Karol, der Weißmagier*"[11]: Die, die auf die strenge Einhaltung der Regeln und Traditionen achten und dabei über andere urteilen („Semeniter"), sind nicht unbedingt die, die die spirituelle Gemeinschaft wirklich lebendig erhalten und voranbringen („Semenolzen"). Die, die im Herzen berührt sind, erschaffen die spirituelle Gemeinschaft immer wieder neu. Für sie steht aber die Einhaltung der Regeln und Traditionen nur an zweiter Stelle. Daher werden gerade die, bei denen das Herz der spirituellen Gemeinschaft schlägt, oft von denen verbannt, die sich selber als die einzig Rechtschaffenen sehen, als die Hüter

---

[11] Books on Demand, Norderstedt, 2010/2019

der Gemeinschaftswerte – jedoch innerlich längst kein Feuer mehr in sich tragen.

Wenn die „Bürgerlichen" – die, denen die äußere Ordnung wichtiger ist als das innere Feuer – in einer spirituellen Gemeinschaft überhandnehmen, werden die Hochbegabten – die, denen das innere Feuer wichtiger ist („die auch am Sabbat heilen") – verteufelt und an die Wand gespielt. Das ist der Grund, weshalb die Kirchen seit Jahrhunderten erstarrt sind. Das ist aber auch die Gefahr für jede Neugründung einer spirituellen Gemeinschaft. Dennoch bleibe ich dem *Universellen Leben* dankbar, weil es mich zu Antworten auf meiner inneren Suche geführt hat, und fühle mich weiterhin als Anhänger.

Mein scheinbar höchst ungesunder Weg der Suche blieb nicht ergebnislos, er führte mich auch auf beruflichem Weg zu einer Antwort und zu einer Lösung: Schriftsteller und Sozialarbeiter. Meine Erkenntnis von „Seva", zusammen mit den Impulsen, die ich durch das *Universelle Leben* erhielt, führten mich zu einem spirituellen Weg, der sich ganz anders darstellt als das, wonach ich ursprünglich gesucht habe:

In meiner Vorstellung musste der spirituelle Weg bedeuten, ganz anders zu leben als die

„Weltmenschen", der spirituelle Weg musste bedeuten, etwas Besonderes zu tun. Durch das tiefe Begreifen von Seva gelangte ich dahin, dass der Weg genau darin bestehen kann, in der Welt als ein ganz normaler Mensch zu leben. Nicht sich kasteien, nicht ein Eremit werden, nicht ins Kloster gehen, nicht besondere yogische „Techniken" erlernen...

Der Unterschied besteht in dem Bestreben, im Geiste von Seva alles zu einem Dienst für Gott zu machen. Alles in Gottes Willen stellen und in allem Gott mit der ganzen Liebe des Herzens dienen. Das Feuer der Erleuchtung und die Herzensfülle der Liebe sind eins. Wer meint, für seinen spirituellen Weg etwas Besonderes tun zu müssen, der begreift nicht, dass spirituelles Wachstum die Frucht der ganz natürlichen gottgewollten Entwicklung des Menschen ist.

Der Kampf mit der Welt

„Den Kampf mit der Welt aufnehmen" – war ein Begriff, den mein Vater in einem seiner in seiner markanten Handschrift gehaltenen, mit Zeichnungen verzierten Briefe an mich geprägt hatte. Nun, da sich für mich die Wege „außerhalb der Welt", als Klostermönch oder als asketischer Eremit, zerschlagen hatten, war es an der Zeit.

Als ich zurückkam aus den Pyrenäen und aus München, war das Zimmer, das ich bei meinem Vater gehabt hatte, mit Möbeln und Koffern vollgestellt. Er stand in der Vorbereitung für seine Reise nach England und Malaysia, für ein Projekt in Malaysia, der „State Mosque of Sarawak", mit dem er von einem englischen Architekturbüro betraut worden war. Ich zog wieder bei meiner Mutter, am Rande von Berlin, ein, bemühte mich um eine Integration in Arbeit, wollte mich endlich nützlich machen, wollte meinen liegengebliebenen Ausbildungsweg endlich aufgreifen und zu einem Ergebnis führen. Ich bewarb mich für eine kaufmännische Tätigkeit, kaufte mir extra dafür einen Anzug, absolvierte einen Probetag. Ich hatte ja immer noch die Worte Durganandas im Kopf:

„Warum sprichst du immer vom Dienen? Sprich doch einfach vom Arbeiten!"

Doch ich spürte bei diesem Probetag, dass das nicht der Sinn der Sache war. Ich spürte für mich genau, dass ich mich dort überhaupt nicht wohl fühlte und dass ich meinem Weg nur folgen konnte, wenn ich unmittelbar dem Mitmenschen diente, also durch eine Tätigkeit im sozialen Bereich.

Ich arbeitete ein paar Wochen in Hilfsjobs in einer Manufaktur und dann in einer Fabrik und bezahlte ein Haushaltsgeld bei meiner Mutter. Zwischen den Jobs und den Bewerbungen hatte ich immer noch viel damit zu tun, das Schlüsselerlebnis meiner Pyrenäen-Reise aufzuarbeiten. Ich schrieb an einem Aufsatz unter dem Titel *„Erkenntnis und Dienerschaft"*, der sich immer mehr erweiterte und der mir half, das Erlebte einzuordnen und zu integrieren. Nach einem Ausflug zum Yoga begann meine Mutter, sich für die Schriften des *Heimholungswerkes* zu interessieren, die sie von mir erhielt, und fühlte sich von Christus berührt. Daraufhin begann sie an den örtlichen Sonntags-Veranstaltungen des *Heimholungswerkes* teilzunehmen und berichtete mir davon. Irgendwann begann ich sie zu begleiten. So kam es, dass sie durch mich zum *Heimholungswerk* gelangt war und ich durch sie.

Das *Heimholungswerk* wurde 1984 zum *Universellen Leben*. Das heißt, aus dem bloßen Lehr- und Schulungswerk wurde eine Gemeinschaft, die begann, Wohngemeinschaften und Betriebe aufzubauen, Kultur, Seminare, Veranstaltungen und gemeinsame Ferienaufenthalte zu organisieren. Eine Gemeinschaft, wo ich meinen Glauben gefunden hatte, wo meine Suche zu einer Synthese fand und ich weltanschaulich endlich ein Zuhause hatte! Zudem eine Gemeinschaft, die in der Gründung und im Aufbruch begriffen war! Natürlich wollte ich mit Haut und Haaren dabei sein!

Doch es wurden auch die gutgemeinten heroischen Entschlüsse von neuen Geschwistern, die den Jüngern Jesu gleich alles stehen und liegen lassen wollten, immer wieder gebremst. In meinem Fall schrieb mir der Jugendbetreuer aus Würzburg (Wolfgang Kraus), dass ja vielleicht gerade in Berlin mein richtiger Platz sei. Es wurde immer gesagt, man müsse natürlich erst einmal an seinem bisherigen „Bestimmungsort" alles regeln, bevor man sich auf den Weg „auf die Scholle" mache und direkt am Aufbau des Friedensreiches mitwirken konnte. Trotzdem wollte ich eigentlich von der ersten Minute an mitwirken.

Mein Plan war folgender: Ich wollte mit einer einjährigen Krankenpflege-Helfer-Ausbildung mein Soll für meinen Ausbildungsweg erfüllen, so dass ich endlich was in der Tasche hätte. Damit könnte ich mich in der Naturklinik Würzburg-Dettelbach bewerben, die zu der Zeit in konkreter Planung war und für die ich bereits großzügig, im Rahmen meiner bescheidenen Verhältnisse, gespendet hatte. Es ging mir mit dem medizinischen Wissen wie mit dem meisten schulischen Wissen und mit der kirchlichen Lehrmeinung: Ich dachte anders. Ich wusste schon, dass ich die Lehrzeit sozusagen „mit geballter Faust in der Tasche" absolvieren musste, weil ich ja nicht immer nur diskutieren konnte...

In der Arbeit war ich weisungsgebunden, in den Prüfungen war ich lehrplangebunden. Ich war bereit, mich darauf einzulassen. Denn in den Offenbarungen wurde mir Hoffnung gemacht. Es hieß, die Ärzte würden im *Universellen Leben* die Medizin ganz neu lernen müssen. Ihr bisheriges Wissen sei zwar eine Grundlage, aber das meiste käme gar nicht mehr zur Anwendung. Neue Heilungsprinzipien und Abläufe, im Einklang mit der Natur, müssten erlernt werden. Daher machte es mir gar nichts aus, dass meine „weltliche" Ausbildung so kurz sein sollte. Ich wollte so schnell wie möglich als Krankenpflege-Helfer nach Dettelbach. Dann könnte ich dort in der Praxis die Sachen gleich „richtig" lernen. Dort wollte ich mich weiterentwickeln und direkt am Menschen helfend – wie ich es in den Pyrenäen beschlossen hatte – meinen Platz finden.

Mein Ideal orientierte sich an Franz von Assisi, der zu „den Aussätzigen" gegangen war. Ich wollte, wie er, genau den Menschen helfend beistehen, die in der Gesellschaft am meisten ausgesondert wurden, ich wollte gezielt die Arbeit machen, die kein anderer machen wollte. Für mich waren die „Aussätzigen des Zwanzigsten Jahrhunderts" die Alten und chronisch Kranken. Das Krankenhaus, wo ich die Ausbildung antreten sollte, war ein „Krankenhaus für chronisch Kranke". Viele der Bewohner waren dort nicht nur für eine Behandlung, sondern, weil ihnen ihre chronischen Krankheiten blieben, blieben sie auch in diesem Krankenhaus. Daher hatte dieses Krankenhaus den Charakter eines Altenheims.

Im Herbst 1984 begann die Ausbildung. Es kam, wie ich es mir gedacht hatte: Mit der Medizin war ich überhaupt nicht einig. Verschiedene Ärzte verschrieben Tabletten für die gleichen Patienten, ohne sich wegen der Wechselwirkungen abzustimmen. Der Pfleger war dann derjenige, der die Aufgabe hatte, den bunten Cocktail dem Patienten einzutrichtern. Wenn Patienten sich verweigerten, war ich eigentlich eher auf der Seite des Patienten und verwandte wenig Energie auf das, was eigentlich meine Mission sein sollte: ihn umzustimmen und zu nötigen, die Tabletten einzunehmen. So war ich in einem ständigen Konflikt.

Für andere war manches vielleicht völlig normal. Für mich war es äußerst befremdlich, dass im Bereich der Altenpflege genau die Themen verdrängt wurden, mit denen man täglich zu tun hatte: nicht nur Tod und Sterben, sondern auch Krankheit und Gesundheit. Die Schwestern und Pfleger lebten in genau den gleichen krankmachenden Gewohnheiten, deren Auswirkungen sie täglich vor sich sahen. Kaffee und Marmeladen-Weißbrot zum Frühstück, Wurst und Zigaretten. Die Genussgifte, die die Patienten pflegebedürftig gemacht hatten, wurden in keiner Weise hinterfragt. Für andere mag mein Ansatz extrem sein. Für mich als Gesundheitsreformer war es merkwürdig, wenn man anscheinend der Einzige ist, der einfach mal die Augen aufmacht.

Man praktizierte damals noch eine Anwendung, die hieß bei den Schwestern „Arktis und Tropen". Mit Eisen und Fönen sollte bei Dekubitus-gefährdeten Stellen die Durchblutung angeregt werden. Diese Anwendung strich man später aus der Pflege, weil sie nichts brachte. Ich hatte damals schon das Gefühl, dass sie mehr schadete als nutzte, dass man zumindest seine Zeit damit verschwendete.

Bei verschiedenen lebensverlängernden Maßnahmen und Gelenkoperationen bei im Sterbebett Liegenden konnte ich ebenso die Denkweise der modernen Medizin nicht nachvollziehen. Damals war ich noch sehr viel kategorischer und kompromissloser als heute. Es war für mich eine stetige Gratwanderung in der Frage: Wie soll ich mit der Situation umgehen?

Außerdem hatte ich nicht das Gefühl, dass ich meine Stärken wirklich ausleben konnte – Zuhören, aufbauende Gespräche, oder gar die Zusammenhänge von Lebensgewohnheiten und Gesundheit aufzeigen. Dafür war natürlich wenig Zeit. Allein das Problem regelmäßiger Stuhlgang – das in der Altenpflege einen großen Raum einnimmt – wäre durch eine fachgerechte Ernährung bei vielen leicht zu lösen gewesen. Wenn man sieht, dass sehr viel Arbeit dadurch entsteht, dass ein Gesundheitsbewusstsein nicht vorhanden ist, dann muss man das erstmal verkraften. Man ist nicht in der Lage aufzuklären, es wird nicht gehört, nicht gewünscht. Ein Einwirken auf die Senioren ist natürlich auch nur dann möglich, wenn es eine Zusammenarbeit von den Ärzten, dem gesamten Pflegeapparat und der Küche gibt. Als Einzelkämpfer steht man da auf verlorenem Posten.

Die Anforderungen der Hygiene, der Sauberkeit und Ordnung, den Umgang mit Intimität verstand ich schon, aber von den Talenten her waren die weiblichen Pflegekräfte sehr viel besser geeignet für diese Bereiche. Hinzu kam, dass ich häufig den Eindruck bekam, dass Pflegekräfte sich nicht gegenseitig halfen und anstatt dessen nur auf eine Gelegenheit lauerten, einen in die Pfanne zu hauen.

Kurz gesagt, ich fühlte mich kreuzunglücklich in der Pflege. Nun hatte ich eine so gründliche Suche nach meiner Mission und meiner Berufung hinter mir. Aber ich fühlte mich überhaupt nicht an meinem Platz angekommen. Es war eine Katastrophe.

Es gab so kleine, ganz eigene Erfolgs-Erlebnisse, aus denen ich den Mut zog weiterzumachen. Es gab da auf der Station zum Beispiel eine Patientin, die hatte ständig einen völlig blutverkrusteten Hinterkopf. Sie war etwas geistig verwirrt und sprach überhaupt nicht. Man erklärte mir, sie habe Gleichgewichtsstörungen und fiele eben manchmal einfach völlig ungebremst nach hinten um, wie ein Brett. Eines Morgens, die Patienten in einem Zimmer waren gewaschen und angezogen, ich machte gerade die Betten, erlebte ich es mit: Sie fiel aus heiterem Himmel kerzengerade nach hinten um und hatte keine Möglichkeit, den Sturz aufzufangen. So etwas konnte ich nicht mit ansehen, meine Reaktion war wie ein Blitz. Mit einem einzigen Satz sprang ich vier Meter weit und landete bäuchlings auf dem Boden. Meine ausgestreckte Hand war in der letzten Millisekunde zwischen ihrem Hinterkopf und dem harten Boden. Sie krachte zwar mit dem ganzen Körper zu Boden, aber das schlimmste Krachen, auf den Hinterkopf, war sanft abgewendet. Einen solchen Einsatz kannte sie anscheinend überhaupt nicht. Nach dem Aufhelfen strahlte sie mich an und schenkte mir in der folgenden Zeit, so lange wie ich auf der Station war, immer ein ganz besonderes Lächeln.

Da dachte ich, vielleicht war ich ja doch am richtigen Platz. Ich biss die Zähne zusammen und hatte das Ziel durchzuhalten und die Ausbildung zu Ende zu bringen. Die Situation hatte mich aus meinen Gedankenkreisläufen herausgeführt und mich in meine Mitte geführt. So sagte mir auch die anleitende Schwester auf dieser ersten Lehrstation, ich würde am besten unter Druck arbeiten, wenn viel in kurzer Zeit zu erledigen war. Dann lief ich zur Höchstform auf. Ich durchlief mehrere Stationen, bekam immer wieder meine Zweifel über die Maßnahmen am Patienten, hatte aber auch verinnerlicht, dass ich am besten funktionierte, wenn ich nicht dachte.

Zu der Zeit hatte ich einen Obdachlosen in meine Wohnung aufgenommen: Joachim Marx – der „Federnhutmann", weil er sich Federn von der Straße an seinen Hut steckte. Er war das wandelnde Abenteuer, konnte mir viele Orte in Berlin zeigen und hatte ständig interessante Kontakte und Bekannte, die überraschend auftauchten. Vor der Ausbildung, in 1984, hatte er mich zum Beispiel in ein Programmkino mitgenommen, wo er den Filmvorführer kannte. Daher konnten wir umsonst in den Film *„Begegnungen mit bemerkenswerten Menschen"* über den georgischen Mystiker Gurdjeff. Joachim Marx konnte mir als Augenzeuge berichten von den olympischen Spielen 1936 in Berlin und von seinen Erlebnissen im

Zweiten Weltkrieg, wo er noch eingezogen worden war.

Im Sommer 1985 gingen wir einmal zusammen essen in einem Imbiss-Restaurant. Dort beteten wir ausgiebig vor unserer Pommes. Er ließ sich von meinem Glauben inspirieren und war sehr offen dafür. Ich musste nur etwas schmunzeln: Im Herbst 1984, kurz vor meiner Ausbildung, war ich bei einem Helfer-Einsatz auf einem Bauernhof der Urchristen in Bayern gewesen. Einmal hatte uns die Leitung des Bauernhofes in das Urchristen-Restaurant in Würzburg eingeladen. Es wurde uns vorher eingeschärft, dort nicht vor dem Essen zu beten. Man wollte in dem Restaurant die „Welt-Kunden" nicht verschrecken.

Es zeigte mir wieder einmal, wie absurd diese Welt ist: Bei den Urchristen, in einem Urchristen-Restaurant, sollte nicht gebetet werden. Daran musste ich denken, als ich mit dem Mitbewohner, den ich in Berlin von der Straße aufgegabelt hatte, in einer Pommes-Bude saß. Da beteten wir ausgiebig und laut, ohne auf unsere Umgebung Rücksicht zu nehmen. Dieses Erlebnis verstärkte wieder einmal das Gefühl, das ich schon bei meinem ersten Kontakt mit dem Heimholungswerk in Würzburg 1982 hatte: Man muss trennen zwischen dem Offenbarungswerk und dem, was die Menschen daraus machen. Die Urchristen in Würzburg sind auch Menschen und keine Engel. Es gibt keinen Grund, sich an ihnen zu orientieren. Sie sind oftmals noch tiefer in der Welt verstrickt als man selber.

Ich arbeitete auf den Abschluss meiner Ausbildung hin. Es gab ein Gespräch mit der Ausbildungs- und Pflegedienstleiterin und dem Stationsleiter. Man hatte schon gemerkt, dass ich mit vielem haderte. Man sprach mich direkt darauf an. Es gab Diskussionen, in meiner Medizinkritik war ich so kompromisslos, wie ich es mit meiner Gesellschaftskritik auch war. Die Grautöne zuzulassen – das musste ich erst in langen Jahren lernen. Man hatte sich schon überlegt, wie es mit mir weitergehen sollte. Man eröffnete mir, dass man mich die Prüfung bestehen lassen wollte, aber in die Prüfungsurkunde wollte man reinschreiben:

„Für die Krankenpflege nicht geeignet"!

„Ausbildung erfolgreich abgeschlossen, aber nicht geeignet", das klang für mich wie,

„Operation gelungen, Patient tot".

Im Nachgang nach dem Gespräch wurde mir erst richtig bewusst, wie absurd das war. Natürlich wollte ich mir meine Unfähigkeit nicht auch noch bescheinigen lassen! Ich war 22 – und schon wieder ein Misserfolg! Schon wieder ein Abbruch! Aber es hatte keinen Zweck. Ich trat den nächsten Frühdienst nicht mehr an, sondern ging direkt ins Büro, um zu kündigen. Als ich zu ungewohnter Zeit zuhause aufkreuzte und meinem Mitbewohner gestand, dass ich die Ausbildung abgebrochen habe, sagte er mir ohne zu zögern: „Gut so!" Das tat mir gut, dass nicht bewertet wurde, dass kein Entsetzen und Bedauern vorgeschoben wurde. Er begrüßte es einfach, dass ich eine Entscheidung getroffen hatte. Außerdem beflügelte er mich mit seiner grundpositiven Lebenseinstellung.

Einer seiner Sprüche war:

„Immer, wenn du denkst, es geht nicht mehr, kommt von irgendwo ein Lichtlein her..."

Der Punkt war, so ziemlich zum gleichen Zeitpunkt erfuhr ich, dass die Eröffnung des Krankenhauses Dettelbach, wo ich meine Bewerbung hinschicken wollte, abgesagt worden war...

„Als 1984 im Wallfahrtsort Dettelbach (Landkreis Ditzingen) eine erste Naturheilklinik geplant wird und bereits ein Gebäude dafür gekauft ist, macht der Verkäufer, der Landkreis (!), den Verkauf mit juristischen Tricks wieder rückgängig, sobald der Glaube der Käufer ruchbar wird. ‚Kirchen bedrängen den Landrat', lautet eine Überschrift der Main-Post (28.09.1984). Gemeint ist Landrat Siegfried Naser (CSU, später Präsident des Bayerischen Sparkassenverbandes), der diesem Druck rasch nachgab. Der geplatzte Verkauf kostete den Steuerzahler Millionen, weil das Gebäude daraufhin jahrelang leerstand."[12]

Wie bei der Kreuzigung Jesu: Die Geistlichkeit traf eine Entscheidung (bei Jesus der Sanhedrin, der jüdische Rat in Jerusalem) und die weltlichen Behörden führten es aus (bei Jesus die Römer). Durch die Urchristen habe ich verstanden, weshalb ich mich in dieser Welt schon seit früher Jugend so fremd fühle. Und weshalb die Kirchen als Angebot, ein Forum für das Christsein sein zu

---

[12] *„Der Schattenwelt neue Kleider – Die Inquisition der Jetztzeit"*, Verlag DAS WORT, Marktheidenfeld, 2006

269

wollen, mich schon seit früher Jugend so abgestoßen haben.

Davon, dass schon wenige Jahre später das
Projekt der urchristlichen Naturheilklinik in
Markheidenfeld-Michelrieth verwirklicht werden
sollte, wusste ich zu diesem Zeitpunkt noch
nichts. Dafür hatte Joachim Marx, mein Mitbewohner, sofort einen Plan für uns in der Tasche:
Er wollte in Berlin-Neukölln seinen langgehegten
Traum von einem eigenen antiquarischen Buchladen verwirklichen. Einen Slogan hatte er auch
schon dafür:

„Vom Schmöker bis zum alten Goethen
gibt es alles im ‚Kometen' ".

Er hatte nicht nur den Slogan anzubieten,
sondern hatte auch schon ein konkretes Objekt
zum Anmieten in Aussicht. Ich war etwas willen-
los, mein eigener Traum war geplatzt, meine verschiedenen Ausbildungsversuche waren eine einzige Ruinenlandschaft. Ich sagte sofort ‚Ja'. Ich
entschied mich, meine Erfahrung aus der Pflege
aufzugreifen und nicht zu denken.

„Würde ich nicht noch mehr Lebenszeit verschwenden?" – Nein, ich wollte mir solche Fragen
jetzt nicht stellen! Ich wollte nicht denken!

Wir eröffneten einen „Buchladen" – „Komet", wohnten im Hinterzimmer und bemühten uns ohne Vorkenntnisse und Kapital darum, den Laden aufzubauen. Natürlich funktionierte der Laden nicht als Laden, ich konnte nicht handeln und bezahlte beim Ankauf zu viel und nahm beim Verkauf zu wenig. Aber der Laden funktionierte als Drehscheibe für neue Begegnungen, im Zusammenhang mit einem Neuköllner Obdachlosentreff, wohin Joachim mich mitnahm. Um Geld zu verdienen, trug ich nachts die Berliner Morgenpost aus. Der Buchladen war zwar Joachims Traum gewesen, doch sämtliche Entscheidungen und Arbeiten blieben an mir hängen. Bis ich nach hoffnungslosen Versuchen, auf einen grünen Zweig zu kommen, nach etwa einem dreiviertel Jahr den Laden aufgab. Meine Einnahmen erhielt ich sowieso einzig aus dem nächtlichen Zeitungszustellen.

Die Erfahrungen mit Joachim Marx bestätigten mich darin, dass ich ja eigentlich Sozialarbeiter war. Er vereinigte so ziemlich alle sozialen Probleme in einer Person: Obdachloser, Haftentlassener, Altersbeschwerden, Probleme beim Umgang mit Finanzen (er hatte einen Vormund), Alkoholmissbrauch, psychische Probleme… Es kamen Schlaganfälle hinzu, die schließlich dazu führten, dass er sich im Krankenhaus das Leben nahm. Die Aussicht, als Pflegebedürftiger den Rest seines Lebens zu verbringen, war für ihn unerträglich gewesen... Ich war in der ganzen Zeit bereits ein Sozialarbeiter gewesen, ohne Studium zwar, doch von der Praxis unmittelbar gefordert.

In einem Traum begegnete mir die Prophetin im Universellen Leben als Mitarbeiterin eines Arbeitsamtes. Sie sagte mir, ich solle Abitur machen. So ging ich es erneut an mit dem Abitur, zum dritten Mal, diesmal über eine Abendschule und mit dem festen Ziel, danach Sozialarbeit zu studieren. Ich bewarb mich mit meiner abgebrochenen Krankenpflege-Hilfe-Ausbildung bei einem Ambulanten Pflegedienst – und wurde genommen! Nun fühlte ich mich wohl in der Pflege: Es war freier als in der stationären Arbeit. Es war nicht so akademisch getrennt, wie es später eingeführt wurde: Die Pflegekraft für die Pflege, die Hauswirtschaftskraft für den Haushalt und der Alltagsbetreuer für Gespräche, Spiele, Unterhaltung und Arztbesuche. Damals war man in der Ambulanten Pflege alles in einem, man war eben einfach da und machte, was anstand. Von wegen, „für die Pflege nicht geeignet"!

Es lief gut, es war sinnvoll. Es war schwer, aber ich hatte ein Ziel! Tagsüber arbeiten, abends in der Schule sitzen, am Wochenende auch noch arbeiten und lernen – das über zweieinhalb Jahre. Aber ich hielt durch. Beim „Abitur für Nichtschüler" wurde man zentral geprüft, d.h. die Lehrer, die einen unterrichteten, hatten keinen Einfluss auf die Prüfungsaufgaben. So konnte wirklich alles aus dem Abiturstoff rankommen. Es ging für mich, wie für die meisten, nur darum durchzukommen, egal mit welchem Notenschnitt.

Mit 3,4 setzte man mich in der Fachhochschule für Sozialarbeit in Berlin auf eine Warteliste. Ich war 25 und sollte noch auf eine Warteliste??? Ich fand es unmöglich, ein „externes Abitur" mit einem normalen Abitur zu vergleichen! Aber ich nahm es als Impuls, Berlin zu verlassen. Der alte Plan, nach Würzburg zu ziehen, könnte ja nun umgesetzt werden. Da die Fachhochschule in Würzburg katholisch war – so ziemlich das genaue Gegenteil von meinem Glauben – bewarb ich mich in Frankfurt am Main, einer „weltlichen" Fachhochschule. Dort wurde ich sofort genommen. Frankfurt am Main ist nicht so weit von Würzburg entfernt. So konnte ich die geistigen Schulungen in Würzburg leicht besuchen. Im Versammlungsort in Frankfurt am Main, der

„Inneren-Geist-Christus-Kirche" fand ich meine Anbindung und meine geistige Gruppe, wo ich jeden Sonntag und bald schon mehrmals in der Woche hinging.

Ich erhielt kein BaföG. Die ausländischen Papiere über das Gehalt meines Vaters, die ich für Geld übersetzen lassen musste, überzeugten nicht – obwohl ich von meinem Vater keinen Pfennig Unterstützung erhielt. So musste ich meine Doppelbelastung weiterfahren. Ich arbeitete in der Kleinmarkthalle Frankfurt am Main bei einem Obst- und Gemüsestand der Urchristen. Dort baute ich um sechs Uhr früh, bevor die Halle geöffnet wurde, den Stand auf, half am Nachmittag nach dem Studium noch beim Verkauf und baute dann den Stand abends wieder ab. Ein Gespräch unter Studenten in der Fachhochschule, das ich mitbekam, berührte mich sonderbar: Man meinte, gleich zur ersten Stunde kommen zu müssen, um neun Uhr, sei doch eigentlich zu früh... Später arbeitete ich studienbegleitend wieder in der Ambulanten Pflege. Parallel musste ich meine Studienpraktika durchführen. D.h. in den Semesterferien absolvierte ich auch noch unbezahlte Vollzeit-Praktika, an zwei Stellen je vier Wochen, an einer dritten Stelle acht Wochen. Die Finanzierung für diese Zeiten musste ich durch meine studienbegleitenden Jobs jeweils vorab erwirtschaften...

Meine Anfrage bei der Naturklinik Michelrieth bei den Urchristen auch dort ein Vier-Wochen-Praktikum absolvieren zu dürfen, wurde abgelehnt. Als man mich nach meiner Motivation fragte und ich sagte, ich wolle mehr über die Arbeitsweise der Urchristen im Heilbereich erfahren, sagte man mir, genau das wolle man ja nicht, dass „Außenstehende" zu viele Einblicke erhielten. Ich war enttäuscht. Ich hatte das Gefühl, man behandelte mich wie einen Fremden. Na ja, sie konnten ja auch nicht wissen, was ich bereits alles für Dettelbach getan hatte... Als Markthelfer beim Stand der Urchristen bot man mir nach zwei Jahren an, statt stundenweise zu helfen, doch ganz einzusteigen und dafür mein Studium aufzugeben. Das konnte ich nun gar nicht nachvollziehen. Ich entschied mich dagegen. Nun wollte ich doch endlich einmal etwas in meinem Leben abschließen!

Kurz darauf wurde mir als Markthelfer ohne Angabe von Gründen gekündigt. Diese Erlebnisse befremdeten mich, ich hatte nicht das Gefühl, dass das Universelle Leben einen Platz für mich bereithielt. Eher hatte ich das Gefühl, dass sie selber nicht wussten, was sie taten. Jahre zuvor war ich von einem Bruder aus Würzburg bestärkt worden, mein Abitur zu Ende zu machen – das ja nur den Sinn gehabt hatte, Sozialarbeit zu studieren! Die „Geschwister in Würzburg" konnten mir keine Führung bieten, was meine Berufslaufbahn anging. Zum Glück hatte ich schon früh gelernt, beim *Universellen Leben* zwischen den äußeren Aktivitäten und dem geistigen Offenbarungswerk zu unterscheiden. Ich wechselte zu einem Ambulanten Pflegedienst in Frankfurt am Main und war dann wieder studienbegleitend in der „Hauspflege", wie schon während meiner Zeit am Abendgymnasium.

In meinem religiösen Eifer dachte ich manchmal, ich wollte nur noch beten und in der Arbeit für andere da sein. Lesen und Schreiben wollte ich ablegen, Beten und Soziale Arbeit, das wäre der Weg für mich. Doch gerade mein Studium der Sozialen Arbeit zwang mich dazu, weiter ein Lesender und ein Schreibender zu bleiben. So entschied ich mich, meine Neigung für Bücher anzunehmen. Es entstand in mir meine berufliche Ausrichtung: Schriftsteller und Sozialarbeiter. Ich erkannte sogar, Schriftsteller und Sozialarbeiter zusammen waren für mich erst ein Ganzes. Denn die Sozialarbeit verschaffte mir einen

Erfahrungshorizont für das Schreiben. Das Schreiben war für mich ein Weg, die Sozialarbeit zu verarbeiten und zu verstehen, Konzepte zu erlernen und selber zu entwickeln. Ich hatte sozusagen in meiner eigenen Entwicklung die benediktinische Regel vervollständigt und dem „Ora et labora" das „...et lege" hinzugefügt: Bete und arbeite... – und lese!

Da Schreiben meine Leidenschaft war, überzeugte meine Diplomarbeit und stach aus den Diplomarbeiten der anderen heraus. Ich erhielt eine glatte Eins für meine Diplomarbeit, letztlich war 1,0 auch die Gesamtnote für den Diplom-Abschluss. Nach dem Anerkennungsjahr, einem bezahlten Jahrespraktikum, hatte ich mit dreißig mein Ziel erreicht und war „Staatlich anerkannter Diplom-Sozialarbeiter".

Von 23, wo ich mit der Abendschule begann, bis 30: Es war ein langer harter Weg gewesen. Weil ich so eisern gewirtschaftet hatte – immer nur Arbeit, keine Anschaffungen, keine Urlaubsreisen, kein Alkohol, keine Zigaretten – hatte ich in der Zeit sogar noch Geld ansparen können. Ich machte meinen Führerschein in einer Ferienfahrschule, quasi als Zusatzqualifikation für die Sozialarbeit. Mit 30 war ich sozusagen „komplett".

Doch beruflich fand ich noch lange nicht meinen Bereich und meinen Heimathafen. Ich fand zu einer Stelle, Sozialarbeit im Altenheim, die sich nur als Zwischenstation erwies. Es war nicht der Grund meines Studiums gewesen. Der Wunsch war es, mit Menschen zu arbeiten, die noch so im Leben standen, dass Weichen gestellt werden konnten, wo man in ihrem Lebenslauf etwas bewirken konnte. Ich fand jedoch keine andere Stelle in der Sozialarbeit, und, nach einer Weiterbildung, schließlich auch keine mehr im Seniorenbereich. So kam es, dass ich mit 33 doch wieder in der Altenpflege anfing, diesmal wieder im stationären Bereich. Ich wollte meinem Motto „dem Nächsten dienen" treu bleiben. Ich hielt nicht an meinem studierten Beruf fest, sondern war immer der Ansicht, „Arbeit schändet nicht". Jede Erfahrung sah ich als Bereicherung und würde mir auch in einer späteren Anstellung als Sozialarbeiter zugutekommen.

Nach dreieinhalb Jahren, mit knapp 37, war ich von dem ständigen Personalmangel und der damit verbundenen ständigen Zeitnot so ausgebrannt, dass ich an mir selber feststellte, dass ich grob zu den Patienten wurde. Das Warnsignal nahm ich auf, kündigte und hatte wieder einmal: gar nichts. In Frankfurt am Main fand ich, aus welchen Gründen auch immer, zu der Zeit keine Stelle als Sozialarbeiter. Kirchliche Einrichtungen lehnten zu der Zeit noch Bewerber ab, die so wie ich aus der Kirche ausgetreten waren. Doch auch bei anderen Trägern kam ich nicht an, vielleicht wurden Bewerber aus Hessen vorgezogen. Die Bewerbungsgespräche waren aus heutiger Sicht einigermaßen absurd. Man fragte mich, warum ich als Sozialarbeiter arbeiten wollte und warum gerade in diesem Bereich. Dass ich in meinem erlernten Beruf mir meine Miete verdienen wollte – die vollkommen legitime Erklärung in jedem anderen Bereich – genügte nicht. Dieses „Warum" erwies sich als ein einziges Minenfeld und ist aus meiner heutigen Sicht keine faire Frage an einen Bewerber. Mein Diplom mit Durchschnitt 1,0 half mir auch nicht.

Es nagte an mir ein Stück weit ein schlechtes Gewissen, dass ich den Bereich Altenpflege im Stich ließ, wo doch dort sowieso Personalmangel herrschte. Nur, es ging eben nicht mehr. Ich wollte weder durch die Arbeit krank werden noch gewalttätig. Weil ich diese Tendenzen klar erkannte, kündigte ich. Aus meiner Sicht hing der große Bedarf in der Altenpflege mit dem ungesunden Zivilisations-Lebensstil zusammen. Schon seit langem interessierte ich mich für Gesundheits-

Vegetarier und lernte von bekannten Gesundheitslehrern, deren Bücher ich verschlang, wie Werner Kollath und Maximilian Bircher-Benner, vor allem aber Are Waerland. Ich versprach mir, ich wollte mich der Verbreitung der gesunden Lebensweise widmen. Wenn ich die Not in der Altenpflege schon nicht mehr durch meinen Beitrag als Pfleger lindern konnte, dann eben auf diesem Weg. 1999 wurde das erste Gesundheitsbuch von mir veröffentlicht: *„Gesund sein bis ins hohe Alter"*[13].

Über eine Zeitarbeitsfirma kam ich zu einem Einsatz als Versandmitarbeiter in einer Werkzeugfirma. Nach einem halben Jahr wurde ich dort direkt von der Werkzeugfirma übernommen und blieb dort insgesamt sechs Jahre. Meinen Berufsweg als Sozialarbeiter hätte ich als gescheitert betrachten können. Aber ich hatte ein völlig grundloses und gleichzeitig sicheres Zutrauen, dass ich schon noch meinen Platz als Sozialarbeiter finden würde, wenn es soweit ist. Ich sah alle meine Erfahrungen, auch die als Versandmitarbeiter, als weitere Teile meiner Ausbildungszeit zum Sozialarbeiter. Ich wollte die Erfahrungen machen, die andere Menschen auch machen. Ich

---

[13] Günter Albert Ulmer Verlag, Tuningen

kam ins Gespräch als Kollege mit den Kollegen. Ich sah es als Baustein für meine spätere Tätigkeit. Es war noch nicht absehbar, aber mein Zutrauen sollte sich Jahre später erfüllen.

Meine Zeit als Aktiver beim *Universellen Leben* ging zu Ende, weil ich die Schulungen des Inneren Weges abbrach. Gesprächskreise in den „Intensivkursen" wurden per Telefonüber-tragung an Würzburg angeschlossen, weil man den Geschwistern vor Ort nicht zutraute, selber zu Leitern eines Gesprächskreises zu werden. Die Fähigkeiten der Geschwister wurden nicht wirklich gesehen und gefördert, sondern sie wurden im Dienst der „Aufgaben" regelmäßig unterdrückt: ausgebildete Psychologen als Betreiber eines Markstandes, Verwaltungsfachleute als Küchenhelfer – oder auch Sozialpädagogen und Schriftsteller, für die es über Jahre keinen Einsatz gab außer als „Handzettelverteiler" auf der Straße. Diese Tätigkeiten sind für niemanden verkehrt oder zu niedrig, darum geht es nicht. Aber im Rückblick wurde oft empfunden, dass Potentiale brachlagen...

Viele trösteten sich mit der Erklärung, dass die „Pioniere der Neuen Zeit" eben besondere Opfer zu bringen hatten. Im Rückblick erscheinen diese Umstände aber als Absurditäten, die die Unfähigkeit der Entscheidungsträger offenbarten zu führen. In Strukturen, wo offensichtlich die spirituelle Entwicklung nicht wirklich gefördert wurde, wo in einem siebenstufigen Schulungsweg nur wenige über die erste Stufe hinauskamen und noch weniger über die zweite Stufe – waren es da wirklich die einfachen Geschwister, die verantwortlich waren für den Zusammenbruch der Bundgemeinde, oder nicht vielmehr diejenigen, die diese Strukturen vorgaben? Wer sich dagegen auflehnte, flog.

Bei all dem zweifle ich nicht das *Universelle Leben* und seinen Auftrag an. Bei all dem zweifle ich nicht den göttlichen Ursprung der Offenbarungen an. Trotz all dieser Beobachtungen und Gefühle sehe ich im *Universellen Leben* nicht eine „Sekte". Es ist so wichtig zu sehen, dass es nicht um einen grundsätzlich bösen Willen der Führung geht oder um ein „System der Ausbeutung". Es geht um Dynamiken in Gemeinschaftsprozessen, die eben einfach leicht kippen können. In keiner Weise zweifle ich die Identität von Gabriele als hohes göttliches Wesen, als „Seraph der göttlichen Weisheit" oder ihre Mission als Prophetin der Jetztzeit an.

Ich war in einem Konflikt, da ich tief empfand, dass Dinge in eine falsche Richtung liefen und dass mir die Live-Schulungen des Inneren Weges nicht mehr wirklich weiterhalfen. Es wäre ein Weg gewesen, diese Schulungen „pro forma" weiterzuführen. Ich entschied mich aber dafür, meinem Gefühl zu folgen, nicht an Schulungen weiter teilzunehmen, die für mich „innerlich tot" waren, nur um die Fassade aufrecht zu erhalten. Bereits Jahre zuvor hatte ich in einem Praktikum bei der Suchtausstiegs-Gemeinschaft Synanon (1990 Cölbe-Fleckenbühl) an Selbsterkenntnis-Gesprächen teilnehmen dürfen. Diese wurden nicht von handverlesenen Urchristen angeleitet. Dennoch empfand ich diese Selbsterkenntnis-Gespräche „in der Welt" als sehr viel intensiver als die in der sogenannten „Intensivschule" der Urchristen...

Weil ich die Schulungen abbrach, wurde es mir ausdrücklich untersagt, weiter ehrenamtliche Tätigkeiten für das *Universelle Leben* auszuführen: Handzettel-Verteilen, Gitarre spielen bei der Sonntags-Veranstaltung, Helfen bei den wöchentlichen Speisungen für Obdachlose, Führen des Trödel-Fundus (Gebrauchtwaren aller Art). Schon seit meiner ersten Begegnung mit dem damaligen Heimholungswerk 1982 hatte ich ja zu

283

trennen gelernt zwischen dem geistigen Offenbarungswerk und dem, was die Menschen daraus
machen – sogar bei Gabriele, der Prophetin. Daher erschütterten diese Prozesse in keiner Weise
meinen Glauben oder mein Weltbild. Weiterhin
und ungebrochen sehe ich mich als Anhänger des
Universellen Lebens.

Mit 37 stand ich allerdings draußen. Es wurden auf einmal Kapazitäten frei. Ich setzte mich
aktiv ein für eine kleine politische Partei, der *Tierschutzpartei.* Dort arbeitete ich mit in der Hessi-
schen Programm-Kommission für die Gestaltung
eines neuen Grundsatzprogrammes. Weil unser
Entwurf am besten ausgearbeitet war, wurde unsere Gruppe ganz schnell zur Bundes-Programm-
Kommission und der Bundesvorsitzende nahm an
unseren Treffen teil. Es war eine neue Erfahrung
für mich. Im *Universellen Leben* war meine Gabe
zu schreiben nichts wert, sie wurde niemals ange-
fragt oder gebraucht. Auf geistigem Gebiet war ich
immer nur als Handzettelverteiler gefragt. Nun
wurde meine Gabe auf einmal gebraucht!

In den Jahren als Versandmitarbeiter war
ich wirklich wie eine brennende Kerze, die an
zwei Enden brennt: Ich arbeitete in Vollzeit,
schrieb an einem weiteren Gesundheitsbuch und

war politisch aktiv und wurde dabei nach zwei Jahren zum Landesvorsitzenden dieser Partei für Hessen. Außerdem lebte ich auch noch in einer Wochenendbeziehung. Meine Partnerin trat ebenso in diese kleine Partei ein und wir konnten gemeinsam aktiv sein, was uns beide bereicherte (Arbeitssitzungen, Öffentlichkeits-Aktionen...). Aktiv in der Politik zu sein war für mich eine wichtige Erfahrung, weil ich auf diese Weise am besten unser politisches System kennenlernen konnte und wie die meisten Menschen politisch denken.

Besonders durch die Verpflichtung bei einer kleinen Partei, für jede Wahl Unterstützungsunterschriften einholen zu müssen, kam es immer wieder zu Begegnungen mit Menschen, die ernüchternd waren. Nicht nur, dass man jedem erst einmal erklären musste, was Unterstützungsunterschriften sind und dass sie ja immer noch etwas anderes wählen konnten. Viele wollten vor der Unterschrift alles über die Partei wissen, weil sie nicht verstanden, dass sie der Partei keine Stimme gaben, sondern nur deren Antritt zur Wahl ermöglichten. Für die meisten Menschen galt eine Unterschrift mehr als ein Kreuz auf dem Wahlzettel. Die Spucke, die es brauchte, um diese falschen Vorstellungen auszuräumen, könnte Eimer füllen. Man stellte fest, dass die meisten

Menschen unser politisches System nicht kannten und nicht verstanden. Sie wehrten ab und sagten, „wenn ihr erstmal oben seid, dann seid ihr genauso korrupt wie die Altparteien!"

Das für mich Bestürzende daran war, dass ja die Menschen durch die Bank über die Politik schimpften. Wenn man ihnen dann eine Alternative anbot, hätte das nach meinem Verständnis bei der bisherigen Unzufriedenheit hochinteressant sein müssen. Das Gegenteil war der Fall, man gab der Sache keine Chance, ohne sich inhaltlich überhaupt zu informieren. Die extremste Botschaft war, wenn man wirklich etwas bewegen wollte, müsste man in der außerparlamentarischen Opposition arbeiten, der „Weg durch die Instanzen" wäre ja viel zu brav. Immer wieder musste man feststellen, wenn man sich die Reaktionen der Menschen genau überlegte, dass sie die Verfassung offen infrage stellten.

Wie ich so über das politische System in unserem Land nachdachte, da stellte ich für mich fest, dass es sehr gut war, dass es aber nur funktionieren konnte, wenn der Wähler Wahlprogramme las. Zu dieser Partei war ich gekommen, weil mich die Inhalte des Wahlprogramms begeisterten. Ich war zuvor ein Politikverweigerer gewesen und war nicht einmal zu den Wahlen gegangen. Nun, da ich von einem Wahlprogramm überzeugt war, da schaltete ich vollkommen um: Ich wollte der Sache zum Durchbruch verhelfen, war aktiv in der Partei und wählte sie selbstverständlich auch (und schrieb sogar an einem erneuerten Wahlprogramm!). Dabei war es mir vollkommen egal, dass es sich um eine kleine Splitterpartei handelte. Mir ging es darum, durch politische Arbeit und Wählengehen meine politische Überzeugung zum Ausdruck zu bringen, jenseits von strategischen Überlegungen.

Wenn man dann feststellt, dass fast alle Wähler – nicht nur die Senioren in den Altenheimen – ihre Wahlentscheidung treffen, ohne in ein Wahlprogramm geguckt zu haben, dann wird einem klar, weshalb die meisten Menschen mit der Politik so unzufrieden sind. Sie begreifen gar nicht, was sie eigentlich wählen, kennen ein paar Köpfe aus dem Fernsehen und aus der Zeitung, aber wissen nicht, wofür eine Partei eigentlich steht. Besonders deutlich ist das für mich später geworden bei den „Stuttgart-21-Protesten". Die CDU-Regierung, die die Bauarbeiten angeschoben hatte, rechtfertigte sich im Fernsehen, genau die Umsetzung von „Stuttgart 21" habe ja in ihrem Wahlprogramm gestanden. Dafür waren sie gewählt worden. Daher waren sie nicht nur berechtigt, sondern sogar beauftragt und verpflichtet, dieses Projekt zu realisieren. Eine Mehrheit hatte also dafür gestimmt. Wahrscheinlich ohne es zu wissen, denn die meisten CDU-Wähler antworten auf die Frage, weshalb sie sich so entscheiden würden, weil sie ja immer schon CDU gewählt haben. Hinterher gehen dann die Menschen gegen die Politik auf die Straße, die die Mehrheit gewählt hat. Die Politik findet in den Parlamenten statt, nicht auf der Straße!

Zurück in die Jahre 2005 / 2006. Für die Kommunalwahl in Frankfurt am Main im März 2006 traf ich mich über einen Zeitraum von fast zwei Jahren im Raum des „BFF – Bürgerbündnis für Frankfurt" mit Vertretern verschiedener Kleinstparteien. Es ging darum, eine gemeinsame Liste aufzubauen mit BFF, Familienpartei, Graue Panther und ÖDP. Es gab genug Schnittmengen, daher wurde es als sinnvoll empfunden, die Kleinstparteien für diese Wahl zusammenzulegen, anstatt sich gegenseitig die Stimmen abzujagen. Kurz vor der Verabschiedung der Kandidaten wollte ich bei einem Arbeitstreffen das Einverständnis des Landesverbands einholen. Das, was ich als reine Formalität sah, wurde zu einer großen Diskussion. Obwohl ich auf jedem

Arbeitstreffen über Jahre über die Zusammenkünfte mit dem BFF berichtet hatte, tat man auf einmal ganz überrascht und war auf einmal ganz und gar nicht dafür. Im Endeffekt warf man mir vor, dass ich mit Nicht-Vegetariern sprach und zusammenarbeiten wollte (die *Tierschutzpartei* war in dieser Hinsicht ziemlich stur). Es kam schließlich zu einer Abstimmung, ob man die Kandidatur in dieser Form unterstützen wollte. Das Ergebnis war ein Unentschieden, Fifty-Fifty. Das genügte nicht, aber mir genügte es, um zu sagen, ich verlasse die *Tierschutzpartei*. Für eine jahrelange Vorbereitungsarbeit, die laufend kommuniziert worden war, gab es auf einmal keine klare Zustimmung mehr.

Es war schließlich ein Mitglied vom BFF, der mich umstimmte, der sagte, es könne nicht der Sinn der Sache sein, nun die Partei zu wechseln. Ein Fifty-Fifty bedeute ja kein Nein, sondern sei ein Auftrag für eine Wahlwiederholung. Ich strengte also die Wahlwiederholung im Landesverband an, erhielt eine Mehrheit, weil ein paar Mitglieder doch erkannten, dass man sich ins eigene Knie schoss, wenn man die Kandidatur ablehnte, und die *Tierschutzpartei* konnte im erweiterten *Bürgerbündnis für Frankfurt* antreten. Solche Erfahrungen in der Politik sind sehr ernüchternd. Sie zeigen, dass nicht nur die meisten Wähler gar nicht demokratiefähig sind, sondern auch die meisten politisch Aktiven. Eine Partei, die nicht versteht, dass Politik in den Parlamenten gemacht wird und dass es dafür auch nötig ist, mit Vertretern anderer Parteien zu sprechen. Ich hatte mich auf Wahlen konzentriert, aber die *Tierschutzpartei* gefiel sich mehr darin, Demos für Vegetarismus zu organisieren. Es wurde nicht verstanden, dass das ja gar nicht die Aufgabe einer Partei war. Es gab verschiedene Erlebnisse bei Arbeitstreffen, die mir ebenso zu schaffen machten. Als Politiker braucht man abgesehen von einem Kalender für die nächsten Termine nicht viel Handwerkszeug. Leider erschienen die Mitglieder oft ohne einen Kalender. Das war für mich wie ein Malkurs ohne Farben, wie ein Orchester ohne Noten. Ich begann, zu den Weihnachtsveranstaltungen Kalender zu verschenken... Mitglieder, die zu Arbeitstreffen zu spät erschienen, fragten nicht etwa, was bisher gelaufen war oder setzten sich zumindest still dazu. Nein, sie erzählten erst einmal ungefragt, was sie an der Bushaltestelle alles erlebt hatten. Eine inhaltliche Vorbereitung von Themen für den nächsten Termin konnte schon gar nicht delegiert werden, weil Termine und Struktur einfach unbekannt waren.

Man möchte sich engagieren, aber das völlige Fehlen von Arbeitsmethodik bei den Mitgliedern, erst recht von einer Strategie, macht die Arbeit einfach mühsam. Wenn man dann bei den großen Wahlen nur Achtungserfolge einfährt, weil man unter der 5%-Hürde bleibt, dann wird der ganze Aufwand von Fleiß und Lebenszeit doch sehr infrage gestellt. Ein Weg konnte es nur sein, über die parlamentarische Arbeit auf kommunaler Ebene, wo man leichter ein Mandat erringen kann, allmählich einen Grad an Bekanntheit zu erreichen, der sich dann auch bei Landtagswahlen, und schließlich bei Bundestags- und Europawahlen niederschlägt. Doch wenn es nur wenige Parteimitglieder so sehen und sich noch weniger finden, die bereit sind, für ein Mandat zu kandidieren, ist dieser Weg natürlich verbaut. Man möchte nicht überheblich werden, doch fällt es schwer, bei diesen Feldstudien in der Politik nicht an den Begriff *„Kindermenschen"* aus Hermann Hesses *„Siddhartha"* zu denken. Das führte dazu, dass ich meinen Umzug nach Brandenburg in 2006 mit einer Entscheidung verband: Nicht mehr in meiner Freizeit politisch aktiv zu sein, sondern meine Zeit neben der Erwerbstätigkeit dem Bücherschreiben zu widmen. Das bot einfach die Perspektive, dass von der Arbeit und Mühe auch etwas übrigblieb und die Ergebnisse nicht wie Sand zwischen den Fingern zerrannen... Auch das Bücherschreiben kann ja zu einem Beitrag für einen gesellschaftlichen Wandel werden. Aber man fragt sich schon, was mit einem selber nicht stimmt, wenn diese Anläufe, mit einer Gemeinschaft etwas aufzubauen, für das man sein ganzes Leben einsetzen möchte, sich stets irgendwann zerschlagen und anstatt Jahrzehnte zu tragen zu einer kurzen Episode werden. Oder ist die Zeit einfach noch nicht reif für eine „Gemeinschaft derer, die anders sind"?

Das Bücherschreiben wurde auch aus einem anderen Grund zu meinem Schwerpunkt. Im Universellen Leben wurde immer wieder gesagt, „Nicht missionieren!" Nicht nur mit meinen religiösen, sondern auch mit meinen lebensreformerischen und politischen Ansichten fiel es mir unter den Menschen oft sehr schwer, den Mund zu halten. Längst hatte ich verstanden, dass ich meine Auffassungen nicht dadurch verbreite, dass ich so viel wie möglich über sie rede. Oftmals sind die Menschen noch nicht bereit dafür, das zu hören, was ich zu sagen habe. Mit Missionieren verschreckt man die Leute eher. Man richtet Schaden an, wenn sie sich bedrängt fühlen, weil sie sich dann zurückziehen und dann erst recht nicht

mehr ansprechbar sind. Längst hatte ich das Wort
von de Fouceauld verinnerlicht:

„Rede nur, wenn du gefragt wirst,
aber lebe so, dass du gefragt wirst".

Charles de Fouceauld, 1858-1916,
französischer Mystiker

Schreiben war für mich immer ein Ventil, solange ich nicht gefragt werde. Meine Ansichten
sind dann niedergelegt. Der Leser wird nicht bedrängt. Er greift zum Buch aus eigenem Antrieb
und ist frei, das Buch auch jederzeit wieder weg-
zulegen…

Die damalige Partnerin trennte sich von mir.
Über das Internet lernte ich 2006 meine spätere
Frau kennen. Die Entscheidung für ein Zusam-
menleben fiel sehr schnell. Wir verstanden uns
sofort, in der unmittelbaren Umgebung meiner
Herkunfts-Stadt Berlin fühlte ich mich gleich heimisch und fand sogar bei einem Kennenlern-Auf-
enthalt innerhalb einer Woche einen ersten Job.
Ich freute mich auf einen neuen, gemeinsamen
Lebensabschnitt und nahm den Umzug von Hessen nach Brandenburg auf mich. Nach einer Weiterbildung zum Gesundheitscoach 2009 bis 2010,
die auch Coaching-Gespräche für die Teilnehmer

zur Selbstfindung und zur weiteren beruflichen Strategie beinhaltete, fand ich sehr schnell endlich eine Stelle als Sozialpädagoge. 1994 hatte ich zwar schon einmal eine Stelle als Sozialarbeiter in einem Altenheim gefunden. Da aber Inhalt und Ziel meines Studiums war, nicht mehr wie bisher mit Alten zu arbeiten, sondern mit Menschen, wo ich noch dazu beitragen konnte, dass Weichen gestellt werden können, möchte ich dieses Jahr als Sozialarbeiter im Altenheim nicht zählen. Altenarbeit hatte ich bewusst nicht als Studienschwerpunkt gewählt. Somit hatte ich 2010, mit 46 Jahren, meine erste Stelle in meinem erlernten Beruf! Als Sozialpädagoge in Maßnahmen für Arbeitslose arbeitete ich zwölf Jahre, von 2010 bis 2022, bis zu meiner Krebserkrankung. Dass ich als Gesundheitsvegetarier, Nichtraucher, Nicht-trinker, Dauerläufer, Kaltduscher, Meditierender und Positiv Denkender schließlich so schwer krank wurde, krempelte mein Leben und Denken einigermaßen um. Ich hatte die Bedeutung von Stress und seelischen Belastungen für die Entstehung von Krankheiten unterschätzt. Seitdem sehe ich es als meine Aufgabe, mich selber besser kennenzulernen. Durch mein Krebs-Tagebuch wurde ich auf einmal mit vielen Episoden aus meiner Kindheit konfrontiert.

Der Mann ohne Eigenschaften

So gab es mehrere Episoden in meiner Kindheit, die ich beschrieben habe, meist unter der Überschrift „Hochbegabung". Aber jetzt möchte ich es doch anders nennen: nämlich einfach „Anderssein". Ich weiß nicht, ob ich hochbegabt bin – obwohl ich etwa bis zur achten Klasse immer der Klassenprimus gewesen war, völlig ohne Mühe beim Lernen. Aber ich bin kein Hochbegabter in dem Sinne, dass ich etwas besonders gut könnte. Ich kann keine dreistelligen Zahlen im Handumdrehen multiplizieren, keine acht Sprachen sprechen, kein Musikinstrument mit absolutem Gehör virtuos beherrschen. Ich habe auch keine Inselbegabung, wie ein enzyklopädisches Wissen über exotische Schmetterlinge oder über die kommunale Wasserversorgung oder irgendwas. Ich habe gar nichts, auch nicht übersinnliche Fähigkeiten wie Weissagungen, Auralesen, oder Engelkontakte. Ich habe nur meine Intuition – und bin so froh und stolz zu erleben, dass ich mir den Kontakt zu meiner Intuition über die Kindheits- und Jugendjahre hinaus bewahren konnte. Das hat einen hohen Preis gekostet. Auf der bedingungslosen Suche danach, meinem Herzen zu folgen und den spirituellen Weg mit dem Leben in der äußeren Welt zu verbinden, ging in meinem äußeren

Leben als Jugendlicher so ziemlich alles schief, was schiefgehen konnte, sowohl auf dem Ausbildungsweg, als auch, was das Thema Partnerschaft anbelangt. Der Preis war hoch, und es war für mich wie ein Kraftakt mit einer großen Fitness-Feder, deren beiden Pole ich zusammenbiegen wollte: endlich die Intuition und meine ganze Innenwelt auch in mein äußeres Leben mit einfließen lassen zu können. Ich konnte es nicht, aber ich rang darum. Der Lohn für den hohen Preis ist, dass ich heute immer noch diesen Kontakt zu meiner Intuition erleben darf. Zum Beispiel auch auf meinem Heilungsweg von Krebs kann ich sie sehr hilfreich einsetzen. Wie ich erstaunt und verwundert immer mehr mitbekomme, ist dieser Kontakt zur eigenen Intuition überhaupt nicht selbstverständlich. Die meisten haben ihre intuitive Verbindung, die sie in ihrer Kindheit noch gehabt hatten, im Laufe des Heranwachsens und Sich-Integrierens in die moderne Leistungsgesellschaft verloren...

Ich weiß nicht, ob ich ein Indigo-Kind bin. Als einen Auserwählten sehe ich mich sowieso nicht, denn Christus ist der Auserwählte. Er ist es, der die Erlösung gebracht hat, mit einem hohen Preis. So schön es klingt, sich als einen Auserwählten zu sehen – nach meiner Auffassung gibt es nur einen Auserwählten! Es gibt keinen Grund, mit Ihm tauschen zu wollen. Mein größtes Glück ist es, eine Zelle an Seinem Leibe zu sein. Bedeutsam ist für mich die Erkenntnis, dass dieses Anderssein, das für mich ein Ausdruck des spirituellen Erwachens ist, nichts, aber auch gar nichts damit zu tun hat, besondere Gaben zu haben, die man nach außen darstellen könnte. Sehr oft auf meinem umfangreichen Bewerbungsweg ist es mir begegnet, dass man mich fragte, „was können sie denn überhaupt?" Letztendlich musste ich eingestehen, „gar nichts". Es war für mich wie ein Offenbarungseid, um den ich meistens meine herumreden zu müssen.

Aber mittlerweile kann ich auf sehr interessante Erfahrungen als Sozialpädagoge zurückblicken. In meiner Tätigkeit in Arbeitslosen-Maßnahmen erlebte ich es, wie wichtig es war, dahin vorzudringen, was meine Klienten dachten und wollten. Ich erlebte es, dass viele von ihnen völlig darauf konditioniert waren, das zu sagen, was die Ämter und Sozialarbeiter hören wollten. Sie selber merkten gar nicht mehr, dass es längst nicht mehr das war, was sie selber einmal als Traum gehabt hatten. Ich erlebte es, dass das Aufbauen auf diesem ganzen konditionierten Unsinn einfach bei dem Weg der Integration in den Arbeitsmarkt überhaupt nicht funktionierte. Wenn es nach Auffassung der Arbeitslosen-Maßnahmen gut lief, spielte der Klient bei dem Spiel mit. Aber es brachte überhaupt kein Ergebnis! Andererseits war der Erfolg sofort da, sobald der Klient zu seinem eigenen Willen, zu seiner eigenen Vision gefunden hatte. Er fand dann sehr schnell zu einem Arbeitgeber oder zu einer Fortbildung, wo das Universum im Eiltempo alle Steine aus dem Weg räumte. Der Schlüssel war der Motor, den der Klient in sich selber finden musste!

Das Interessante war, dass ich als Jobcoach und Ansprechpartner am schnellsten zur Vision des Klienten vordringen konnte, egal ob eine alte Vision oder eine neue Vision, und seinen eigenen Motor entfachen konnte – wenn ich selber nichts war als ein weißes Blatt. Es ging genau darum: dass ich selber nichts mitbrachte – keine besondere Fähigkeit, keine eigenen Vorstellungen, nicht einmal irgendein Konzept von den verschiedenen Konzepten, die man so in seinem Studium als Sozialarbeiter lernt. Gar nichts. Es ging genau darum: Gar nichts Können und ein weißes Blatt Sein. Umso größer war mein Erfolg. Denn umso schneller erwachte der Klient zu dem, was sich als einzige Chance für den nachhaltigen Erfolg einer Integration in den Arbeitsmarkt herausstellte: zu seiner eigenen Vision. Das musste nichts Besonderes sein, es konnte etwas sehr Profanes sein, wie angelernter Verkäufer werden oder zu seinem alten Beruf in einer neuen Firma zurückkehren, oder eine bestimmte Fortbildung machen. Wichtig war, dass es sich um ein konkretes Zielbild handelte, das vom Klienten selber kam. So machte ich „Gar-nichts-Können" zu meiner Profession und zu meinem Ideal, das ich bewusst verfolgte. Leider machen sich die meisten Leute keine Vorstellung davon, wie viele Jahre der Entwicklung und was für einen strengen Fokus es braucht, um zu einem weißen Blatt zu werden!

Meine Krebserkrankung mit 58 Jahren hat dazu beigetragen, mich von meinen eigenen selbstbezogenen Konzepten zu lösen. Dazu gehört auch der Ehrgeiz, immer und überall der Erste und der Beste sein zu müssen. Ich konnte mich von dem überzogenen Anspruch lösen, als Sozialarbeiter die Welt retten zu müssen. Als „Mensch unter Menschen" möchte ich einfach nur noch meine Aufgabe erfüllen und meinen eigenen bescheidenen Anteil zum Großen Ganzen beitragen.

Wenn ich es heute, mit 60 Jahren, deuten soll, wohin mich die ganze Entwicklung geführt hat, so bin ich vom Ergebnis selber überrascht:

Heute kann ich die Menschen verstehen! Seit Teenager-Jahren habe ich mich Jahrzehnte lang als Außenseiter gefühlt, hatte ständig das Gefühl, wie ein Alien auf einem fremden Planeten zu leben, und fühlte keinerlei Verbindung zwischen den Träumen und Antrieben meiner Mitmenschen und den eigenen Träumen und Antrieben. Heute, im persönlichen Gespräch, oder wenn ich im Fernsehen Talkshows oder Gesellschafts-Dokus schaue, dann stelle ich selber überrascht fest, dass ich den Menschen zuhören kann und dass ich beim Zuhören ihnen folgen kann. Ich kann ihnen gefühlsmäßig folgen, fühle mit ihnen, kann ihre Träume und Antriebe verstehen. Aus dem spirituellen Sucher und Rebell ist Jahrzehnte später kein Musiker und kein Maler geworden, kein Asket, kein Heiler, kein Erweckungsprediger, kein theologischer Universitätsprofessor, kein Eremit, kein Klostermönch, kein Abt, kein spiritueller Seminarleiter, kein Meditationslehrer – und ganz bestimmt kein Erleuchteter. Ich schreibe spirituelle Gedichte und Traktate, mit denen kaum ein Mensch etwas anfangen kann. Ich muss auch ganz sicher noch an meiner Empathie arbeiten.

Aber ich kann – endlich, endlich, endlich – die Menschen verstehen...

Episoden aus meinem Leben

Gefährliches Spiel mit Pfeil und Bogen

Mit einem Schulkameraden zusammen war ich auf einem Feld beim Bogenschießen. Ich war etwa elf. Es war ein kühler Herbsttag, und wir waren alleine da draußen. Wir hatten solche gekauften Glasfiberbögen, unser ganzer Stolz. Die waren natürlich viel besser als die selbstgeschnitzten mit dem Bindfaden, mit denen ich bisher immer unterwegs gewesen war. Vor allem aber hatten wir richtig scharfe Pfeile, mit Federn hinten und einer Metallspitze vorne. So schossen wir auf eine Strohscheibe. Wir probierten ein wenig mit den Bögen herum, schossen auch einfach mal nach oben, um zu sehen, wie hoch wir kämen, undsoweiter. Mein Freund hatte damals einen Bogen, der sehr viel größer war als meiner, meiner sah richtig mickrig gegen seinen aus, da war ich schon ein bisschen neidisch. Das war natürlich nicht ganz ungefährlich, was wir da so anstellten, aber wir passten auf.

Auf einmal, ich hob gerade meinen Pfeil vom Boden auf, legte mein Freund aus etwa fünfzehn, zwanzig Metern Entfernung auf mich an, spannte den Bogen und fragte, das Schicksal herausfordernd, „Soll ich?". Ich weiß nicht, was da in ihn gefahren war, er war sonst eigentlich eher der brave Typ, ein eher stiller und schüchterner Schulkamerad.

Nun blick mal einem Pfeil auf die Spitze, der auf einem gespannten Bogen mit einer enormen Durchschlagskraft auf dich angelegt ist! Es schaltete in mir blitzschnell. Natürlich wusste ich, dass mein Freund mich nicht umbringen wollte, sondern einfach nur das Abenteuer suchte, auf eine ziemlich idiotische Art und Weise. Gleichzeitig wusste ich aber auch, dass, wenn ich rufen würde, „Bist du verrückt geworden?", und in irgendeine Richtung rennen würde – sei es auf ihn zu, von ihm weg, oder zur Seite – ich mich selber zu einem Gejagten machen würde. Sein Schuss würde mich treffen wie der Schuss des Jägers einen Hasen. Die Sehne würde ihm durch die Finger rutschen, auch wenn er's vielleicht gar nicht wollte, und der Pfeil würde mich unweigerlich finden.

So erfasste ich blitzschnell, dass jeder Versuch, auf diese Situation „vernünftig" zu reagieren, vollkommen nutzlos und zum Scheitern verurteilt war. Also reagierte ich vollkommen paradox und aberwitzig. Auf seine Frage „Soll ich?" blieb ich einfach ganz ruhig mit meinem aufgehobenen Pfeil stehen und sagte „Schieß!" Er schoss.

Der Pfeil kam direkt auf mich zu. Erst im letzten Augenblick machte ich eine winzige Drehung, und der Pfeil flog direkt an meiner Brust vorbei. Vielmehr, das muss mein Schutzgeist gewesen sein. Es war, als würde ich von einer unsichtbaren Macht genau im richtigen Augenblick herumgedreht. Das war wirklich um Haaresbreite!

Nachdem der Pfeil an mir vorbeigeflogen war, lief ich lachend auf meinen Freund zu und rief, „Tu so etwas nie wieder!" Ich weiß nicht, was mich befähigt hat, mit dieser extremen Situation so souverän umzugehen, mein Verstand war es jedenfalls nicht.

Natürlich haben weder seine noch meine Eltern jemals von diesem Vorfall erfahren. Das hätten sie wohl kaum verkraftet…

„Renaissance"

In der fünften oder sechsten Klasse wurde ich nach vorne geholt, mit der Frage, „Du kannst doch jedes Wort buchstabieren, nicht wahr?"

Voller Zuversicht bejahte ich. Ich sah da wirklich keine Grenzen für mich. Ich weiß auch genau, es ging der Lehrerin nicht darum, mich vorzuführen, sondern mir einmal die Gelegenheit zu geben, meine Fähigkeiten zu beweisen. So oft wurde ich ja im Unterricht ignoriert. Von mir wusste man, dass ich sowieso alles wusste, so ignorierten die Lehrer sehr oft meine Wortmeldungen, um auch mal die anderen rankommen zu lassen. Ich bin mir ziemlich sicher, dass diese Situation als ein Ausgleich gedacht war und dass es nur den Zweck hatte, dass ich auch mal mit meinem Wissen glänzen durfte.

So stand ich also ziemlich stolz vor der Tafel mit einem Stück Kreide in der Hand. Dann kam das Wort:

„Renaissance".

Da musste ich schlucken, mein Stolz war ganz schnell verflogen, und ich wusste, ich musste auf mein Glück bauen. So radebrechte ich an der

Tafel was zusammen, was hinten und vorne nicht stimmte... Dazu muss gesagt werden, dass ich Französisch erst ab der siebten Klasse als zweite Fremdsprache dazubekam. Es war zwar ein eingedeutschtes Wort, aber ohne Französisch hatte ich keine Ahnung.

Das Ganze war ziemlich peinlich. Aber im Nachhinein denke ich, was für ein Glück, dass mir die Grenzen meines Wissens aufgezeigt wurden und ich so davor bewahrt wurde, mir einzubilden, ich wäre allwissend!

Über den Priel in die Sonne

Bei einer Klassenfahrt mit der Grundschulklasse – es war bereits das fünfte oder sechste Schuljahr – waren wir im Watt unterwegs. Wir waren in Sankt-Peter-Ording, und die fast täglichen Wattwanderungen gehörten zu unserem Programm. Es war Winter, ich glaube Februar, es war sehr kalt, und die Nordsee ist mit ihren Tiden sehr viel extremer als die Ostsee. So erlebten wir im Watt eine unglaubliche Weite, die uns natürlich aus unserem West-Berlin gar nicht bekannt war. An diesem Tag war ich mit einem Klassenkameraden zu zweit unterwegs. Zur Gruppe hatten wir überhaupt keinen Sichtkontakt mehr. Wir sahen auch keines der Häuser auf Stelzen, die uns hätten Orientierung geben können. In jeder Richtung nur Watt, bis zum Horizont. Dennoch hatten wir überhaupt keinen Zweifel an der Richtung, in die wir gingen. Bis wir zu einer Stelle kamen, wo direkt vor unseren Füßen ein Priel quer vor uns dahinfloss und uns den Weg abschnitt. Da kam ganz kurz Panik auf. Was sollten wir machen? War es jetzt unser Schicksal, in einem ansteigenden eiskalten Priel zu ertrinken? Mein Klassenkamerad schaute mich an und fragte mich, „Was sollen wir machen?" Da hatte ich eine Eingebung. Die war vollkommen unvernünftig, doch zum Glück gab es nicht allzuviel Vernunft in meinem Kopf, die mich hätte blockieren können. Die Eingebung, der ich sofort ohne ein weiteres Wort folgte, war, mit meinen Gummistiefeln, einfach geradeaus in den Priel und in die Sonne hinein zu laufen. Wie sich herausstellte, war er ganz flach, was vordem überhaupt nicht zu sehen gewesen war. Ruckzuck war ich auf der anderen Seite, ohne nasse Füße bekommen zu haben, lachte meinen Freund an und rief ihm zu, „Komm!" Ganz kurze Zeit später fanden wir wie durch ein Wunder wieder zur Gruppe, die wir an einem der Häuser auf Stelzen fanden.

Im Rückblick erkenne ich, wie bedeutungs-voll diese Geschichte war. Es gibt mehrere Episo-den aus meiner Kindheit, wo es um Leben oder Tod ging, und wo mir nur ein sehr guter Schutz-engel aus der Klemme geholfen hat.

Detektiv der Ballistik

Das logische Denken war für mich sehr wichtig. Ich kann mich noch an ein Erlebnis bei ei-ner Klassenfahrt erinnern, da war ich 14. Zwi-schen den Ausflügen gab es Nachmittage mit Zei-ten zur freien Gestaltung. Ich kam zum eingezäun-ten Fußballplatz auf dem Jugendherbergs-Ge-lände. Dort suchten mehrere Schüler nach dem Ball – wie sie mir sagten, schon seit Stunden. Ob ich mithelfen würde. Ich fragte nach dem letzten Schuss, wo er abgeschossen wurde und in welche Richtung. Ich folgte der Richtung, schätzte den Schwung des Balles ein und ging zielgerichtet zu einer Stelle im Gebüsch: Auf Anhieb hatte ich den Ball gefunden! Ich holte ihn raus, übergab den Ball und ging weiter. Das Erstaunen war groß, wie schnell ich diese Aufgabe gelöst hatte, woran die anderen seit Stunden geknabbert hatten. Ich sel-ber wusste aber, es war gar nicht erstaunlich, ich war kein Hellseher, es ging nur um angewandte Logik.

Dennoch hatte ich schon immer auch ein magisches Weltbild und Lebensgefühl. Ich weiß es nicht mehr genau, aber ich glaube, es war in der Oberstufe, so etwa in der achten Klasse, als ich es zum ersten Mal erlebte: Wir spielten im Sportunterricht Hallenfußball. Als ein Ball über die Seitenlinie rollte und zu weit entfernt lag, wurde einfach ein anderer Ball für den Einwurf genommen. Für mich war das wie eine Entweihung, fast schon ein Frevel, aber in jedem Fall wie eine Entweihung. Denn so etwas kannte ich aus den Fußballspielen, die auf der Wiese vorm Haus oder auf dem Bolzplatz stattfanden, nicht. Der völlig abgewetzte Ball war für uns unaussprechlich wertvoll geworden. Für mein Gefühl war es vollkommen klar, dass der Ball, dem man lange Zeit hinterhergerannt war und um den man lange Zeit gekämpft hatte, mit der ganzen Energie der Aufmerksamkeit des bisherigen Spiels aufgeladen war. Wenn man einen anderen Ball nahm, war das für mein Gefühl so, als könne man das Spiel auch gleich von vorne beginnen. Das sind Dinge, die kann man kaum jemandem erklären. Das wusste ich auch damals schon und sagte nichts in dieser Situation. Ich verstand sofort, dass ich mit meiner

Wahrnehmung auf verlorenem Posten stand, und sagte nichts. Aber ich verstand einmal wieder, dass niemand anderes die Dinge so sah wie ich, obwohl ich doch meine Sichtweise für selbstverständlich hielt. Später erlebte ich es im Fernsehen natürlich noch oft, dass bei den Fußballspielen der Ball mal ausgetauscht wurde. Das Gefühl, dass das nicht okay ist, blieb. Als ich Jahre später in einem der „Rambo"-Filme auf das Reiterspiel der Afghanen stieß, wo sie unter größtem Einsatz einem völlig kaputten Ziegenkadaver hinterherjagten – da wusste ich, dass es noch andere Menschen gab, die so empfinden wie ich. Aber diese anderen Menschen sind eben entweder sehr weit weg oder nur in Büchern zu finden...

Lehrer waren nach diesem Erlebnis nicht nur Menschen, die Mythen leichtfertig weitergeben, ohne sie durch eigenes Nachdenken zu überprüfen. Lehrer waren fortan auch noch Menschen, die von den Energien des Lebens nichts verstehen. Diese Erfahrungen führten zu einer Skepsis gegenüber den „Wahrheiten", die von Experten und Autoritätspersonen gelehrt werden, die mich mein Leben lang begleitete.

Nicht alles so ernst nehmen

Ungefähr in der zehnten Klasse sprach mich ein Mitschüler an, der es gut mit mir meinte. Wir waren befreundet und waren schon öfters gemeinsam vor dem Schulunterricht in einem nahegelegenen Hallenschwimmbad Schwimmen gegangen. Das hatte uns sehr verbunden. Er sprach mich an und teilte mir mit, ernsthaft um mich besorgt, ich solle nicht alles so ernst nehmen. Ich wehrte ab und fand, wenn ich mich und mein Leben ernst nehme, dann müsse ich auch ernsthaft den Fragen des Lebens auf den Grund gehen und in allem zur Wahrheit finden.

Obwohl ich auch damals schon empfand, dass er ein Stück weit recht hatte, gab ich es nicht zu und konnte dieses Gefühl nicht so benennen, wie ich es heute kann: Mein Weg war einseitig. Ernsthaftigkeit und Druck sind richtig und wichtig. Es ist nicht verkehrt, diese Eigenschaften zu entwickeln und zu fördern. Ich brauche mich da gar nicht verteidigen. Aber zu einer ganzheitlichen Entwicklung gehört auch die andere Seite: Leichtigkeit und Reinspüren.

Ich durfte viele Erkenntnisse in meinem Leben gewinnen, viele Lebensfragen klären. Aber ich habe noch nicht „zur Erleuchtung gefunden".

Heute glaube ich, nur mit Ernsthaftigkeit und Druck werde ich niemals zur Erleuchtung finden. Es gehört auch Leichtigkeit und Reinspüren dazu…

Nur der Zweite

Nicht mehr der Erste?

Ich erkannte, dass es mich zutiefst verunsichert hätte, nicht mehr an erster Stelle zu sein. Es ging um Ängste, dann überhaupt nicht mitzukommen, abgehängt zu werden, nicht mehr im Boot sein zu dürfen. Mein Intellekt erlaubte es mir, auch mit wenig Arbeit, jahrelang der beste Schüler der Klasse zu sein. Intellektuell war ich spitze, aber im Inneren war ich ein armes Würstchen. Die Angst vor dem Durchschnitt saß tief. Es war die Angst, dann gar nicht da zu sein, nichts zu gelten. Eigentlich konnte ich mich nicht so nehmen, wie ich bin. Und konnte auch meine Mitschüler nicht so nehmen, wie sie sind. Vieles in der Kommunikation zwischen den Schülern ging an mir vorbei. Ich war nach vorne orientiert. Mit Erfolg. Aber der Erfolg war einseitig. Ich war nicht unbeliebt in der Klasse. Aber meine Kommunikationsfähigkeiten hätte ich noch mehr ausbauen können.

Später, nachdem ich die Schule abgebrochen hatte und bei meinem Vater wohnte, da sagte mir mein Vater mal etwas, womit er einen ganz tiefen Konflikt in meiner Seele ansprach. Im Rückblick erkenne ich erst, wie tief er mich durchschaut hatte. Ich hatte in der Zeit keine Arbeit und widmete mich meinem Glauben, ich las spirituelle Literatur und betete Christus an. Ich wollte auch hier der Beste sein: der „gute Christ" in einer dekadent gewordenen Gesellschaft, zu der ich auch meinen Vater zählte. Mein Vater konnte wunderliche Dinge tun und sagen und sagte etwas, was ich bis heute nicht vergessen habe, mein Vater das Universalgenie, Architekt, Musiker und begnadeter Geschichtenerzähler:

„Ich habe keine Angst zu sterben. Wenn ich rübergehe, dann weiß ich, dass ich nicht der Erste im Universum sein werde, ich werde nur der Zweite im Universum sein. Ich bin jetzt dahin gekommen, dass ich nicht mehr der Erste sein muss. Es ist jetzt für mich völlig in Ordnung, einfach nur der Zweite zu sein.

Der Zweite, das ist doch auch was, oder?"

Natürlich verstand ich, was er meinte und was er bei mir ansprach. Meine gefühlsmäßige Reaktion aber war damals, „Wie kann man seinen

Ehrgeiz aufgeben, der Erste sein zu wollen? Hat man sich dann nicht selbst aufgegeben?"

Heute sehe ich es anders: Ich muss nicht mehr der Erste sein. Im Gegenteil, auf der Position des Ersten verliere ich das, was sich für mich als das Wichtigste herausgestellt hat: den Blick für meine Mitmenschen. Ich finde die Position des Ersten sehr schädlich und ungesund, außer für den einen, dem sie gebührt: Gott. Heute will ich einfach nur noch im Mittelfeld mitschwimmen, stabil, aber ohne überragend sein zu müssen. Gott schenkt uns allen die Erlösung und führt uns in den Himmel, nicht nur „den Ersten". Im Gegenteil: Die Ersten werden die Letzten sein!

Ich habe erkannt, dass meine Entwicklung gesünder ist, wenn ich nicht alle anderen Menschen abhängen will, und wenn ich dafür lieber die Gesetze des Lebens verstehen will, die inneren Kompetenzen, die ich brauche, um mein Leben erfolgreich zu bewältigen. Diese benötigten Kompetenzen beziehen sich zu einem großen Teil auf die Mitmenschlichkeit, auf die Offenheit für meine Mitmenschen, darauf die Antennen zu entwickeln, die es mir zu erspüren erlauben, wie ich am besten auf sie zugehen und auf sie eingehen kann.

Das alles weiß ich und arbeite daran. Aber dieser übertriebene Leistungsmodus ist eben noch immer in mir drin...

...alles nur Gemüse

Eine weitere Episode mit meinem Vater betrifft ebenfalls die Zeit, wo ich von 18 bis 20 Jahren bei ihm wohnte und zwischen verschiedenen Ausbildungs-Fehlschlägen versuchte, meinen Weg zu finden. Mein Vater kannte meine religiöse Hingabe, die ihm sehr suspekt vorkam und die er nicht einordnen konnte. Stets war er bemüht, mich wieder „zu erden", wie ich es mit meinem heutigen Wortschatz ausdrücken würde.

In dieser Zeit malte ich viel. Eines Tages kam mein Vater in mein Zimmer und sagte etwas, was mir schon damals gefiel, und was ich bis heute nicht vergessen habe:

„Die Franzosen sagen:

Die Deutschen malen lauter Engel, aber es ist alles nur Gemüse.

Die Franzosen malen lauter Gemüse, aber es ist alles göttlich!"

Ein Wunder?[14]

Eine Zeit lang habe ich in Berlin mit einem Obdachlosen zusammengelebt.

Er hieß Joachim, er war um einiges älter als ich, ich war Anfang zwanzig, er war Ende fünfzig. Er war das wandelnde Abenteuer, trug einen Hut mit lauter Federn und war wie ein Lehrmeister für mich, hat mich an allen möglichen und unmöglichen Orten in Berlin eingeführt. Er wurde normalerweise nicht aggressiv, aber er konnte sehr jähzornig werden, wenn er gereizt wurde. Es wohnte zu der Zeit noch ein junger Mann bei uns, dem er den... – mit dem er Oralverkehr hatte, denn Joachim war schwul. Daran hatte ich nie Interesse, ich stand immer auf Frauen. Ich habe aber auch nie erlebt, dass Schwule andere Männer bedrängen, die nicht so ticken wie sie. Der junge Mann klaute, auch bei mir, ich musste ihn kurze Zeit später rauswerfen.

Eines Tages gab es mit Joachim mal wieder eine Meinungsverschiedenheit, ich weiß gar nicht mehr, worum es eigentlich ging. Er regte sich

---

[14] aus *„Karol, der Weißmagier"*, Roman, BoD, Norderstedt, 2010-2014-2019 (leicht angepasst)

jedenfalls so auf, dass er gar nicht mehr zu beruhigen war. Er hyperventilierte total und fiel schließlich um wie ein gefällter Baum. Da lag er nun, mit Schaum vor dem Mund, und rief nur noch, völlig hysterisch:

„Ich kann nichts sehen, ich kann nichts mehr sehen, ich bin blind!"

Ich bewegte meine Hand vor seinen Augen, sie zeigten tatsächlich keinerlei Reaktion.

Der junge Mann sagte:

„Wir müssen die Feuerwehr rufen!"

Ich sagte:

„Quatsch, wir rufen hier gar niemanden an!"

Ich nahm meine Gitarre, holte unser christliches Liederbuch hervor und schlug Lied Nr. 12 auf. Das war nämlich Joachims Lieblingslied: *„Ich bin das Licht der Welt"*.

„Los, du musst mitsingen!", sagte ich zu ihm.

So sangen wir zusammen, Joachim bäuchlings daliegend, und ich hockte mit der Gitarre daneben auf dem Fußboden. Der junge Mann guckte uns völlig entgeistert an, eine solche absurde Situation hatte er wohl sein Lebtag nicht gesehen. Wir sangen sämtliche Strophen von *„Ich bin das Licht der Welt"*. Nachdem wir geendet hatten, rief Joachim:

„Ich kann wieder sehen, ich kann wieder sehen!"

Ich wusste einfach, dass es funktioniert, mein Glaube war da hundertprozentig. So habe ich einen Blinden wieder sehend gemacht…

Natürlich war das nur eine vorübergehende nervliche Störung. Ich habe später darüber gelesen, dass so etwas bei hysterischen Anfällen auftreten kann. Doch kann sich so etwas auch verfestigen und das Augenlicht für immer verlorengehen. Wie dem auch sei, da habe ich wohl intuitiv richtig reagiert. Natürlich war angesichts dieses „Wunders" unsere Meinungsverschiedenheit völlig vergessen.

Das eigentliche Wunder wäre es gewesen, wenn dieses Erlebnis dazu geholfen hätte, dass dieser junge Mann zum Glauben findet. Aber ich habe nie wieder etwas von ihm gehört…

...vielleicht eine Brandstiftung

Mit 22 arbeitete ich für zwei Wochen auf dem Bauernhof. Ich nahm einen Urlaub, um auf einem werdenden Christusbetrieb zu „bienen" – so hieß das damals, wenn man unentgeltlich einfach irgendwo mithelfen wollte. Ich wollte einfach jede Gelegenheit nutzen, um bei diesem großen Aufbruch für das werdende Friedensreich dabei zu sein, „Geschwister" kennenzulernen und in die Bewegung hineinzuwachsen. Ich machte jede Arbeit, die anfiel.

Unter anderem half ich, im Zuge der Restaurierungsarbeiten einen Raum vom alten Putz zu befreien. Das hieß, mit einer Staubmaske vorm Mund die Wand mit einer Spitzhacke bearbeiten. Die Arbeit war schmutzig und laut, aber es machte mir nichts aus. Für mich war es wie eine Erholung von meinem komplizierten Leben: Krankenpflegehilfe-Ausbildung abgebrochen, als Zusteller der Berliner Morgenpost ohne Perspektive...

Eines Tages kam sehr aufgeregt eine „Schwester" angelaufen und rief laut,

„Feuer! Es brennt!"

Ich stoppte sofort die Arbeit, nahm die Maske vom Gesicht und sah sie durchdringend an. Ich war bereit, sofort alles stehen und liegen zu lassen, durchs Feuer zu laufen, wenn nötig Menschenleben zu retten, im höchsten Alarmmodus mein Leben zu riskieren, um im Dienste der Gemeinschaft gegen lodernde Flammen zu kämpfen und sollte ich auch in den nächsten Monaten mit Brandwunden im Krankenhaus liegen... Der heilige Ernst in meinem Blick löste etwas bei ihr aus, das ich nicht erwartet hätte: Sie lachte.

Die Schwester wollte mich nicht auf den Arm nehmen, sie war wirklich aufgeregt gewesen wegen dem Feuer. Doch aufgrund ihrer unwillkürlichen Reaktion erfasste ich sofort, dass es mit dem Feuer nicht so schlimm sein konnte.

Ich gab ihren Alarm nicht weiter. Ich ging noch nicht einmal nachsehen, was da eigentlich brannte. Ich sagte einfach nur,

„...vielleicht eine Brandstiftung",

grinste, zog die Maske wieder hoch und machte meine Arbeit weiter.

Im Gespräch beim Abendessen stellte sich heraus, dass es auf dem Innenhof in irgendeinem

Baumstamm, der für Feuerholz bestimmt war, einen Schwelbrand gegeben hatte. Meine Intuition, die mir gesagt hatte, dass das weder ein großes Problem noch meine Aufgabe gewesen war, war richtig gewesen. Ich war froh, dass ich mich nicht hatte aufscheuchen und in Panik versetzen lassen. So sehr ich auch an übernatürliche Fähigkeiten wie Hellsichtigkeit und Gedankenlesen glaubte und sie bewunderte – diese Erfahrung zeigte mir, dass es keinen Grund gab, es zu bedauern, dass ich anscheinend nicht über sie verfügte. Ich hatte wieder einmal erlebt, dass man mit ungeteilter Aufmerksamkeit jede Situation im Bruchteil einer Sekunde erfassen kann. Dann muss man nur noch auf seine Intuition hören.

Kein Abrechnungsmodus

Während meiner Studienzeit habe ich mir meinen Lebensunterhalt in der Haus-Krankenpflege verdient und war unter anderem für dreimal in der Woche zwei Stunden bei der 97jährigen Frau Glaser eingeteilt – Montag, Mittwoch, Freitag – Einkaufen, Putzen, Abwasch, Medikamente bereitstellen. Dazwischen war die Frau allein. Ich wusste, sie würde das Wochenende allein nicht überstehen. Da beschloss ich, am Sonntag zwischen zwei anderen Einsätzen bei ihr vorbeizusehen. Einfach so. Ich könnte ja klingeln und fragen, ob sie was benötige. Aber mein Riecher war goldrichtig gewesen. Niemand öffnete, und als ich durchs Schlüsselloch sah, da sah ich sie liegen mit nacktem Oberkörper auf dem blanken Küchenboden. Wie ein Käfer, den man auf den Rücken gedreht hat und der mit den Beinen in der Luft rudert. Zum Glück lebten zu der Zeit alte Frauen noch in alten Häusern, wo man durchs Schlüsselloch sehen konnte. Mir gelang es, den Hausmeister ausfindig zu machen, der die Tür öffnete. Die Frau lag da in kaltem Schweiß und kaltem Urin, völlig ausgekühlt. Sie wurde gewaschen, ihr wurden trockene frische Sachen angezogen, sie wurde aufs Sofa gesetzt, bekam einen heißen Kaffee. Binnen kurzem waren herbeigerufene Angehörige da, und es war Leben in der Bude. Ich verabschiedete mich und ging zu meinem nächsten Einsatz.

Wie lange sie schon da so gelegen hatte, wusste niemand. Aber sie hätte in jedem Fall bis zum nächsten regulären Einsatz noch weitere 24 Stunden so gelegen. Sie hätte in jedem Fall ins Krankenhaus gemusst. Vielleicht habe ich sie sogar vor dem Tod durch Unterkühlung gerettet. Vielleicht habe ich ihr sogar das Leben gerettet.

Vielleicht. Aber das ist unwichtig. Deswegen erzähle ich die Geschichte nicht. Es ist selbstverständlich, dass man eine alte Frau nicht halbnackt auf dem Küchenboden liegen lässt wie ein Käfer, den man auf den Rücken gedreht hat. Das Interessante an der Episode ist die Reaktion, die sie bei meinem Arbeitgeber auslöste.

Im Büro der Pflegestation machte man mir am nächsten Tag schlimmste Vorhaltungen, weshalb ich denn einfach so außer der Reihe – ohne Auftrag! – bei den Patienten klingelte. Ich blieb ganz ruhig. Durch andere Schwestern wurde der leitenden Schwester schonend beigebracht, dass ich dadurch die Patientin vor dem Tod durch Auskühlung und Herzstillstand – oder aber zumindest vor dem Krankenhaus bewahrt habe. Sie schwenkte ein und widmete sich fortan der Frage, wie man denn nun meinen Einsatz abrechnungstechnisch entlohnen könne. Ich müsste doch dafür etwas bekommen. – Dabei ist die eine Reaktion so idiotisch wie die andere!

Ich erzähle die Geschichte, um zu illustrieren, wie man durch seinen Verstand blockiert sein kann. Ist es denn so schwer zu sagen, „Herzlichen Glückwunsch, da haben sie aber einen goldrichtigen Riecher gehabt, solche Leute brauchen wir"? Das scheint sehr schwer zu sein, wenn man so durch seinen Verstand blockiert ist, durch seine Regeln.

Das bitte ich nicht falsch zu verstehen, ich bin kein Mensch, der etwas gegen Regeln hat, ich bin durchaus der Meinung, dass Regeln sehr wichtig sind. Ich liebe Regeln, aber ich spiele mit ihnen, ich übertrete sie gerne mal, wenn es mir passt. Das können die Leute nicht ab. Man hat sich an die Regeln zu halten. Und hier hieß die Regel: Man hat nicht zu den Patienten zu gehen ohne Auftrag. Ich kannte die Regel, aber das spielte keine Rolle. Ich tat, was ich für richtig hielt. Das können die Leute nicht ab, wenn einer einfach tut, was er für richtig hält. Das ist ihnen unheimlich. Wo kommen wir denn da hin? Man hat sich doch an die Regeln zu halten! Man hat nicht bei Rot über die Ampel zu gehen, nicht im Gebirge alleine zu wandern und nicht am Sabbat zu heilen.

Die leitende Schwester hatte zu mir einmal gesagt: „Ordnung ist das halbe Leben…". „… und Chaos ist die andere Hälfte", hatte ich geantwortet.

Der Verstand ist eine prima Sache, aber irgendwann ist auch Intuition gefragt. Regeln sind eine prima Sache, aber irgendwann muss man sie auch übertreten. Denn das Leben funktioniert nicht immer nach Regeln, zumindest nicht immer nach den Regeln, die von Menschen aufgestellt wurden. Die Ordnung, die nach den Regeln des Verstandes funktioniert, ist ganz wichtig, aber sie ist nur die eine Hälfte. Die andere Hälfte ist das „Chaos", der Teil des Lebens, den man nur mit Intuition bewältigen kann. Dafür ist die Altenpflege eine prima Schule.

Tja, man ließ mich gewähren trotz meiner frechen Antworten und meiner „Unfähigkeit, mich einzuordnen". Man sah ja, dass ich keinen Schaden anrichtete und dass es auch für etwas gut war. Aber so einem traut man natürlich nicht. Man ließ mich gewähren, aber ich war den Menschen unheimlich.

Übrigens habe ich nie einen Pfennig für den Sonntags-Einsatz erhalten. Es gab dafür keinen Abrechnungsmodus.

Aber geht es denn im Leben immer nur darum, ob es für alles einen Abrechnungsmodus gibt, ob wir gute Geldverdiener werden? Oder ist nicht eigentlich die wesentliche Frage, wie wir unser Leben gestalten? – Ob wir es lernen, unsere Tage so zu gestalten, dass wir am Abend mit einem Glücksgefühl zu Bett gehen können?

Die Gesellschaft muss „anders" werden!

Dass der junge Mensch „mit Wahrheitsgen" in dieser Gesellschaft oftmals alleine dasteht, ohne Ansprechpartner, ohne Förderung, ohne Orientierung, hat mit einem Defizit in der Gesellschaft zu tun. Die Krise der Heranwachsenden ist nur ein Symptom für die Krise der Gesellschaft. Daher kann eine ursächliche Heilung nur dann stattfinden, wenn in der gesamten Gesellschaft Prozesse angestoßen werden.

Eine Glaubensgemeinschaft, aber auch die Gesellschaft an sich, baut auf Übereinkünften auf. Jemand, der hinterfragt, stört diese Übereinkünfte und macht sich daher in der Regel unbeliebt. Die Übereinkünfte in den Glaubensgemeinschaften beziehen sich auf ihren Katechismus, auf ihre Glaubenssätze. Die Übereinkünfte in der Gesellschaft beziehen sich ebenso auf die Glaubenssätze eines bestimmten Weltbildes: Erfolg würde sich vor allem in wirtschaftlichem Erfolg ausdrücken. Der Zugang zur Wahrheit würde über den Intellekt geschehen. Intuition und gesunder Menschenverstand wären zwar ganz nett, aber für das Leben keine solide Grundlage. Wissenschaft und Expertenwissen sind gefragt. Nur das wäre seriös.

So werden in allen Lebensfragen Intuition und gesunder Menschenverstand ausgeblendet. Erst recht „Spiritualität". Das wäre ja etwas für abgedrehte Träumer. Man wendet sich lieber an „Experten", gehe es um finanzielle Vorsorge, ansteckende Krankheiten, um die Frage, welche der Konfliktparteien in der Welt als gut und welche als böse beurteilt werden, oder darum, was Christentum bedeutet...

Die höchsten Ideale in dieser Gesellschaft sind Leistung und Intellekt. Daher gelten Leistung und Intellekt auch als die Essenz von Bildung und Kultur. Entsprechend führt der Schulunterricht in der Tendenz zu einem „Bulimie-Lernen": Der Schüler frisst maß- und zusammenhanglos Wissen in sich rein und spuckt es bei den Prüfungen wieder aus, ohne dass es in seinem Inneren zu irgendeinem Nährwert führen würde. Viele Schüler empfinden es so. Dabei geht es gar nicht darum, diesen Lernansatz zu verurteilen und grundsätzlich abzulehnen. Wer versteht, dass es bei diesem Lernansatz um einen intellektuellen Leistungssport geht, der versteht, dass dabei bestimmte Gehirnmuskeln trainiert werden: Gedächtnis, Disziplin, Lernmethodik, Selbstmanagement – alles Kompetenzen, die dem Schüler in seinem späteren Studien- und Berufsleben zugutekommen. Die häufige Frage von Schülern, „Wozu soll ich das später einmal brauchen?", geht daher ins Leere. Ob man die Inhalte einmal braucht, ist unwesentlich. Die Kompetenzen, die man trainiert: Die braucht man!

Dieser Lernansatz, diese Auffassung von Schule, ist also nicht grundsätzlich falsch. Es fehlt einfach nur ein großer Teil. Deshalb sollte dieser Lernansatz nicht ganz so viel Raum einnehmen. Es fehlt das Wesentliche, denn natürlich bilden Leistung und Intellekt ganz und gar nicht die Essenz von Bildung und Kultur. Die meisten leiden dabei gar nicht unter diesem Defizit: Sie meinen, Schule wäre Bildung, so wie sie meinen, Kirche wäre Christentum. Nur wer tiefer schürft, kann echte Bildung und echtes Christentum kennenlernen. Die, die unter dem Defizit leiden, sind die, die anders sind, die mit dem Wahrheitsgen. Wenn hier davon ausgegangen wird, dass die Essenz von Bildung und Kultur das Spirituelle ist, dann höre ich oft den Einwand, das wäre für die meisten Menschen zu hoch. Dabei geht es eben gar nicht um besondere intellektuelle Anforderungen. Man muss auch gar nicht das Wort „spirituell" verwenden. Zu allen Zeiten, in allen Kulturen, gab es einfach gestrickte Arbeiter, die in sich ein reiches und inniges Gebetsleben entwickelten.

Auch in den christlichen Heiligenlegenden findet man zahlreiche Hinweise auf vorbildhafte Gläubige, die über keine besondere intellektuelle Ausbildung, schon gar nicht über ein Studium verfügten. Das Spirituelle fügt sich eben nicht den Bewertungssystemen einer intellektuellen Leistungsgesellschaft. Sein Leben in Beziehung zu seinem Schöpfer zu setzen, setzt keine bestimmte intellektuelle Leistungsfähigkeit voraus. Jeder Mensch ist dazu aufgefordert.

In der Ganzheit des Menschen als Körper, Seele, Geist wird „Geist" hier als das Spirituelle interpretiert. Wenn eine Gesellschaft das Spirituelle ausspart, dann ist es doch so, dass dieser Teil unseres eigenen Wesens in uns klopft. Er regt sich, er bildet eine ungestillte Sehnsucht, er bildet eine Frage ohne Antwort... Wer das Spirituelle ausspart, der kann niemals zum vollen Menschsein erwachen, denn die Wurzel „mens" bedeutet auf Lateinisch genau das: „Geist". Daher lebt unsere Gesellschaft in einem „spirituellen Vakuum".

Der deutsche Philosoph der Aufklärung Ludwig Feuerbach (1804-1972) sagte:

„Die Vorstellung, dass Glaube etwas ganz anderes sei als Aberglaube, ist von allem Aberglauben der größte."

Die Aufklärung kann zwischen Glauben und Aberglauben nicht unterscheiden. Sie setzt anstelle des Spirituellen die Biologie, das Anerkennen des Triebhaften im Menschen, und den Intellekt. Der intuitive Glaube wird abgewertet. Die eigentlichen Werkzeuge, um die Welt zu erkennen und den Fragen des Lebens auf die Spur zu kommen, wären Intellekt und Wissenschaft. Wenn Glaube aber nun einmal das geeignete Werkzeug ist, um spirituellen Fragen auf den Grund zu gehen? Hierbei ist es wichtig zu erkennen, dass es sich nicht um einen aufgestülpten Glauben handeln darf, um ein Glaubensbekenntnis, das man einfach aus einem Katechismus übernimmt. Es geht um einen Glauben, der sich im Einklang mit der Intuition und auch mit dem gesunden Menschenverstand über Jahre herausbildet.

Und wenn Aberglauben einfach nur die Kompensation des spirituellen Vakuums ist, das hilflose Auffüllen der Leere, wenn echter Glaube im Menschen noch nicht lebendig geworden ist?

- Das Queren einer schwarzen Katze bringe Unglück,

- ein Räucherstäbchen dürfe man nicht an der Kerze entzünden, sondern nur direkt an der Feuerquelle, weil sonst ein Seemann auf hoher See ertrinkt,

- ein Plüschtier als Talisman helfe beim sicheren Autofahren und wenn es darum ginge, einen Wettkampf zu gewinnen...

Die Wahrheit ist: Der wirklich Gläubige bedarf solcher Krücken nicht. Da er sein Leben in Beziehung zu seinem Schöpfer setzt, lebt er nicht im Aberglauben, sondern im festen Glauben daran, dass Gottes Wille geschieht, so wie es zu seinem besten ist. Anstelle der Regeln des Aberglaubens setzt er die Gesetze der Schöpfung. Horoskope und Tarotkarten sind ebenso Kompensationen des echten Spirituellen wie Guru-Verehrung, bezahlte Heiler, oder der allzu sorglose Umgang mit dem bunten Götter-Mix des Hinduismus. Wer sein Leben in Beziehung zu seinem Schöpfer setzt, bedarf dessen nicht mehr. Dass unsere Gesellschaft in einem spirituellen Vakuum lebt, äußert sich ständig in vielen irrationalen Verhaltensweisen, die offenbar nur den Zweck haben können, dieses Vakuum zu kompensieren:

- Weil wir im Inneren keine bunte Leben-
digkeit erleben, fühlen wir uns zu indischen Festen hingezogen, wo man sich
mit buntem Puder bewirft.

- Weil wir über keine innere Weisheit verfügen, lassen wir uns Weisheiten auf die
Haut tätowieren.

- Weil wir im Inneren keine Führung erleben, brauchen wir im Äußeren ständig
Experten. Wir meinen, wir würden uns
dem Spirituellen öffnen, wenn wir uns
auch dafür an Experten wenden, an
kirchliche Würdenträger oder an „Erleuchtete". Dabei ist es das wirklich Spirituelle, wenn wir dieses Muster aus unserem sonstigen Leben ablegen und
auch im spirituellen Bereich wieder in
die Eigenverantwortung kommen!

- Weil wir nicht den Schöpfer-Gott anbeten, der in uns selber wohnt, schaffen
wir uns unsere Götter im Äußeren in unseren Experten, Stars und Politikern.

- Weil wir die Geborgenheit, den tiefen
Frieden und ekstatische Momente der
Glückseligkeit nicht in Gebet und

Meditation erleben, brauchen wir unsere Suchtstoffe. Das können illegale Drogen sein, das betrifft aber auch den „Alltagsdrogen-Konsumenten", der mit Unterhaltungselektronik und Alkohol regelmäßig versucht, sich von der Schwere und von den Sorgen des Lebens zu befreien.

- Weil es in unserem Inneren dunkel ist, müssen wir zu Weihnachten Häuser und Straßen mit Kerzen und Lampen illuminieren.

Das spirituelle Vakuum kann nicht geleugnet werden – weil wir es ständig sichtbar machen!

...was darauf hinweist, dass wir in unserem Inneren spirituelle Wesen sein müssen...

In Japan gibt es eine enge Verflechtung zwischen den höchsten Management-Ebenen in Wirtschaft und Finanz und zenbuddhistischen Klöstern. Äbte werden zu Vorträgen in die Bürohäuser eingeladen, Manager gehen zu Meditationen in die Klöster und nehmen eine Zeit lang am klösterlichen Leben teil. Man weiß einfach, dass die tiefste Quelle der Leistungsfähigkeit nicht der Intellekt ist, dass es einer Verankerung im

Spirituellen bedarf – und zwar nicht nur, um erfolgreich zu sein, sondern auch, um im Erfolg gesund zu bleiben. Nur so kann man seine Ausrichtung auf das Gemeinwohl und auf einen höheren kosmischen Zusammenhang behalten, anstatt in einen krankhaften Egotrip abzurutschen.

In unserer Gesellschaft steuern die höchsten Leistungsträger, die Führungskräfte und Manager wie die Lemminge auf den Abgrund des Burnout zu. Die Reha-Kliniken sind voll von ihnen. Dann erst lernen sie Malen, Meditation, Selbstreflektion – oder ganz einfach: mal im Wald alleine spazieren zu gehen. Die Reha-Kliniken, Psychologen, Coaches für Selbstmanagement und Erfolg – all das sind im Grunde Kompensationen für das spirituelle Vakuum. Die Coachingszene ist der Ausdruck dafür, dass in einem rein intellektuellen Bildungsweg etwas fehlt, dass in der Dreiheit Körper – Seele – Geist die Verbindung zu „Geist" verloren gegangen ist. „Geist" ist der Couch in uns! Eine Gesellschaft, die im Spirituellen verankert ist, bedarf nicht teurer Coaches und Seminare. Es handelt sich um eine Kompensation von dem, was eigentlich kostenlos ist, was aber eine ernsthafte Auseinandersetzung mit den Grundfragen des Lebens beinhaltet:

- Wo komme ich her?

- Wo gehe ich hin?

- Was ist der Sinn des Lebens?

- Gibt es einen Schöpfer, der mich liebt?

Der der anders ist, spürt als Kind, als Heranwachsender, als junger Mensch, dass in unserem Bildungssystem und in unserer Leistungsgesellschaft etwas fehlt, dass man nicht einfach ins „operative Geschäft des Lebens" geworfen werden darf, ohne mit den „Vertragsbedingungen" bekannt gemacht zu werden. Nicht alle Höherbegabten gelangen schon in jungen Jahren zu diesen Grundfragen des Lebens. Aber die es tun, werden an die Kirchen verwiesen. Hier zeigt sich der Reflex der Gesellschaft, alles den „Experten" zu überlassen. Die Theologen hätten das schließlich studiert. Ich selber wurde von meinem Vater aufgefordert, wenn ich mich doch so für Religion interessiere, dann solle ich doch Theologie studieren. Damals empfand ich, dass das völlig an meinem inneren Prozess vorbeiging. Später fand ich in einem Zitat meine Bestätigung:

„Eine Hochschule ist nicht der Ort,
an dem man Ideen sucht."

Helen Keller, 1880-1968

Im Theologiestudium lernt man den kirchlichen Glauben und seine Quellen kennen. Man beschäftigt sich mit uralten Schriftrollen, aber Neuoffenbarungen werden ausgeschlossen. Ganz bestimmt werden ausgeschlossen, die eigene Intuition und der gesunde Menschenverstand. Man darf dort den kirchlichen Glauben finden, aber nicht seinen eigenen Glauben!

Ein Beispiel, das aufzeigt, dass das Theologiestudium für viele Wahrheitssucher nicht der richtige Weg sein kann, ist Hermann Hesse. Nicht nur wegen seiner jugendlichen Rebellion gegen den Vater und alles Althergebrachte war er im „Theologischen Seminar" am falschen Ort. Auch wenn man sein späteres Werk betrachtet, das von tiefer Spiritualität zeugt: Wie hätte sich all das entfalten können, was in seiner Seele lag, eingezwängt durch das dogmatische Korsett der kirchlichen Auffassung von Christentum? Sein Beispiel zeigt, wie die Verwerfungen in der Jugend oft nur der Auftakt sind für eine Wahrheitssuche, die viele Jahrzehnte andauert.

Die Kirchen tun alles, um die aufkeimenden Fragen zu unterdrücken. Sie trennen zwischen Glauben und Verstand, weil sie den menschlichen Verstand dem Teufel zurechnen. Aber ist es nicht der Schöpfergott, der uns mit unserem Verstand erschaffen hat?

Deshalb müssen solche Fragen zugelassen sein:

- Wenn man in einem Erdenleben nicht alle Lektionen lernen kann, wäre dann mehrere Inkarnationen nicht sinnvoll?

- Muss man nicht einen Vater als psychisch krank bezeichnen, der seine Kinder, wenn sie Fehler begehen, auf ewig in schlimmste Qualen verbannt?

- Muss man nicht einen Vater als psychisch krank bezeichnen, der seinen Kindern nicht vergeben kann, außer wenn sich sein Lieblingssohn in einem schlimmen Foltertod für sie opfert?

- Und wir sollen die Ebenbilder eines solchen Psychopathen sein???

- Warum sollte Gott die von ihm erschaffenen Naturgesetze aufheben und eine „Jungfrauengeburt" einführen? Hat es nicht etwas Perverses, wenn der Schöpfer Maria bei der Geburt auf diese Weise besonders quälen wollte?

- Wo soll sich denn die Seele aufhalten zwischen dem Hinüberscheiden und dem „Jüngsten Tag"?

- Wie gelange ich zu Gott im eigenen Inneren?

Die meisten, die diese Fragen stellen, wenden sich bald vom Christentum ab. Dabei sind diese merkwürdigen Dogmen nur die Lehren der Kirchen, aber nicht „des" Christentums!

Das aufkeimende Innenleben der Höherbegabten wird von der Gesellschaft erstickt: Es passt nicht in unsere Leistungsgesellschaft. Das aufkeimende Innenleben der Höherbegabten wird auch noch von den Kirchen erstickt: Sie werten alles Fragen als Zweifel. Zweifel werten sie als satanisch. Sie drängen den jungen Sucher zum möglichst schnellen Glaubensbekenntnis. – Das aufkeimende innere Feuer wird mit der Bibel erschlagen!

Wenn nicht Intellekt und Leistung die Essenz von Bildung und Kultur sind, dann bedarf es dringend neuer Räume – ob nun innerhalb oder außerhalb der Schulen – wo Bildung und Kultur im Sinne von Hinführung zum Spirituellen stattfinden kann. Es geht nicht darum, den Schülern einen vorgegebenen Katechismus zu vermitteln. Es geht auch nicht darum, ihnen verschiedene vorgegebene Katechismen zu vermitteln, damit sie sich für einen entscheiden können. Das muss es natürlich auch geben, im Religions- oder Ethik-Unterricht, wie es ihn ja bereits gibt. Worum es aber geht:

„Kinder müssen lernen, wie man denkt, nicht, was man denkt."

Margaret Mead, 1901-1978

Es wäre auch nicht sinnvoll, wenn für alle Schüler ein weiteres Schulfach eingeführt wird, etwa „Grundfragen des Lebens". Denn die meisten werden in jungen Jahren davon noch nicht angesprochen. Ihre Fragen lauten, „Welche

Ausbildung soll ich machen?", oder, „Wie finanziere ich mir mein erstes Moped?" Ein solches Schulfach würde nur dazu führen, dass die die anders sind, wieder nicht die richtigen Ansprechpartner finden und die „Normalen" sich über eine weitere Pflichtübung in der Schule ärgern. Die Höherbegabten müssen sich von alleine auf die Suche machen, müssen ihre eigenen Kräfte entfalten. Andererseits kann es nicht sein, dass für sie nur die Welt der Bücher zur Verfügung steht, um Ansprechpartner zu finden.

Was kann es also bedeuten, „neue Räume zu öffnen", die es den Wahrheitssuchern ermöglichen, ein Forum zu finden, sich angenommen zu fühlen, weitere Impulse für ihre Entwicklung zu erhalten?

Vielleicht sollte man sich von der Vorstellung verabschieden, eine ideale Schule zu installieren. Vielleicht ist es nicht so schlimm, wenn „Schule" weiterhin als Pflichtübung gesehen wird, die nur einen Teil der Kompetenzen eines Menschen wirklich erreichen kann. Darum muss es auch überhaupt nicht eine Lösung sein, wenn „hochbegabte" Kinder Klassen überspringen, um nicht unterfordert zu werden. Die intellektuellen Anforderungen sind eben nicht alles im Leben.

Der Klassenverband als „Schule" für emotionale Intelligenz und soziale Kompetenzen darf nicht unterschätzt werden. Intellektuell unterfordert zu werden im Pflichtteil ist dann kein Drama und kein Versäumnis, wenn der Heranwachsende außerhalb vom Pflichtteil Förderung erfährt, Ansprechpartner hat, sich nicht alleingelassen fühlt.

Ist es besonders intelligent, wenn ein Elfjähriger Abitur macht und an die Universität geht, anstatt mit seinen Altersgenossen Fußball zu spielen? Ist es besonders intelligent, wenn ein Teenager sich in philologische Fragen des Altgriechischen einarbeitet, anstatt der Dame seines Herzens ein Gedicht zu schreiben? Ist es besonders intelligent, wenn ein Teenager alle Chopin-Sonaten auswendig kann, anstatt mit einer Schulband mit Gleichaltrigen sich selbst auszudrücken und die Schulfeiern zu rocken? Ist es besonders intelligent, wenn ein Teenager die Volkswirtschaften der Erde studiert, anstatt mit Rucksack und Wanderschuhen andere Länder kennenzulernen? Ist es besonders intelligent, als medizinischer Mozart einem Unsterblichkeits-Gen auf der Spur zu sein, anstatt das Rätsel unserer Sterblichkeit zu lösen und zu einem Tröster für seine Mitmenschen zu werden?

Muss nicht endlich erkannt werden, dass diese „Beweise intellektueller Leistungsfähigkeit" eben gerade NICHT besonders intelligent sind? – Weil sie den jungen Menschen zu einem dressierten Affen und zu einem unglücklichen Nerd machen? Warum sollte sich dann Hochbegabten-Förderung darauf konzentrieren, genau solche Auswüchse zu ermöglichen???

Wenn Hochbegabten-Förderung sich darauf konzentriert, intellektuelle Höchstleistungen zu ermöglichen, dann zeigt sich darin die spirituelle Inkompetenz und Hilflosigkeit der Gesellschaft. Wenn begriffen wird, dass das Wesen der Hochbegabung spirituelles Potential ist, dann besteht die wahre Hochbegabten-Förderung darin, dem jungen Menschen zu helfen, den Sinn des Lebens zu finden.

Vorgegebene Aufgaben abarbeiten, auswendig lernen, intellektuelle Kunststückchen vollbringen... – Gute Schulnoten garantieren noch nicht einmal eine Eignung für Spitzenpositionen im Berufsleben:

„Die Personalchefs der großen, global operierenden Unternehmen haben offenbar als Erste bemerkt, dass sie sich in der Auswahl der begabtesten Bewerber aus Hochschulen und Universitäten nicht

allein auf Zeugnisse und Zensuren verlassen konnten."[15]

Der schulische Teil des Lernens ist nicht alles, er ist aber eben doch ein Teil, er trägt in sich seine Berechtigung. Es ist nicht verkehrt, wenn der Heranwachsende schon früh lernt, dass es „Pflicht und Kür" gibt, dass es Dinge gibt, die man abarbeiten muss, ehe man zu den Dingen gelangt, denen die Leidenschaft gilt. Im Berufsleben ist es doch genauso. Wichtig ist nur, dass der Teil „Pflicht" nicht so ausufert, wie es jetzt geschieht, als ob dieser Teil des Lernens alles wäre. Als ob dieser Teil „die Bildung" wäre. Es sollte neben dem obligatorischen Teil des Schulunterrichts mehr Wahlangebote am Nachmittag geben, es sollte ein Zugang zum Studium erleichtert werden. Denn warum soll das Thema „Kurvendiskussion" – Mathematik der Oberstufe und Teil des Abiturs – eine Zugangsvoraussetzung dafür sein, wenn man Psychologie studieren will? Wenn man die Biografien von Ärzten vor 300 / 400 / 500 Jahren studiert, fällt auf, dass sie oft mit 15 / 16 / 17 Jahren ihr Medizinstudium aufnehmen konnten. Heute ist das erst nach einem Abitur möglich, das

---

[15] Gerald Hüther / Uli Hauser, *„Jedes Kind ist hoch begabt"*, Knaus, München 2012 (11. Aufl., Sn 21-22)

man im Regelfall mit 18 / 19 / 20 absolvieren kann. Warum darf man nicht früher in das Fach seiner Leidenschaft wechseln, wenn man als junger Mensch schon genau weiß, was man will?

Wichtig ist für Höher- und Hochbegabte die Eigeninitiative für den Bereich „Kür". Denn ist nicht die Eigeninitiative eines der Merkmale der Hochbegabung? Daher ist es so wichtig, dass die Eigeninitiative nicht erstickt wird – durch einen ausufernden Pflichtanteil im Schulunterricht und durch ein Umfeld, das für die Grundfragen des Lebens nur Spott und hämische Verachtung, zumindest nur Ignoranz übrighat. Der hochbegabte Heranwachsende bedarf also der Anregungen, wenn es darum geht, das besondere Feld seiner Begabungen zu finden. Und wenn es um die Grundfragen des Lebens geht, bedarf er der Ansprechpartner.

Hierzu ein Beispiel: Der philosophische Autor Armin Risi (geboren 1962 in der Schweiz) war in seiner Jugend ein Wahrheitssucher. Kurz vor der Matura verließ er das Gymnasium, um sich in Ashrams ausgiebig seinem Schriftenstudium und seinen Meditationen zu widmen. Diese Ashrams, die dem jungen Suchenden eine Zeit lang diese Form der Heimstatt boten, lagen zwar zum großen Teil in Europa und nur zum kleineren Teil in Indien. Doch gehörten diese Ashrams sämtlich dem hinduistischen Kulturraum an, und es ging um ein Studium der alten Veden, der ältesten Schriften im Hinduismus. Was aber, wenn ein junger Mensch ebenso suchend ist, sich aber dem christlichen Kulturraum verbunden fühlt, sich dabei aber nicht von vornherein dem einengenden Dogmatismus der Kirchen unterwerfen will? Abseits vom einseitigen Konsumstreben einerseits, und abseits von einer dogmatischen Kirche andererseits muss es einen Weg geben, der ergebnisoffen ist, der aber dem jungen Wahrheitssucher dennoch eine legitimierte Integration in die Gesellschaft ermöglicht.

Wie wäre es, wenn es „christliche Ashrams" gibt, christliche Lebensgemeinschaften, die sich nicht unbedingt einem Zölibat unterwerfen müssen, die sich aber mit dem Ziel zusammenfinden, christliches Leben in der Praxis zu erproben und christliche Lehre im Studium zu erforschen? Diese christlichen Ashrams sind wie kleine Dörfer, leben von ihren Betrieben, haben aber ein Zentrum, wo sie sich einmal in der Woche versammeln und verfügen über eine spirituelle Bibliothek, die nicht von vornherein durch Dogmen beschränkt ist.

Natürlich ist das, was ich hier so utopisch beschreibe, der eigentliche Sinn der traditionellen Dorfgemeinschaften mit ihrer Kirche in der Mitte. Dennoch ist es utopisch, denn der eigentliche Sinn der „christlichen Gemeinde" ist eben in den Gemeinden verloren gegangen. Sie sind keine Orte der Erprobung christlichen Lebens mehr, da das durch die kirchliche Lehre – Erlösung allein durch Glauben – von vornherein im Keim erstickt wird. Außerdem wird in den Kirchen, wie bereits beschrieben, jede freie Wahrheitssuche von vornherein im Keim erstickt.

Wenn es also diese „christlichen Lebensgemeinschaften" in oben beschriebenem utopischem Sinne gibt, kann der Sucher auf Wanderschaft gehen und in diesen verschiedenen Lebensgemeinschaften lernen. Und zwar auf zweierlei Weise lernen: Sowohl praktisch als auch auf seinem Weg der intellektuellen Wahrheitssuche. Gemäß dem christlichen „Bete und Arbeite" ist er aufgefordert, in den Betrieben seinen Beitrag zu leisten, in Garten und Feld, in der Küche oder in Handwerksbetrieben, je nach Möglichkeit und Neigung. Die Ausprägungen der verschiedenen christlichen Ashrams werden verschieden sein, so macht der Sucher verschiedene Erfahrungen,

bzw. kann sich durch den Ruf eines Ashrams anziehen lassen.

Er findet dort nicht nur eine Bibliothek, sondern auch weitere Gäste sowie Bewohner des
Ashrams, sowohl gleichaltrig als auch älter und
erfahrener, mit denen er sich austauschen kann.
Das „Auf-die-Walz-Gehen" ist dann nicht mehr
nur eine Tradition von Zimmerleuten, die hand-
werkliche und Lebens-Erfahrungen sammeln
wollen. Es ist in einer wahrhaft christlichen Kultur auch ein Angebot an die Kategorie der Jugendlichen, die als „Hochbegabte" oder als „Wahrheitssucher" oder als „die, die anders sind" bezeichnet
werden können.

Die Gesellschaft antwortet bisher auf ihre
„Grundfragen des Lebens" mit dem Drängen, sich
für einen Ausbildungsweg zu entscheiden. Oft
können sie aber erst dann diese Entscheidung fällen, wenn sie für sich die Grundfragen des Lebens
beantwortet haben. Diese Utopie von einem Netz-
werk christlichen Lebens, das sich nicht in einem
festgelegten Bibelchristentum erschöpft, kann
natürlich nur dann Wirklichkeit werden, wenn
die Gesellschaft insgesamt sich mehr dem Spirituellen zuwendet.

Was sollen Eltern, Lehrer, Erzieher in der Zwischenzeit tun, die es mit hochbegabten aber renitenten Zöglingen zu tun haben? Sich auf deren Wahrheit einlassen. Das kann dazu führen, dass Eltern, Lehrer, Erzieher selber angeregt werden, sich den Grundfragen des Lebens zu stellen. Der, der als Ansprechpartner hier besonders in der Verantwortung steht, ist der Vater. Die Nöte des Heranwachsenden entstehen nicht allein dadurch, dass oft der Vater als Ansprechpartner in der Familie fehlt – durch berufliche Beanspruchung oder durch die hohen Scheidungsraten, bei denen meistens alleinerziehende Mütter zurückbleiben. Zusätzlich kennen die meisten Väter ihre wahre Rolle nicht. Denn der Kern von wahrer Männlichkeit ist nicht schwarze Lederjacken Tragen, nicht heiße Motorräder Fahren, nicht beim Fußball Grölen und viel Bier Trinken, nicht beim Grillen Berge von Fleisch Auflegen, als wolle man allen zeigen, was für ein großes Mammut man gerade erlegt habe, nicht potente und glänzende Waffen mit sich Rumtragen, nicht Muskeln Aufpumpen und Tattoos Sammeln... Der Kern von wahrer Männlichkeit ist eben nicht Dominanz durch Gewalt – was in den Familien zu viel Leid und dann zur Trennung führt...

Das alles sind die fehlgeleiteten Kompensationsversuche der Männer, weil der Kontakt zur wahren Männlichkeit verloren gegangen ist. Beim Gegenmodell in dieser Gesellschaft, dem empathischen und fürsorglichen „Softie", merkt jeder, dass etwas fehlt.

Der Kern von wahrer Männlichkeit
ist spirituelle Führung![16]

Diese Rolle ist den Männern vollkommen abhandengekommen (was in ihrem eigenen Leben zum Burnout führt mit nachfolgenden Malkursen in Reha-Kliniken). Die Krise der hochbegabten Heranwachsenden hängt eng mit der Krise der Männlichkeit zusammen. Die Krise der Männlichkeit ist das Gleiche wie die Krise der Spiritualität in der Gesellschaft. Erst wenn das verstanden wird, kann Heilung erfolgen und der Mann wieder in seine ureigene Rolle finden. Bereits Goethe hat in seinem „Faust" erkannt, dass sich die Gesellschafts-Norm von einer Ganzheitlichkeit abspaltet. Im Sinne der Kirche heißt es dort:

---

[16] siehe Kapitel „*Männlichkeit ist Spiritualität*" in Sebastian Stranz, „*Christliche Erleuchtung*", Books on Demand, Norderstedt, 2024, Sn. 69-93

„Natur und Geist
– so spricht man nicht zu Christen.
Deßhalb verbrennt man Atheisten
Weil solche Reden höchst gefährlich sind.
Natur ist Sünde, Geist ist Teufel…"[17]

Das Drama *„Faust"* spielt im Mittelalter. Zu der Zeit galt noch, dass der Mensch sich nur als schuldbeladene Seele zu sehen hatte. *„Natur und Geist"* waren abgespalten (Körper und Geist). Dadurch hatte die Kirchen die Menschen besser unter Kontrolle. Die Aufklärung seit dem 18. Jahrhundert hat den „Körper" ins Boot geholt, also die Biologie, das Tierische im Menschen. Aber „die Aufklärung" war nicht vollständig. Der Mensch hat seitdem noch nicht die Ganzheitlichkeit wieder hergestellt. Bei „Körper und Seele" fehlt immer noch „Geist", also das Spirituelle, das Göttliche im Menschen. „Geist" wurde im Mittelalter verteufelt. Menschen, die Gaben des Geistes entwickelten – etwa das Innere Wort oder Geistiges Heilen – wurden als mit dem Teufel im Bunde gesehen und verfolgt. Irgendetwas davon scheint immer noch in uns zu stecken. „Geistige" Gemeinschaften, also spirituelle Gemeinschaften werden

---

[17] *„Faust. Der Tragödie zweiter Teil"*, Stuttgart, 1832

heute immer noch verteufelt. Sie werden oftmals vorschnell als „Sekten" verunglimpft, denen man das Schlimmste der Gesellschaft zuschieben kann: Verführung der Jugend, Ausbeutung, Kindesmissbrauch, ritueller Selbstmord, bis hin zum Menschenopfer. Das alles nur, weil sich Menschen außerhalb der Kirchen über das Spirituelle zusammenfinden.

Das Spirituelle, das in der Gesellschaft unterdrückt werden soll, wird ebenso im Innern des „normalen" Menschen selber unterdrückt. Daher leben wir in einem „spirituellen Vakuum". Anstatt zur spirituellen Ekstase zu gelangen, decken wir diese Lücke oft zu mit Genussgiften, Medikamenten und Drogen: Zucker, Alkohol, Zigaretten, Fernsehen, Glücksspiele, Computerspiele, Stimmungsaufheller, Beruhigungsmittel und andere Drogen. Das wäre „normal", spirituelle Ekstase wäre „nicht seriös". Es ist in Wahrheit so, dass das Wort „Spiritualität" den meisten Menschen heute ebenso schwer über die Lippen geht wie vor 100 Jahren noch „Sexualität". Wann gehen wir endlich „den zweiten Teil der Aufklärung" an? Wann streben wir endlich ein Leben in der Ganzheitlichkeit an: Körper, Seele, GEIST? Wann holen wir endlich die „Spiritualität" aus der Schmuddelecke und befreien sie vom Ruch des Satanischen – wie wir die

„Sexualität" aus der Schmuddelecke geholt und vom Ruch des Satanischen befreit haben? Es wird oftmals vorausgesetzt, dass ein spirituelles Denken dem wissenschaftlichen Denken widerspräche. Doch das ist nicht wahr. Die Wahrheit ist, die Wissenschaft kann nun einmal nicht alle Fragen beantworten. Die Spiritualität bekämpft nicht die Wissenschaft, sondern sie ergänzt sie. Denn sie verhilft erst zu den Werkzeugen der Erkenntnis, um die Grundfragen des Lebens zu beantworten.

Oftmals ist es so, dass es die Eltern sind, die die Kinder anregen, sich mit spirituellen Fragen zu beschäftigen. Bei mir war es umgekehrt: Meine Reisen zu spirituellen Orten und meine demonstrative Weltabkehr haben in der Seele meiner Mutter eine solche Bewegung ausgelöst, dass sie selber zu einer Wahrheitssucherin wurde. Sie fand ihren Glauben im Urchristentum und schloss sich einer urchristlichen Gemeinschaft an, wo sie noch heute, 40 Jahre später, ihre geistige und physische Heimat gefunden hat. Wenn immer mehr dieser „Kinder mit Wahrheitsgen" inkarnieren, wird es immer öfter der Fall sein, dass die Kinder der „spirituelle Motor" in der Familie sind. Vielleicht hat meine Mutter doch recht: Jeder hat das Wahrheitsgen. Doch bei den meisten ist es verschüttet. Darum ist es so wichtig, dass „die, die anders sind", sich selber treu bleiben. Durch ihren eigenen Weg helfen sie auch anderen, ihre spirituelle Reise anzutreten…

Bisher geht es bei der Hochbegabtenförderung darum, den jungen Menschen zu intellektuellen Höchstleistungen zu führen. Wenn aber darin weder die Ausschöpfung des wahren Potentials, noch die Erfüllung des Menschseins, noch der wahre Inhalt des „Andersseins" liegt? Wenn der wahre Inhalt des „Andersseins" in einem spirituellen Erwachen liegt, dann bedeutet eine sinnvolle Hochbegabtenförderung, den jungen Menschen auf dem Weg des spirituellen Erwachens zu fördern und zu begleiten.

Anhang

Zitate

Verschiedene

Anders zu sein ist weder gut noch schlecht.
Es bedeutet einfach nur,
dass man mutig genug ist,
man selbst zu sein.

Albert Camus, 1913-1960

Es gibt drei Klassen von Menschen:
die, die sehen,
die, die sehen, wenn man es ihnen zeigt,
und die, die nicht sehen.

Leonardo da Vinci, 1452-1519

Das Geheimnis eines außerordentlichen Menschen ist in
den meisten Fällen nichts weiter als Konsequenz.

ZEN

Wenn das Gehirn 20% erreicht, öffnet es sich und erweitert den Rest. Es gibt keine Hindernisse mehr, sie fallen wie Dominosteine.

Lucy in *Lucy* (Film von Luc Besson, 2014)

Bitte, lieber Gott, lass mich nicht normal sein.

Sigourney Weaver, *1949

Sie werden dich „verrückt" nennen, weil du es bist, weil du mit der Gabe geboren wurdest, die Dinge anders zu sehen und das macht ihnen Angst. Sie werden dich „intensiv" nennen, weil du es bist, weil du mit dem Wert geboren wurdest, der gut platziert ist, um dir zu erlauben, alles voll zu fühlen und das schüchtert sie ein.

Sie werden dich „egoistisch" nennen, weil das richtig ist, weil du herausgefunden hast, dass du das wichtigste in deinem Leben bist und das ihnen nicht passt.

Du wirst in vielerlei Hinsicht, mit vielen Urteilen, für eine lange Zeit gerufen werden, aber bleib fest an dir selbst und an dem, was du willst, und ich verspreche dir, eines Tages werden sie dich anrufen, um zu sagen: „Danke, dass es dich gibt."

Frida Kahlo, 1907-1954

Der Sinn des Lebens besteht darin, deine Gabe zu finden. Der Zweck des Lebens, sie zu verschenken.

Pablo Picasso, 1881-1973

Je mehr ich las, umso näher brachten die Bücher mir die Welt, umso heller und bedeutsamer wurde für mich das Leben.

Maxim Gorki, 1868-1936

Ich hasse es, wenn Menschen Bildung mit Intelligenz verwechseln. Man kann ein Studium haben und trotzdem ein Idiot sein.

Harrison Ford, *1942

Bildung des Geistes ohne Bildung des Herzens ist keine Bildung.

Aristoteles, 384-322 v.Chr.

Es braucht mehr als Intelligenz, um intelligent zu handeln.

Fjodor Dostojewski, 1821-1861

Natürlicher Verstand
kann fast jeden Grad von Bildung ersetzen,
aber keine Bildung den natürlichen Verstand.

Arthur Schopenhauer, 1788-1860

Wer so tut, als bringe er die Menschen zum
Nachdenken, den lieben sie. Wer sie wirklich zum
Nachdenken bringt, den hassen sie.

Aldous Huxley, 1894-1963

Niemand wird mehr gehasst,
als der, der die Wahrheit sagt.

Platon, 428-348 v.Chr.

Wer den Gedanken nicht angreifen kann,
greift den Denkenden an.

Paul Valéry, 1871-1945

Die Kirche ist exakt das, wogegen Jesus gepredigt hat –
und wogegen er seine Jünger kämpfen lehrte.

Friedrich Nietzsche, 1844-1900

Wäret ihr von der Welt, so hätte die Welt das Ihre lieb;
weil ihr aber nicht von der Welt seid, sondern ich habe
euch von der Welt erwählt, darum haßt euch die Welt.

Jesus von Nazareth
(Johannes 15:19)

Was die Herde am meisten hasst, sind diejenigen, die
anders denken. Es ist nicht so sehr die Meinung an sich,
sondern die Kühnheit, selbst zu denken,
etwas, was sie selbst nicht können.

Arthur Schopenhauer, 1788-1960

Mit der Gesellschaft zu leben – welche Qual!
Aber außerhalb der Gesellschaft zu leben
– welche Katastrophe!

Oscar Wilde, 1854-1900

Die Handlungen der Menschen nicht zu belächeln,
nicht zu beweinen noch sie zu verabscheuen,
sondern zu verstehen (war mein Bestreben).

Baruch de Benedictus Spinoza, 1632-1677

Wenn kein Mensch mehr die Wahrheit suchen und verbreiten wird, dann verkommt alles Bestehende auf der Erde. Denn nur in der Wahrheit sind Gerechtigkeit, Frieden und Leben!

Friedrich von Schiller, 1759-1805

Früher dachte ich, dass die größten Umweltprobleme der Verlust der Artenvielfalt, der Kollaps der Ökosysteme und der Klimawandel wären. Ich dachte, 30 Jahre gute Wissenschaft könnten diese Probleme angehen. Ich habe mich geirrt. Die größten Umweltprobleme sind Egoismus, Gier und Gleichgültigkeit, und um mit ihnen fertig zu werden, brauchen wir einen kulturellen und spirituellen Wandel. Und wir Wissenschaftler wissen nicht, wie man das macht.

Gus Speth, *1942

Albert Einstein, 1879-1955

*Nichts in der Welt ist so gefürchtet wie der
Einfluss von Männern, die geistig unabhängig sind.*

*Ich habe keine besondere Begabung, sondern bin
nur leidenschaftlich neugierig.*

*Es gibt nur zwei Arten zu leben:
Entweder so, als wäre nichts ein Wunder,
oder so, als wäre alles ein Wunder.*

*Es ist die wichtigste Kunst des Lehrers, die Freude
am Schaffen und am Erkennen zu wecken.*

*Wenn einer mit Vergnügen zu einer Musik in Reih
und Glied marschieren kann, dann hat er sein
großes Gehirn nur aus Irrtum bekommen, da für
ihn das Rückenmark schon völlig genügen würde.*

Die Schule soll stets danach trachten, dass der junge Mensch sie als harmonische Persönlichkeit verlasse, nicht als Spezialist.

Es gibt keine großen Entdeckungen und Fortschritte, solange es noch ein unglückliches Kind auf Erden gibt.

Geniale Menschen sind selten ordentlich, Ordentliche selten genial.

Wer sein eigenes Leben und das seiner Mitmenschen als sinnlos empfindet, der ist nicht nur unglücklich, sondern kaum lebensfähig.

Nur wer nicht sucht, ist vor Irrtum sicher.

Man muss die Welt nicht verstehen, man muss sich nur darin zurechtfinden.

Um ein tadelloses Mitglied einer Schafherde sein zu können, muss man vor allem ein Schaf sein.

Jede Erkenntnis muss ich mir selbst erarbeiten. Alles muss ich neu durchdenken, von Grund auf, ohne Vorurteile.

Am Anfang gehören alle Gedanken der Liebe. Später gehört dann alle Liebe den Gedanken.

Die Majorität der Dummen ist unüberwindbar und für alle Zeiten gesichert. Der Schrecken ihrer Tyrannei ist indessen gemildert durch Mangel an Konsequenz.

Die größten Wissenschaftler sind immer auch Künstler.

Hermann Hesse, 1877-1962

*Jeder wach gewordene und wirklich zum
Bewusstsein gekommene Mensch geht ja einmal,
oder mehrmals diesen schmalen Weg durch die
Wüste – den anderen davon reden zu wollen, wäre
vergebliche Mühe.*

*Wer nicht in diese Welt zu passen scheint,
ist nahe dran, sich selbst zu finden.*

*Menschen, die nicht der Herde folgen,
sind überall selten.*

*Leute mit Mut und Charakter sind den anderen
Leuten immer sehr unheimlich.*

*Suche erkannte Wahrheiten zu verwirklichen.
Nicht als Forderung an andere, sondern als
Forderung an dich selbst.*

Die Welt zu durchschauen, sie zu verachten, mag großer Denker Sache sein. Mir aber liegt einzig daran, die Welt lieben zu können, sie und mich und alle Wesen mit Liebe und Bewunderung und Ehrfurcht betrachten zu können.

Der Leser der letzten Stufe ist überhaupt kein Leser mehr. Er pfeift auf Goethe. Er braucht Shakespeare nicht. Der Leser der letzten Stufe liest überhaupt nicht mehr. Wozu Bücher? Hat er nicht die gesamte Welt in sich selber?

Wir müssen nicht hinten beginnen bei den Regierungsformen und politischen Methoden, sondern wir müssen vorn anfangen, beim Bau der Persönlichkeit, wenn wir wieder Geister und Männer haben wollen, die uns Zukunft verbürgen.

Jede Förderung eines Schülers, der zwar zu glänzen, aber nicht zu dienen fähig ist, bedeutet im Grunde eine Schädigung des Dienstes, eine Art von Verrat am Geist.

Gerade Linien gibt es nur in der Geometrie,
nicht in der Natur und nicht im Leben.

Du sollst dich nicht nach einer vollkommenen
Lehre sehnen, sondern nach Vervollkommnung
deiner selbst.

Jeder Mensch ist etwas Persönliches und
Einmaliges, und an Stelle des persönlichen
Gewissens ein kollektives setzen zu wollen, das
heißt schon Vergewaltigung und ist der erste
Schritt zu allem Totalitären.

Der ärgste Feind und Verderber der Menschen (ist;
d.Red.) der auf Denkfaulheit und Ruhebedürfnis
beruhende Drang nach dem Kollektiv.

Einsamkeit ist der Weg, auf dem das Schicksal den
Menschen zu sich selber führen will.

Eigensinn macht Spaß.

Wahrer Beruf für den Menschen ist nur,
zu sich selbst zu kommen.

Wenn du ausnahmsweise auf einen Menschen
triffst, der dich ein wenig besser versteht als
andere, dann ist dieser Mensch in derselben Lage
wie du, leidet genau so oder erwacht gerade.

Das Amt des Dichters ist nicht das Zeigen der
Wege, sondern vor allem das Wecken der
Sehnsucht.

Wer das Denken zur Hauptsache macht, der kann
es darin zwar weit bringen, aber er hat doch eben
den Boden mit dem Wasser vertauscht, und einmal
wird er ersaufen.

Ein Haus ohne Bücher ist arm, auch wenn schöne
Teppiche seinen Boden und kostbare Tapeten und
Bilder die Wände bedecken.

Die Welt ist nicht da, um verbessert zu werden.
Auch ihr seid nicht da, um verbessert zu werden.
Ihr seid aber da, um ihr selbst zu sein.

Die Gottheit ist in dir, nicht in den Begriffen und
Büchern. Die Wahrheit wird gelebt, nicht doziert.

Es kommt alles wieder,
was nicht bis zum Ende gelitten und gelöst wird.

(aus »Siddhartha«, 1919-1922)

So wie die Verrücktheit, in einem höheren Sinn,
der Anfang aller Weisheit ist, so ist Schizophrenie
der Anfang aller Kunst, aller Phantasie.

Das Ziel ist dies: mich immer dahin zu stellen, wo
ich am besten dienen kann, wo meine Art, meine
Eigenschaften und Gaben den besten Boden, das
größte Wirkungsfeld finden.

Ich habe nie ohne Religion gelebt, und könnte keinen Tag ohne sie leben, aber ich bin mein Leben lang ohne Kirche ausgekommen.

Wir sollen nicht aus der Vita activa in die Vita contemplativa fliehen, noch umgekehrt, sondern zwischen beiden wechselnd unterwegs sein, in beiden zu Hause sein, an beiden teilhaben.

Wir verlangen, das Leben müsse einen Sinn haben - aber es hat nur ganz genau so viel Sinn, als wir selber ihm zu geben imstande sind.

Ein volles Leben kann man nur auf Kosten des eigenen „Ichs" leben.

In dir selbst gibt es Stille, ein Heiligtum, in das du dich jederzeit zurückziehen kannst, um bei dir selbst zu sein.

Die Jugend endet mit dem Egoismus,
das Alter beginnt mit dem Leben für andere.

Stets habt ihr Gott gesucht, aber niemals in euch
selbst. Er ist nirgends sonst. Es gibt keinen ande-
ren Gott, als der in euch ist.

Es ging, so schien es, beim »Erwachen« nicht um die
Wahrheit und die Erkenntnis, sondern um die
Wirklichkeit und deren Erleben und Bestehen.
Im Erwachen drang man nicht näher an den Kern
der Dinge, an die Wahrheit heran, man erfaßte,
vollzog oder erlitt dabei nur die Einstellung des
eigenen Ich zur augenblicklichen Lage der Dinge.
Man fand nicht Gesetze dabei, sondern Entschlüsse,
man geriet nicht in den Mittelpunkt der Welt, aber in
den Mittelpunkt der eigenen Person. Darum war
auch das, was man dabei erlebte, so wenig
mitteilbar, so merkwürdig dem Sagen und
Formulieren entrückt. Mitteilungen aus diesem
Bereich des Lebens schienen nicht zu den Zwecken
der Sprache zu zählen. Wurde man ausnahmsweise
dabei einmal ein Stück weit verstanden, dann war
der Verstehende ein Mann in ähnlicher Lage,
ein Mit-Leidender oder Mit-Erwachender.

Quellennachweis

- Kapitel „Urinieren im Schnee" Sn. 8-13, aus *„Leben mit dem Krebs"*, BoD, Norderstedt, 2023, Sn. 316-320

- Unterkapitel „Seva", Sn. 240-251, aus *„Seva, Bhakti und Ahimsa"*, BoD, Norderstedt, 2011/2014, leicht ergänzt und überarbeitet

- im Unterkapitel „Der Kampf mit der Welt", Passage auf den Sn. 281-282, von „Gesprächskreise..." bis „...Jetztzeit an", aus Sebastian Stranz, *„Leben mit dem Krebs"*, Books on Demand, Norderstedt. 2023, Sn. 207-208

- Unterkapitel „Gefährliches Spiel mit Pfeil und Bogen", Sn. 301-303, aus *„Karol, der Weißmagier"*, Roman, BoD, Norderstedt, 2010-2014-2019 (leicht angepasst)

- Unterkapitel „Über den Priel in die Sonne", „Detektiv der Balistik", „Nicht alles so ernst nehmen", „Nur der Zweite", Sn. 307-314, aus *Leben mit dem Krebs"*, BoD, Norderstedt, 2023

- Unterkapitel „Ein Wunder?", Sn. 315-317; „Kein Abrechnungsmodus, Sn. 320-324, aus *„Karol, der Weiß-magier"*, Roman, BoD, Norderstedt, 2010-2014-2019 (leicht angepasst)

Über den Autor

Geboren 1963 in West-Berlin. Studium der Sozialarbeit. Mit zehn begonnen in die Welt der Bücher einzutauchen, ab etwa elf Jahren mehr und mehr spirituelle Bücher gelesen. Mit 18 begonnen, sich für gesunde Lebensweise zu interessieren, ohne durch eine Krankheit dazu gedrängt worden zu sein. Im Laufe seines Studien- und Berufslebens verschiedene berufliche Erfahrungen sammeln dürfen, unter anderem als Altenpflege-Helfer und Versand-mitarbeiter. Von 2009 bis 2010 neunmonatige Vollzeitausbildung zum „Ärztlich geprüften Gesundheitscoach". Danach zwölf Jahre Sozialpädagoge in Arbeitslosen-Maß-nahmen. In dieser Funktion konnte er sein Wissen einsetzen im Gestalten von Gesundheitsseminaren, bei gelegentlichen Gesundheitsberatungen und in den letzten drei Jahren darüber hinaus als Betrieblicher Gesundheitsmanager. Die eigene Krebserkrankung zwang ihn, diese Tätigkeit zu beenden. Mittlerweile hat er seine Krebserkrankung überwunden. Dabei hat ihm die autobiographische Aufarbeitung vieler Erlebnisse entscheidend geholfen.

vom Autor erschienen (Auswahl)

- *Die Seerose*, Gedichte
  Books on Demand, Norderstedt, 2024

- *VJM – The Silver Bullet -*
  Veganismus, Jogging, Meditation –
  Der Königsweg
  Books on Demand, Norderstedt,
  2020/2024

- *Leben mit dem Krebs*
  Books on Demand, Norderstedt, 2023

- *Tagebuch einer Krebsheilung*
  Books on Demand, Norderstedt, 2023

- *Christus wiederentdecken –*
  Befreit von alten Dogmen zu den Wurzeln
  der eigenen Kultur finden
  Books on Demand, Norderstedt, 2017

- *Karol, der Weißmagier*, Roman
  Books on Demand, Norderstedt, 2013

- *Lebensreform heute*
  Books on Demand, Norderstedt, 2009

- *Gesund sein bis ins hohe Alter*,
  Günter Albert Ulmer Verlag, 1999